우장춘의 마코토

한·일사에 숨겨진 금단의 미스터리

우장춘의 마코토

이영래
지음

추천의 말

미래 한류의 열쇠, 우장춘 코드

이상무 UN식량농업기구(FAO) 한국협회장

사람들이 우장춘 박사를 기억하는 것은 '씨 없는 수박'이나 '우리나라 원예농업의 선구자' 정도의 상징적 이미지들입니다. 농업을 전문적으로 공부한 이들도 그의 삶과 정신세계를 깊이 있게 이해하지 못하는 경우가 많습니다. 극단적으로는 그를 친일파로 알고 있거나 천재적 학자로만 알고 있기도 합니다. 이는 우장춘 박사의 복잡한 일생과 관련이 있고, 그 스스로 '말'을 많이 하지 않고 묵묵히 '직분'에만 충실했던 데도 원인이 있습니다. 『우장춘의 마코토』는 우장춘 박사에 관련된 각종 의문과 분분한 해석들을 한꺼번에 정리해주면서 이 시대에 필요한 가치가 무엇인지를 내비치는 흥미로운 책입니다. 그중에서 제가 주목한 몇 가지가 있습니다.

우선 오랜 역사적 배경 속에서 지금까지 계속되고 있는 한일 간의 갈등입니다. 한일 민족 갈등 문제는 어제 오늘의 일이 아닙니다. 동시에 우리의 미래나 동아시아, 나아가 세계의 미래를 위해 하루속히 정리하고 새로운 지평을 열어나가지 않으면 안 될 일이기도 합니다. 근래 일본의 과거사 반성 없는 우경화 경향은 우리뿐만 아니라 아시아 여러 나라 국민과 세계 전체의 양심적인 사람들에게 큰 우려를 자아내고 있습니다.

이 문제를 풀 방법이 없기야 하겠습니까만 그리 간단치가 않은 것 같습니다. 일본이 생각을 근본적으로 고쳐먹는 것이 문제를 풀어갈 첫 단추가 될 터인데 대다수 일본인은 아직도 여전히 그럴 생각이 있어 보이지 않습니다. 그렇다고 해서 힘으로 일본인을 굴복시킬 수 있을까요? 설령 그렇게 한다 치더라도 2차 세계대전 이후 지금까지 그랬던 것처럼 일본인들이 진정으로 뉘우치고 생각을 고쳐먹을 가능성은 그리 커 보이지 않습니다. 도대체 어떤 방법이 있을까요?

저는 역설적인 생각을 한번 해봅니다. 일본인들의 자존심과 그들 나름의 상처를 지나치게 건드리지 않고 오히려 그들의 장점과 역사적 공적을 추켜세우면서 그들의 양심에 따라 스스로 판단할 수 있도록 생각할 거리를 자꾸 만들어주면 어떨까? 하고 말입니다. 일본은 역사적 과오와 죄악이 큰 한편으로 세계사와 인류 문화에 기여한 공로도 적지 않습니다. 특히 서세동점의 시대에 동양의 문을 열면서 서양 문명을 신속하면서도 체계적으로 받아들여 이웃 나라들에 전파한 것은 역사적 공로로 내세우기 좋은 사례입니다.

저는 한일 민족의 허묵은 갈등을 풀고 미래지향적인 '해원解冤 상생相生'의 관계를 만들어줄 열쇠를 이 책에서 발견합니다. 그것이 바로 한일 합작의 우장춘 코드입니다. 우장춘이라는 인물의 출생부터가 실은 한일 합작입니다. 그는 서세동점의 시대에 봉건적 신분사회를 혁파할 뜻을 이루지 못하고 이역에서 비극적으로 생을 마감한 한국인 아버지와 메이지유신 이후 새로운 일본의 전문직(한의사) 가정 출신인 일본인 어머니가 낳은 한일 합작입니다. 그분의 성장과 세계적인 육종학자로서의 성취, 모진 차별대우 속에서 이루어낸 인간 승리도 해원 상생의 한일 합작이었다고 생각됩니다. 또한 그분이 제 발로 대한민국에 돌아온 뒤에 자기 입으로 조국이라는 말 대신 '아버지의 나라'로 '어머니의 나라'와 구별해 쓸 수밖에 없었던 사정도 여기에서 출발합니다. 채소 종자를 통해 신생 대한민국의 민생 안정에 결정적인 기여를 하는 동시에 우리나라 원예산업과 농업생명과학의 기초를 세운 불후의 공적도 어떤 의미에선 한일 합작입니다.

제국주의의 첨병 이른바 우생학을 강요하던 일본인 상사 데라오 박사에게 차별대우를 받은 것은 물론 필생의 연구결과까지 빼앗기는 박해를 받았던 우장춘의 대응도 감동적입니다. 그 모진 박해를 오히려 반전의 계기로 삼아 우장춘은 평화적 육종 가능성의 신기원이 된 '종의 합성'을 이루어냅니다. 그 시대 제국주의 이론의 바탕이었던 우생학에 치명적 일격을 가했던 사람이 우장춘입니다. 그러나 그것을 드러내지 않고

망가질 대로 망가진 한국으로 돌아온 뒤의 행적은 우장춘 코드의 극치입니다. 한국전쟁에 휩쓸린 아버지의 나라에서 민족의 미래 민생을 만들어가는 모습은, 끝끝내 세속적 부귀영화에 연연했던 이종사촌 구용서와 대비됩니다. 오로지 성실하게 최선을 다해 일하면서 평화와 화해의 가치를 만들었던 우장춘의 생애는 한 편의 드라마입니다.

세상을 떠나기 며칠 전, 병상에서 대한민국 정부가 수여한 문화포장을 받고 "조국은 나를 알아주었다"고 오열한 그 심정을 헤아리기란 쉽지 않습니다. 그분의 어머니는 임종 시에 "아들을 훌륭하게 키워 아버지의 나라로 돌려보내 지하에서 남편을 볼 면목이 생겼다"고 웃으며 눈을 감았다고 합니다. 그 얘기를 전해 듣고 울었던 우장춘이 조위금으로 마련한 자유천慈乳泉 우물 또한 미래의 한일 관계를 풀어줄 중요한 코드입니다.

본인이 한일 양쪽에서 억울하게 모진 차별을 받았기 때문에 반대로 다른 사람을 결코 차별하지 않았던 위대한 영혼, 우장춘의 일생을 관통한 코드는 성誠(일본어로 마코토)이었다고 이 책의 저자는 주장합니다. 잇쇼켄메이一生懸命라는 일본식 성誠의 유래를 추적해보면 퇴계 이황으로 올라갑니다. 성은 원래 퇴계 선생이 주자의 성리학을 우리 것으로 만들면서 정립한 퇴계 유학의 근본 개념 중 하나입니다. 그것이 임진왜란 중 일본으로 납치되었던 수암 강항 선생을 통해 일본인들에게 전수된 것임을 아는 사람은 압니다. 이 사상 또한 한일 합작이 아닐는지요.

전국시대를 마감하고 일본의 통일을 완성한 도쿠가와 막부 통치 250여 년 동안 한일 평화시대가 지속된 바탕에는 임진왜란 직후 사명대사가 주도했던 평화협정과 그 후 조선통신사를 통한 한일 교류가 있었습니다. 이것도 양국 불교계와 유학자들 사이에 공유되었던 상생의 정신이 만든 또 하나의 한일 합작 선례라 볼 수 있습니다. 그래서 한일 합작의 우장춘 코드야말로 이 시대에 한일 민족 갈등을 풀어줄 열쇠라고 저는 믿고 싶습니다.

최근 세계무대를 휩쓸고 있는 한류도 우리는 진지하게 새겨봐야 합니다. 이른바 한류의 출발점이 된 드라마 〈겨울연가〉나 세계적으로 각광받고 있는 '아이돌 그룹'들의 인기도 일본이 시작이었습니다. 그 역시 한일 합작이라 할 만합니다. 붉은 악마 선풍으로 세계 4강 신화를 일구어낸 2002년 월드컵도 절묘하게 한일 공동주최였습니다. 한일 합작의 우장춘 코드가 이 시대에 새롭게 부각되어서 '한류의 가치'를 확산시키는 역할을 할 수 있게 되기를 기대해봅니다. 이 책이 그 실마리가 되기를 바라 마지않습니다.

목차

추천의 말
　　미래 한류의 열쇠, 우장춘 코드　°5

프롤로그
　　우장춘의 침묵　°16
　　명성황후 시해사건과 우장춘　°17
　　우장춘 신화의 붕괴　°25
　　우장춘 신화는 정말 만들어진 것인가?　°31
　　아버지 우범선의 죄　°35

1부 * 당대 최고의 무인, 우범선

　　피의 역사, 제국주의의 시대　°44
　　신분제의 덫에 갇힌 중인 무관　°53
　　일본 밀항의 숨겨진 의미　°61
　　청별기군의 사고뭉치 교관 우범선　°68
　　갑신정변의 실패와 개화파의 몰락　°74
　　청과 일의 경쟁적 수탈　°82
　　명성황후와 그녀의 적들　°87
　　적과의 동침　°91
　　명성황후 시해사건의 이중계획　°100
　　을미사변의 주동자, 우범선?　°109

2부 * 밟아도 피어나는 민들레, 우장춘

망명, 그리고 암살 °120
민들레의 교훈은 사실인가? °130
평범한 범재, 우장춘 °135
안도 코다로의 후원 °140
사범학교 여학생과의 힘겨운 결혼 °146
주제넘은 혹은 위험한 연구 °152
숙적, 데라오 히로시 °156
'종의 합성'으로 적자생존론을 깨다 °168
차별과 뼈저린 좌절 °174
역적의 아들에서 조선의 영웅으로 °179
이성을 잃은 시대 °192
우장춘 박사 환국추진위원회 °203

3부 * 피를 피로 씻어내는 역사를 넘어

'조국'이 아닌 '아버지의 나라' °218
우범선과 구연수, 우장춘과 구용서 °223
일본은 의도적으로 조선의 농업 발전을 막았다 °237

제주도를 밀감 재배지로 °245
단 한 번의 분노 °252
김치의 은인 °260
청정재배의 원조 °266
강원도 므병 감자의 개발 °269
고무신 할아버지, 우장춘 °275
성誠으로 일생을 살아가고 싶다 °287
고맙다, 조국은 나를 인정했다 °297

지은이의 말
아버지를 넘어 민들레처럼 °305

우범선·우장춘 연보 °309
참고문헌 °312
연구논문 목록 °316

일러두기
1. 인용문은 현대 어법에 맞춰 수정했으나 원문을 최대한 살렸다.
2. 서적명은 국내 번역본 제목을 따르지 않고 원제를 직역했다.
3. 일본과 중국의 한자 지명과 인명 등은 원어 발음으로 표기했다.
4. 각주를 달지 않고 참고 문헌에 별기했다.
5. 우장춘 연보, 논문명 번역은 농촌진흥청 국립원예특작과학원 자료를 준용했다.

프롤로그

우장춘의 침묵

일본에서 태어나 50여 년을 산 우장춘은 1950년 귀국해 1959년 눈을 감을 때까지 9년간 이 땅에 살았다. 그러나 그는 한국에 사는 동안 대한민국을 조국이라 부르지 않았다. 이 땅에 살면서도 그는 한국말을 배우지 않고 일본어로 이야기했으며, 자기소개를 할 때마다 "아버지의 나라에 온 것은 50년 만이다"라고 말했다. '아버지의 나라', '부국'이란 이 낯선 단어가 상대에게 일으킬 혼란을 아는 터라 그 말끝에는 늘 "당신도 아시겠지만 나는 아버지의 나라에 왔으니까 모국母國이라 부르지 않고 부국父國이라 부르니 달리 생각지 말아 달라"고 변辨을 붙였다.

사람들은 '부국'이란 말에 이의를 제기하지 않았다. 그가 왜 조국을 조국이라 부르지 않는지 내심 짐작하는 것은 있었으나 아무도 입 밖에 내어 말하지 않았다.

1950년 빈곤과 혼란으로 뒤덮인 대한민국에 돌아온 우장춘은 헌신적인 노력으로 대한민국 원예농업을 일으켜 세웠다. 세계적인 석학인 그가 가족과 생이별한 채 왜 굳이 대한민국으로 돌아와 그 고생을 자처했는지 사람들은 항상 궁금해 했다. 그러나 그 누구도 선뜻 애국愛國이란 말을 꺼내들지 못했다. 그가 대한민국을 조국이라 부르지 못했듯, 그의 헌신 또한 애국이 될 수 없는 깊은 속내가 있었다. 또한 평생을 바친 그의 연구가 제국주의의 심장에 칼을 꽂는 것이었음을 알면서도 사람들은 그의 저항을 항일抗日이라 부르지도 않았다. 우장춘의 어떤 행위도 애국이 될 수 없었고, 그 어떤 저항도 항일이 될 수 없었다.

그가 죽음을 맞이할 무렵, 대한민국 정부 각료들은 심각한 고민에 빠졌다. 그에게 훈장을 줘야 하느냐 마느냐를 두고 격론이 오갔다. 그의 헌신과 업적은 분명 타의 추종을 불허하는 것이었으나, 그에게 훈장을 주는 데는 많은 고민이 필요했다. 결국 우장춘이 위독한 지경에 빠지고 나서야 대한민국 정부는 훈장 대신 포장을 수여하기로 결정했다. 임종 사흘 전, 문화포장을 받은 우장춘은 그때서야 "조국은 나를 인정했다"며 오열했다.

오래도록 조국을 조국이라 부를 수 없었으나 그 누구보다 대한민국을 사랑했던 남자, 우장춘. 그의 헌신과 업적은 훗날 다 잊히고 말았다. 그리고 세인들은 다시 그를 친일파의 후손, 명성황후 시해사건의 주범 우범선의 아들이라고 부른다.

명성황후 시해사건과 우장춘

지난 1992년 MBC가 〈분노의 왕국〉이란 드라마를 방영한 적이 있었다. 조선왕조 마지막 황제 순종의 숨겨진 아들이 일본 천황

프롤로그 17

을 암살한다는 설정의 팩션이었는데, 방영 당시 일본 측의 반발은 상당히 심각한 수준이었다. 가토 고이치 일본 관방장관이 우려와 유감을 표했고, 오가와 고타로 주한 일본대사는 한국 정부에 그 뜻을 전함과 동시에 MBC를 항의 방문했다. 『니혼게이자이신문』, 『산케이신문』 등 일본의 우익계열 언론들도 한국에서 이런 드라마가 방영되고 있다는 사실을 상당히 비중 있게 보도했고, 일본의 우익단체인 애국당은 주일 한국대사관 앞에 가두방송차를 세워두고 항의 방송을 하기까지 했다. 논란이 이어진 터라 이 드라마는 결국 원래의 계획대로 끝까지 방송되지 못했다.

10여 년 전에 필자는 한 일본인과 일본 정벌을 소재로 한 만화 『남벌』에 대한 이야기를 나누다 〈분노의 왕국〉 이야기를 화제에 올린 적이 있었다. 당시 그 일본인은 불쾌함을 표하면서 "우리 일본은 만화 왕국이지만 그런 저질 만화는 없다. 일본의 TV는 별걸 다 보여줘도 그런 예의 없는 방송은 안 한다"라고 성토했다. 환갑을 바라보는 지긋한 연배의 인물이었기에 논쟁을 하고 싶지는 않았다. 그래서 필자는 조심스럽게 한마디를 했을 뿐인데, 그의 반응이 놀라웠다.

"우리는 만화나 드라마상의 이야기지만 일본은 실제 우리나라의 국모, 명성황후를 죽였습니다."

그는 침통한 표정만을 지을 뿐, 더 이상 아무 말도 하지 못했다. 당시 시대 상황상 불가피한 선택이었다느니, 조선의 근대화는 일본에 의해 이루어진 것이라느니, 과거사의 문제를 가지고 선린우호국에 적대감을 키우는 것은 안 될 일이라느니 하며 달변을 이어가던 그가 단지 그

말 한마디에 입을 다무는 것을 보고 필자가 오히려 더 놀라고 말았다.

한국 사람이라면 일본이 저지른 악행에 대해 그 외에도 수백 개 정도는 더 늘어놓을 수 있지 않을까? 그러니까 그때 필자에게 있어 명성황후 시해사건은 일본이 저지른 수많은 악행 중 하나였을 뿐, 크게 특별한 사건이라는 느낌은 없었다. 그런데 일본인들은 우리와 다른 듯하다.

지난 2009년 여름, 일본 지상파 텔레비전 뉴스 중 가장 높은 시청률(20%)을 갖고 있는 아사히 TV 〈보도 스테이션〉이 14분간 명성황후 시해 관련 다큐멘터리를 내보냈다. 명성황후를 시해한 낭인들의 후손이 한국을 찾아 사죄하는 과정을 따라간 이 다큐멘터리는 명성황후 시해사건을 잘 모르는 일본인들에겐 큰 충격을 줬고 많은 반향을 불러일으켰다. 그런데 이 다큐멘터리를 소개하는 앵커의 멘트가 인상적이었다.

"한국인들의 반일 감정 기저에는 바로 명성황후 시해사건이 있다."

명성황후 시해사건이 정말 반일 감정의 핵심일까? 일본인들은 실제 그렇게 믿는 듯하다. 지난 1988년 『민비 암살-조선왕조 말기의 국모閔妃暗殺-朝鮮王朝末期の国母』라는 책을 펴낸 스노다 후사코角田房子의 저자 서문에도 이와 비슷한 인식이 드러나 있다.

1980년대 중반, 일본의 여류 논픽션 작가 스노다 후사코는 국립 교토국제회관 관장 우시로쿠 도라오를 만났다. 우시로쿠 도라오는 2차 세계대전 당시 일본의 육군과장을 역임한 우시로쿠 준後宮淳의 장남으로 한일 국교 정상화 당시 일본 측의 막후 실무자였고, 1972년부터 1975년까지 주한 일본대사를 담당한 바 있는 지한파 인사이다. 우시로쿠 도라오는 육영수 여사 저격사건에 대해 이야기하다 스노다 후사코에게 물었다.

"당시 일본에 대한 한국 국민들의 분노가 대단했습니다. 일본은 또 다시 우리 국모를 살해했다는 소리가 여기저기서 들려왔습니다. 스노다 여사, 아시겠습니까? 그 의미를."

우시로쿠 도라오가 주한 일본대사로 재임할 당시 한일 양국 관계는 한시도 잠잠할 날이 없었고, 때로는 최악을 향해 내달리곤 했다. 먼저 1973년 8월, 일본 도쿄 한복판에 있는 그랜드팔레스 호텔에서 당시 한국 야당 지도자였던 김대중 전 대통령 납치사건이 발생했다. 자국 수도 한복판에서 내방한 외국 야당 지도자가 납치되는 일이 벌어진 것은 일본으로서는 치욕적인 일이 아닐 수 없었다. 한국의 정보부 요원 김동운의 지문까지 나왔지만 한국 정부는 이 사실을 끝까지 부인했고, 이 일로 일본에서는 반한 감정이 폭발했다.

그러나 그 이듬해 상황은 급변했다. 1974년, 조총련계 재일교포 문세광이 8·15 경축식장에서 영부인 육영수 여사를 저격하는 일이 벌어진 것. 일본인들은 이를 '한국인이 한국에서 벌인 테러'라고 규정하며 일본의 책임은 아니라고 생각했다. 하지만 한국 정부와 국민들의 입장은 달랐다. 문세광이 비록 재일교포이긴 하나 일본에서 태어나 그곳에서 교육을 받았고 조총련이라는 공동정범이 일본에 버젓이 있었다. 또한 문세광은 일본 여권을 소지하고 있었고, 일본 경찰에게 뺏은 총을 저격에 사용했으므로 일본 정부에 책임이 있다고 주장했다.

당시 일본 측은 "김대중 납치사건에 대해서는 모르쇠로 일관하면서 재일교포에 의한 암살사건까지 우리보고 사과하라고 하는 것은 한국 측의 억지"라고 탄발했다. 양국은 팽팽하게 대립했고, 심지어 도쿄 폭격론마저 대두되는 상황으로까지 내달렸다.

당시 주한 일본대사로 근무한 우시로쿠 도라우가 양측 갈등의 틈바구니에 껴서 얼마나 고충이 컸을지는 익히 짐작할 수 있다. 그러나 그는 일반적인 외교관계와 한일관계는 다르다는 것을 잘 알고 있었다. 한일관계에는 '과거사의 앙금'이라는 문제가 걸려 있기 때문이다. 그리고 그 과거사의 앙금, 그 핵심에는 '국모 살해'가 있다는 것이 우시로쿠 도라오의 주장이었다.

도대체 왜 일본인들은 명성황후 시해사건을 한일사의 아킬레스건처럼 느끼는 걸까? 과거 그들이 한 수많은 악행 중에서도 왜 유독 명성황후 시해사건에 대해서만 특별한 죄책감을 느끼는 걸까?

답은 의외로 간단하다. 패망을 겪었음에도 일본의 천황가는 존속했다. 그리고 일본인들은 천황가에 대한 존경과 애정을 가지고 있다. 일본에서 천황가의 권위는 아직까지도 절대적이며, 일본 우익이 주창하는 애국의 기저에는 바로 '천황가에 대한 충성'이 있다.

왕정은 권력 세습을 기반으로 한다. 천황 또한 세습 군주다. 이 세습 권력을 정당화하려면 혈통의 신성함과 같은 비근대적 사유가 수반되어야 하는데 일본은 그들 스스로가 타국의 신성을 짓밟은 적이 있는 것이다. 이웃 나라 황실에 침입해 황후를 무참히 살육한 행위를 인정하면서 자국 천황에 대한 충성과 존경을 주장할 수는 없다. 때문에 일본인들은 다른 건 몰라도 명성황후 시해사건만큼은 인정할 수 없고, 설혹 인정한다 하더라도 직시할 수 없는 모순에 봉착하고 마는 것이다.

아사히 TV의 명성황후 시해사건 다큐멘터리가 방영되었을 때도 일본 우익들은 '역사 왜곡'이라며 크게 반발했다. 그런데 인터넷 등에 떠도는 반박 내용을 읽다 보면 아주 낯익은 이름 하나를 발견하게 된다.

잔혹한 역사 위조다. 조선 왕비를 암살한 것은 조선인이다.
"왕비를 죽인 것은 부정한 내 부하들이다"라고 현장에 있던 고종이 증언했다.
— 1906년 통감대리 하세가와 요시미치의 한황알현시말보고 韓皇謁見始末報告

"국모를 살해한 것은 우범선이다"라고 현장에 있던 아들, 순종이 증언했다.(왕전 31호)
후에 순종은 자객을 보내 우범선을 암살했다.

"왕비를 직접 죽인 것은 나입니다"라는 실행부대 대장 우범선의 증언이 있다.
— 한국 망명자 우범선이 같은 나라 사람인 고영근, 노윤명 등에 의해 살해된 건

"왕비 살해를 이번에 계획한 것은 나입니다"라고 증언한 이주회.
— 조선에서의 재판. 재판에 관한 보고에 기재돼 있음

"계획의 주모자는 대원군이다"라고 기록한 러시아 참모.
— 이르게바예브가 편집한 조선 여행기에 실린 러시아 참모 카르네프의 증언

이것은 일본 웹사이트에 떠도는 글이다. 그런데 여기에 반복적으로 언급되는 이름 하나가 시선을 잡아끈다. 바로 우범선이라는 이름이다. 우범선이 명성황후 시해사건의 주범이라는 일본 네티즌의 주장은 사실 근거가 전혀 없는 것은 아니다. 실제 그런 증언이 나온 적이 있다. 일본인에 의해서가 아니라 조선인에 의해서 말이다. 구체적으로 그가 받은 혐의는 을미사변의 조선인 주동자이고, 증거 인멸을 위해 명성황후의 시신을 불에 태운 인물이라는 것이다.

그러나 조금만 깊게 들여다보면 사실 우범선에게 씌워진 혐의는 그 근거가 매우 불명확하고 신빙성이 낮다. 일본인들조차 명성황후 시체 소각은 오기하라 히데지로라는 일본인에 의해 저질러졌다고 말하는데, 오히려 우리나라 사람들이 조선인인 우범선의 범행이었다고 주장하고 있는 형국이다. 최근 나온 몇 권의 저작, 그리고 KBS 〈역사 스페셜〉 등에서 잇달아 우범선을 언급하면서 이것이 기정사실화된 탓에 일본인들이 이를 오히려 역이용, 그 효과를 조선인에게 덮어씌우는 아이로니컬한 상황까지 벌어지고 말았다.

사실 우범선은 중인 출신의 하급 무관이었다. 을미사변 1년 전 훈련대 대대장이 됐지만, 사변을 주도할 만한 지위에 있던 인물은 아니었다. 그런데 왜 그가 자꾸 사람들 입에 회자되고, 주동자 또는 사체 소각 당

프롤로그

사자로 지목되는 것일까?

그것은 바로 그의 아들 때문이다. 을미사변 직후 일본으로 망명한 우범선은 일본인 여성과 결혼해 두 아들을 낳았다. 두 아들 모두 대단한 수재였는데, 장남이 바로 한국 원예농업의 아버지 우장춘 박사다.

해방 이후 해외에서 활동하던 많은 석학이 조국의 품으로 돌아왔으나, 국민들이 환국추진운동까지 펼치며 귀국을 촉구했던 인물은 우장춘 박사 외엔 없었다. 헌신적인 노력과 연구로 대한민국 농업의 기반을 일구었던 우장춘 박사는 '고무신 할아버지'라 불리며 1950년대 전 국민적인 지지와 사랑, 그리고 존경을 한 몸에 받았던 국민 영웅이었다. 그는 한국 농업의 기틀을 세운 말 그대로 '한국 원예농업의 아버지'였고, 문화포장에 빛나는 애국자였다.

그런 우장춘의 아버지가 명성황후 시해사건 가담자란 사실은 그 자체만으로도 충격적이라 세간의 관심을 끌기 충분했다. 그리고 한국에서는 이른바 '아버지의 죄를 보속하기 위해 조국에 헌신한 대과학자, 우장춘 신화'라는 것이 만들어졌다. 친일파의 자손 중 아직까지 그 누구도 과거 자신들의 조상이 지은 죄에 대해 속죄한 적이 없었던 점을 생각하면, 이 신화는 감동적이며 또한 진정한 화해란 어떻게 이루어지는 것인가에 대한 해답을 제시해주기까지 한다. 동시에 아버지 우범선의 죄는 이 때문에 도리어 더욱 크게 부각된 면이 없지 않다.

우장춘 신화의 붕괴

그런데 우장춘 신화는 지난 1990년 일본의 한 논픽션 작가에 의해 철저하게 부정당하고 말았다. 앞서 언급한 스노다 후사코 여사가 그 주인공이다. 스노다 후사코는 1914년생으로 전 주한 일본대사 우시로쿠 도라오를 만났을 때 이미 70대의 나이였다. 하지만 그녀는 당시 명성황후에 대해 몰랐다. 때문에 "일본인이 한국 궁궐에 난입해 조선의 왕비를 시해했다"는 우시로쿠 도라오의 말은 그녀에게는 충격이 아닐 수 없었다. 이후 그녀는 명성황후 시해사건에 대해 조사하기 시작해 1988년 『민비 암살-조선왕조 말기의 국모』라는 책을 펴냈다. 이 책은 발간 즉시 베스트셀러가 됐고, 한일 양국에서 큰 화제를 모았다.

스노다 후사코는 이 책을 발간한 후 가진 인터뷰 등에서 "일본인이 과거사에 대해 알고 속죄해야 한다"는 주장을 누차 했는데, 이후 '과거사에 대한 고발'에서 더 나아가 '한일사의 해법'을 역사적 인물의 삶을 통해 찾아보려 했다. 때문에 한일사에 대한 그녀의 두 번째 책은 우범선, 우장춘 부자에 대한 것이었다. 그녀는 우범선, 우장춘 부자에 대해 처음 이야기를 들었을 때의 감회를 두 번째 책인 『나의 조국わが祖國: 禹博士の運命の種』 프롤로그에 다음과 같이 기술해놓고 있다.

우장춘이라는 이름을 처음으로 알게 된 것은 3년 전에 내가 출간했던 『민비 암살』이라는 책을 집필하기 위하여 서울에 머무르고 있었던 1985년 봄이었다. 그 무렵부터 나는 민비 암살의 행동대원으로 참가한 사람들의 명단을 작성하고 있었다. 조언을 해준 서울대 학생이 나의 수첩을 들여다보더니, "아, 우범선…… 일본인과 함께 경복궁에 잠입했던 조선군 대대장이죠? 그 사람은 우장춘의 아버지입니다. 물론 우 박사의 이름은 알고 계시겠습니다만……"이라고 말했다. 그러나 나에게는 전혀 생소한 이름이었다. 그런 사실을 몰랐다는 나의 말을 들은 그 학생은 놀란 얼굴로 나를 보았다.

"모르셨습니까? 우장춘은 '한국 농업의 아버지'로 알려진 사람으로서 세계적으로 유명한 식물학자입니다. 일본에서 태어나 동경대학에서 농학 박사학위를 받은 사람이니까 일본에서 온 당신은 당연히 잘 알고 계실 거라고 생각했습니다. 한국에서는 교과서에까지 그 사람의 이름이 나와 있으니까 초등학생들도 알고 있어요. 특히 우 박사의 연구로 '씨 없는 수박'이 나왔다는 이야기는 유명하죠. 그렇지만 민비 암살사건에 가담한 우범선과 부자관계에 있다는 사실은 일반 사람들은 잘 모릅니다. 제가 그것을 알게 된 것은 바이오테크놀로지(생명공학)를 공부하는 친구가 우 박사를 매우 존경하기 때문에 우 박사에 관해 조사한 것을 저에게 얘기해주었기 때문이죠."

민비 암살사건으로 일본인들과 행동을 같이한 조선왕조 말기의 군인과 독립 후에 한국에 건너와서 농업 근대화에 공헌한 과학자가 부자지간이라고 하는 사실은 나에게는 매우 기이하게 여겨졌다.

아버지는 한국 근대사 최악의 죄인 중 하나요, 아들은 한국 현대사 최고의 위인 중 하나라는 말을 들었을 때, 스노다 후사코는 이것이 한일사의 매듭을 푸는 한 방법을 보여주게 될 것이라고 믿어 의심치 않았다. '아버지의 죄를 보속하기 위해 조국에 헌신한 아들'이라는 주제는 충분히 매력적이었다. 그녀는 명성황후 시해사건에 대한 집필이 끝나자마자 이 드라마틱한 부자의 이야기를 취재하기 시작했다. 그리고 1990년, 『나의 조국』을 세상에 내놓았다.

이 책은 우범선, 우장춘 부자의 생애를 본격적으로 다룬 최초의 저작이고 현재까지 우장춘의 생애에 대한 가장 권위 있는 저술로 꼽힌다. 우 박사의 일대기에 대한 책은 이후에도 많이 나왔으나 그 대부분은 바로 『나의 조국』의 취재 내용을 기반으로 하고 있다. 이 책은 한일 양국을 오가며 우장춘 박사의 가족, 지인, 동료, 제자 그리고 친척들을 수차례 인터뷰하고 우장춘 박사가 쓴 논문, 당시의 각종 문헌기록까지 확인해쓴, 말 그대로 우장춘 연구보고서라고 해도 과언이 아닌 책이다.

그러나 스노다 후사코는 취재를 하던 와중 끊임없이 혼란에 휩싸였다. '역사에 대한 속죄', '아버지의 죄에 대한 아들의 보속'이라는 주제가 실제 우장춘의 삶과 끊임없이 충돌한 탓이다.

우장춘이 자기 생활의 터전을 등지고 처자를 남겨두면서까지 말도 통하지 않는 한국으로 건너온 까닭은 무엇일까? 이것은 취재를 시작할 때부터 내가 계속 생각해온 것이다. 나는 다른 많은 사람으로부터 의견을 구했었다. 그 답은 애국심, 어려서부터 어머니로부터 받은 교육에 대한 영향, 민비 살해에 가담했던 아버지의 죄에 대한 보상심리, 연구가 진척되지 않는 것에 대한 회의, 어려서부터 품었던 일본에 대한 증오심, 전쟁 후에도 불식되지 않는 일본으로부터의 탈출 등 여러 가지였다. 나의 생각은 '애국심'이라는 하나로 모아졌지만, 이 중에는 자기 아버지가 태어나고 자라온 한국에 대한 본능적인 조국애, 독립된 한국의 재건에 일조를 하고 싶다는 등 미묘한 차이가 있었다. 이러한 대답에 대해서 나는 대부분을 수긍할 수 있었으나, 그럼에도 불구하고 나의 생각은 좀처럼 정리되지 않았다.

나에게는 우장춘에 대해 너무나 '모르는 부분'이 많이 남아 있었다. 그는 민비사건에 대해서 어느 정도 지식을 갖고 있었던 것일까? 자기 아버지의 행위를 죄라고 인식하고 있었는가? 또 자기 자신을 일본인이라고 보고 있었던 것일까, 아니면 조선인의 입장에서 모든 것을 생각하고 있었던 것일까? 이중국적이었던 그는 정신적인 면에서도 이중적인 사고를 해온 것일까?

— 『나의 조국』 중에서

우장춘의 지인 중 한 명은 "우장춘이 그의 아버지를 자랑스러워했다"고 증언했으며, 우장춘의 개인 행적 어디에도 '역사와 부친의 죄에 대한 죄의식'을 찾아보기 힘들었던 탓에 스노다 후사코는 혼란에 빠졌다. 그녀는 우장춘이 해방 전 이미 김종 등 재일한국인들과 깊은 관계를 맺고 있었고, 아버지 우범선이 한국에 두고 온 가족들과도 교제하고 있었다는 사실 등을 들어 이 문제를 뚫고 지나가지만, 그것은 분명 명확한 결론은 아니었다. 그녀는 '우장춘 신화'를 조명해보려 했으나 철저한 취재를 통해 오히려 우장춘 신화를 박살내고 말았다.

우장춘은 한국에서 알려진 것과 달리 '씨 없는 수박'을 발명한 사람도 아니었으며, 아버지의 죄를 보속하기 위해 한국에 돌아온 것도 아니었다. 꺼풀이 벗겨진 우장춘 신화는 초라했고, 그 때문에 스노다 후사코는 당황했다. 우장춘은 왜 굳이 일본에서의 안락한 삶을 포기하고 전쟁 후의 혼란과 빈곤으로 가득한 대한민국행을 선택했을까? 그는 아버지의 죄를 어떻게 바라보고 있었던 것일까? 아버지 우범선을 존경하면서 대한민국을 조국이라고 생각하는 것이 가능했을까? 그의 애국심에는 정말 진정성이 있었을까? 답을 찾으려 하면 할수록 혼란만 가중될 뿐이었다.

우장춘에게 있어 조국이란 무엇이었을까? 죽기 직전 병상에서 "조국은 나를 인정했다"며 뜨거운 조국애를 보였던 우장춘에게 있어 과연 조국이란 무엇이었을까?

지난 2004년, 전북대 과학과 김근배 교수는 「우장춘의 한국 귀환과 과학 연구」라는 논문을 발표한 바 있다. 그는 이 논문에서 우장춘의 귀환은 애국심의 발로가 아니라 과학 휴머니즘의 발로였다고 분석했다.

명성이 뛰어난 인물일수록 그럴듯하게 구성된 신화가 존재한다. 그동안 우장춘에 대해서는 두 가지의 신화가 전해 내려오고 있다. 하나는 신기한 재능을 발휘하여 씨 없는 수박을 세계 최초로 개발했다는 것이고, 다른 하나는 애초부터 한국인으로서 자각하고 조국에 헌신한 열렬한 애국자라는 것이다.

　　이 우장춘 신화는 그가 한국에 돌아올 즈음부터 만들어지기 시작했다. 당시 한국에서는 일본에서만 살아온 그의 생애와 업적에 대해 잘 모르고 있을 때였다. 이 같은 상황에서 많은 사람은 그의 위대함을 찾는 노력을 기울였고 이 과정에서 충분히 있을 법한 신화가 훌륭하게 만들어졌다. 즉, 베일에 싸여 있던 우장춘을 걸출한 한국인 과학자로 정당화하는 내용의 이야기가 엮어져 신화로 등장하게 되었던 것이다.

　　그러나 이 신화 속에는 일부의 진실만이 들어 있다. 우장춘이 한국으로 건너오게 된 배경에는 조국애가 아닌 과학 휴머니즘이 자리 잡고 있었다. 대부분의 기간을 일본에서 보낸 까닭에 그는 한국을 자신의 나라로 생각하기보다는 아버지의 나라로 인식하고 있었다. 따라서 그의 한국 귀환은 자신의 과학적 능력을 가지고 남은 생애를 아버지의 나라를 위해 헌신하려는 소명의식에서 비롯되었던 것이다.
―「우장춘의 한국 귀환과 과학 연구」, 『한국과학사학회지』 26권 2호, 박성래 교수 정년 기념 특집호

명성황후 시해사건은 한일사의 아킬레스건과 같은 중대한 사건이

다. 아버지 우범선의 죄과에 대한 반성이 없다면 우장춘의 애국은 애국이 될 수 없다. 매문에 스노다 후사코도, 김근배 교수도 그것을 조국애로 인정할 수 없었던 것이다.

우장춘 신화는 정말 만들어진 것인가?

　　우장춘은 정말 자신이 한국인이라는 인식이 없었을까? 그는 정말 아버지의 죄를 인정하고 있지 않았을까? 그런데 왜 한국으로 돌아온 것일까? 우장춘이 귀국할 당시 한국은 좌우익의 대립으로 극한적인 혼란에 휩싸여 있었다 대한민국은 세계 최빈국의 하나였고, 가족과 함께 안정적으로 생활할 여건이 아니었다. 노년을 맞이하던 그가, 가족을 일본에 남겨두고 혈혈단신 한국행을 선택한 이유는 애국심이 아니었다면 도대체 무엇 때문이었을까?

　　자료들을 탐독한 끝에 필자가 내린 결론은 의외로 단순한 것이었다. 스노다 후사코는 우장춘에 대해 치밀한 조사를 수행했지만 많은 부분에서 실수를 범했고, 또 많은 것을 오해했다는 것. 즉, 우장춘 신화는 가상의 신화가 아니라 사실이었다는 점이다.

　　명철한 저널리스트였던 스노다 후사코는 우범선이 받은 혐의, 즉 명성황후 시해의 주동자였고 시체를 소각한 당사자였다는 것 등은 '터무니없는 것'이라고 처음부터 선을 그었다. 『민비 암살』을 쓰면서 한일 간의 수많은 자료를 탐독한 그녀에게 그와 같은 주장은 일고의 가치도 없는 일부의 헛된 주장에 불과했다.

　하지만 그녀는 일본인이었다. 천황제 국가인 일본에서 성장한, 그것도 귀족 출신인 그녀에게 있어 우범선은 을미사변에 가담한 것만으로도 이미 용서받을 수 없는 죄인이었다. 한국사에 있어 '친일 개화파'와 '친일파'가 다른 함의를 가지고 있다는 것을 그녀는 이해하지 못했다. 한국의 신문 기사, 역사서 등에는 해방 이후에도 우범선을 혁명지사라고 소개한 경우가 적지 않다. 그를 두고 '의인義人'이라 부르지는 못하지만 그를 역사의 죄인으로 단정하지도 못하는 미묘한 구석이 한국사에 있다는 것을 그녀는 알지 못했다.

　허문도 전 통일부 장관 또한 스노다 후사코와의 대담에서 이 점을 지적한 바 있다.

"글 쓰는 방식이 마치 우장춘 박사의 연구 작업과 같이 치밀했습니다. 선생께 참고로 말씀드리고 싶은 것은 개화당開化黨에 관한 것입니다. 개화당은 고종을 폐위하고 다른 왕을 내세워 입헌군주제를 추구했습니다. 일종의 쿠데타지요. 이승만李承晩은 그런 운동에 관련돼 투옥되었지요. 당시 개화당은 일본을 개혁 모델로 삼고 있었기 때문에 일본에 대한 경계심이 없었습니다. 그런 상태는 러일전쟁 때까지 지속됐습니다. 이는 매우 중요한 포인트입니다. 그들은 한국 개혁의 최대 장애는 민비라고 생각했습니다. 일본은 러시아를 끌어들인 이유로 민비를 싫어했지만, 개화당은 한국 근대화에 최대 장애물이란 이유로 싫어했던 것입니다. 개화당은 심지어 일본이 한국의 독립을 보장해줄 것이라고까지 생각했습니다. 일본에 몸을 판 것이 아니라 전술 전략적 협력을 생각했던 것이지요. 너무 안이한 생각이었지만, 개화당 관계자가 민비 암살에 가담했던 이유라고 봅니다."
—『월간조선』 1999년 10월호

즉, 어느 시기까지는 '친일'이 '매국'을 의미하는 것은 아니었다는 점, 또 명성황후가 당시 개화파에겐 '근대화의 장애물'로 인식되고 있었다는 점, 그래서 우범선이 '혁명지사'로 불리기도 했다는 점 등은 분명 아들 우장춘의 역사의식을 검토할 때 짚었어야 할 문제이다.

둘째, 스노다 후사코는 우장춘이 일본에서 차별을 받지 않았다는 증언들을 거듭 소개했고, 그녀 스스로도 그렇게 믿었던 듯하다. 그러니까 스노다 후사코이 있어 우장춘은 일본인으로서 일본 사회에 성공적으로 정착한 인물이었다. 하지만 그가 차별을 받지 않았고 조선인이란 민족의식이 없었다는 근거들은 하나하나 따지고 보면 유효한 증언이 될 수 없거나, 근거가 미약한 것들이다. 오히려 당시의 시대상, 정황 등을 들여다보면 우장춘은 본인이 원하든 원하지 않든 우범선의 아들, 즉 조선인으로 살아갈 수밖에 없었으며 동시에 이로 인한 차별을 감수해야 했다. 아마도 이는 그녀가 일본인이었던 탓에 재일한국인 수난사를 피상적으로 인식한 탓이 아닌가 싶다. 이 부분은 앞으로 이 책의 본문에서 하나하나 짚어가겠다.

마지막으로, 스노다 후사코는 우장춘의 연구가 당대에 어떤 의미를 지니고 있었는지 이해하지 못했다. 『동아일보』는 1937년 12월 28일 우장춘 박사의 연구 의의를 설명하는 해설 기사를 실었다. 「진화론의 신개척」이라는 제하의 이 기사는 우장춘 박사의 연구가 다윈의 적자생존설을 수정하는 잡종설을 입증했다고 상세히 보도했다. 다윈의 적자생존설은 약육강식, 우승열패라는 제국주의 이데올로기의 기반이 된 과학 이론이다. 이 다윈의 적자생존설을 자연과학의 이론으로 격파했다는 것은 그 자체가 제국주의의 심장에 칼을 찌르는 것과 마찬가지의 반란이었으며, 그가 평생을 거쳐 이루려고 했던 것이 무엇인지를 명확히 보여주는 단적인 사례가 아닐 수 없었다. 유전학자로서, 종묘학자로서 우장춘의 업적, 그리고 그가 그 연구 과정에서 겪은 시련을 조명하지 않고 온전히 우장춘을 이해할 수는 없는 일이었으나 안타깝게도 그녀는 이를 간과한 것이다.

우장춘 박사에 대한 1차 자료, 또 증언의 수집은 거의 모두 스노다 후사코에 의해 이루어졌다. 때문에 후학의 연구도 결국 그녀의 족적을 되짚으며 거듭될 수밖에 없었고, 우장춘 신화는 결국 '만들어진 신화'로 그 빛을 잃고 말았다.

그러나 우장춘 신화는 분명 실재의 역사이며 그 신화는 반드시 복원되어야 한다. 물론 우장춘이란 인물의 생애는 한일사의 불편한 부분과 맞닿아 있어 이제껏 알려진 것과는 다른 것이 많다. 우장춘 사후 50여 년이 지났고 관련된 인물들 또한 모두 고인이 되었다. 이제 그의 생애는 온전한 형태로 빛을 볼 따가 되었다.

아버지 우범선의 죄

우범선이 명성황후 시해사건을 주도하고 시신을 소각했다며 그 죄상을 고발한 이는 독립협회 임원이었던 윤효정이다. 윤효정은 1898년 독립협회의 황태자 양위사건에 가담했다 일본 망명길에 올라 아사히 신숙에서 우범선과 2년여 간 함께 근무했던 인물이다.

1902년 말, 아사히 신숙이 문을 닫자 윤효정과 우범선은 헤어졌다. 우범선은 따로 학원을 운영해보겠다며 구레吳 시로 떠났고, 윤효정은 고베에 남았다. 우범선이 을미사변의 주동자였다는 윤효정의 주장은 바로 이때 처음 등장한다. 1903년 여름, 망명객 고영근을 식객으로 받은 윤효정은 '우범선이 바로 국모 살해의 주범'이라며 함께 암살할 것을 그에게 제안했다.

1899년 수구대신을 폭살할 음모를 꾸미다 발각돼 일본으로 망명한 고영근은 수중의 돈이 떨어져 오갈 데 없는 신세로 내몰린 처지였다. 이에 두 사람은 의기투합해 우범선을 압록강 부근으로 꾀어내 살해하려는 계획을 세웠다. 그러나 윤효정과 고영근은 치정문제(?)로 서로 등을 돌렸고, 앙심을 품은 고영근은 윤효정의 암살음모를 조선인들 사이에 폭로한 것은 물론이고 일본 경찰에까지 밀고했다. 이 때문에 윤효정은 중국으로 강제 출국 당해야 했다.

그리고 1903년 12월, 고영근은 종자 노원명과 함께 구례로 우범선을 찾아갔다. 우범선에게 있어 고영근은 암살계획을 미리 알려준 생명의 은인이었다. 우범선은 고영근을 환대했고, 아들과 함께 구례로 이주하겠다는 그를 위해 머물 집까지 알아봐주었다. 하지만 집들이를 구실로 우범선을 자신의 집에 초대한 고영근은 술에 취한 우범선의 목에 단도를 박아 넣었다. 그리고 곧 인근의 와쇼마치 파출소를 찾아가 "국모의 복수를 했다"며 자수했다.

고영근이 단독으로 우범선을 암살했다는 사실을 안 윤효정은 『우범선.최후사』라는 책을 써 고종에게 바치고 자신의 공을 인정받아 사면을 받았다.

우범선이 일본에 망명했을 때 그 평생 이력사를 자찬한 것이 있는데, 구세군교가九世軍校家 적장손嫡長孫 우범선禹範善이라 자칭하였다. 그는 을해년 봄에 무위영 집사로 관계에 나서 18년 근속했는데, 양전兩殿의 은총이 융성했던 덕에 임금의 수라 반찬이나 물품을 상으로 받는 일이 거의 매일 같았다. 그런데 매번 내전에 들어갈 때마다 "민비의 등 뒤에 큰 여우 한 마리가 앉아 있는 것을 보았다. 잘못 봤나 했으나 다시 보아도 분명 여우임이 분명했다. 이런 말을 감히 누구에게 하지는 못하고 속으로만 이 여우를 내 손으로 반드시 잡아 죽이리라 결심하였다"고 말했다. 우범선의 평생 나쁜 짓은 바로 이것이었다. 또 이로 인해 그 최후를 마쳤는데 그의 이력사는 43장으로 된 하나의 책으로 고종 황제에게까지 올려졌고, 법부에 참고건으로 내려보낸 일이 있었다. 그러나 을미사변의 상세한 전말이 기록돼 있다는 사실을 세인에게 알리지 못하고, 갑진년, 을사년 사이 법부에 일이 많을 때 어디선가 유실돼 지금 유감 되는 바이다.

—『풍운한말비사風雲韓末秘史』 중에서

『풍운한말비사』에서 윤효정은 자신이 쓴 『우범선 최후사』가 유실됐다고 안타까워했으나 그 책은 현재 국립중앙도서관에 보관되어 있다. 그리고 바로 이것이 우범선의 죄상이 세상에 알려지게 된 내막이다.

그런데 윤효정의 주장에는 미심쩍은 데가 상당히 많다. 우범선 주모자설을 유포한 유일한 인물이지만 윤효정은 을미사변 가담자가 아니었다. 그런데 어떻게 우범선의 죄상을 알게 됐을까? 이 부분이 상당히 묘한데 그 근거는 오직 하나, 윤효정이 직접 우범선에게 들었다는 것뿐이다. 두 사람은 수년간 등지 관계로 망명생활을 함께 해온 터라 속마음을 털어놓고 이야기를 나눌 수 있는 관계였다. 하지만 을미사변 가담자 중 윤효정과 같은 증언을 한 사람은 아무도 없었다. 그러니까 그의 말이 사실이라면 우범선이 자신의 비밀을 오직 윤효정에게만 털어놨든가, 그 사실을 알고 있는 사람 중에 폭로한 사람이 오직 윤효정뿐이든가 둘 중 하나인 셈이다.

그런데 훗날 윤효정이 쓴 『풍운한말비사』에는 매우 수상한 대목이 있다. '풍운한말비사'는 1931년부터 『동아일보』에 연재되었고 1946년에 책으로 묶여 출판되었는데, 책 표지에 저자 이름을 소운거사紹雲居士로, 책의 말미에 덧붙인 간기刊記에서는 저자 이름을 윤효정尹孝定이라고 밝히고 있다. 소운거사는 경기도 양주 태생의 역사소설가 윤승한尹昇漢으로, 바로 윤효정의 아들이다. 윤효정이 직접 썼다기보다는 아들 윤승한이 그의 구술을 받아썼다고 보는 것이 타당할 듯싶다. 그런데 여기에 아주 묘한 대목이 하나 나온다.

(명성황후 시해 사실이 공표되고 전국적으로 의병이 일어나던) 그 때 여러 대신이 비밀회의를 열어 우범선을 주동자로 몰아 고샅고기를 만들어 사형에 처하고 각료의 변명거리로 삼자고 이야기했다. 그 때 한 사람이 말하였다.

"범선도 입이 있는 사람이거늘 신문하는 중에 자연히 누가 연루됐는지 밝힐 것 아니오? 그렇게 되면 각료 중 누구라도 주종 여부를 불문하고 무죄인 자가 한 명도 없게 될 터인데 장차 곤란해질 것이오. 이는 풀을 때려 뱀을 놀라게 하는 타초경사打草驚蛇의 졸책이 아니오?"

의견이 일치하지 않으므로 자연히 비밀회의가 변해 공개가 되고 말았다. 이를 들은 우범선이 검을 빼들고 입각하여 대신들에게 크게 소리쳤다.

"이 쥐새끼 같은 간적들아! 범선은 고샅고기가 되고 너희들은 편안히 앉아 고기를 먹고자 하면 그 계획이 이루어질 것 같으냐? 참으로 계책이 없구나!"

우범선은 일장 괴소동을 벌였다 한다.

─『풍운한말비사』 중에서

을미사변에 함께 가담했던 내각 대신들이 우범선에게 모든 죄를 뒤집어씌우려 했다는 이야기가 윤효정에 의해 기록됐다는 것은 상당히 아이로니컬한 일이다. 과연 윤효정은 무슨 의도로 이런 기술을 남긴 것일까? 당시의 각로들 또한 결국 우범선과 한 패였다는 것이 윤효정의 의도일지 모르나, 우범선이 저렇게 난리를 피웠다면 이는 우범선이 그들 중에 특별히 큰 죄를 짓지 않았다는 방증이기도 한 것이다.

그런데 내각 대신들은 왜 하필 우범선을 희생양으로 지목했던 것일까? 이 의문은 다시 또 하나의 의문으로 이어진다. 을미사변의 주모자는 일본 공사였던 미우라였다. 미우라 공사는 을미사변을 1882년에 일어난 임오군란의 재현으로 꾸미려고 했다. 임오군란 때도 난군이 명성황후를 죽이려고 했으나 명성황후는 홍계훈의 도움으로 간신히 몸을 피해 살아남았다. 을미사변을 임오군란의 재판으로 꾸미기 위해 일본은 대원군이 필요했던 것이며 조선인 훈련대의 동원도 필요했던 것이다. 그렇다면 미우라 공사는 이미 계획 초기부터 이 죄를 누구에게 덮어씌울지도 정해놨을 터였다. 을미사변 직후, 체포령이 내려진 사람들, 주범으로 내몰린 사람들은 누구였을까?

사변 직후 혼란을 진압한다는 명분으로 입궁한 미우라 공사는 바로 다섯 명에 대한 체포령을 내렸다. 그 다섯 명은 이주회, 유혁로, 정난교, 우범선, 이두황 등이다. 이주회, 유혁로, 정난교 세 명은 일본 사관생도 출신인데 을미사변 당시 고종 근처에 있었고, 이두황과 우범선은 사변에 동원된 훈련대 대대장이라 책임을 면할 수 없다는 것이 그 이유였다.

그런데 이 다섯 명에겐 묘한 공통점이 있다. 먼저 모두 무인이며 출신 성분이 미천하다는 것이다. 명성황후 시해사건의 주범으로 몰려 사형을 당한 이주회는 판서 민용석의 가인家人, 즉 하인이었다. 또 유혁로는 하급무인의 아들로 개화파 거두 김옥균의 하인 노릇을 하던 자였다. 이두황은 상민이었고, 우범선은 중인이었다. 정난교는 다소 예외적으로 충남 목천의 호족 집안 출신이기는 하지만 그 또한 행세하는 집안은 아니었다.

반면 같은 을미사변 가담자이면서도 양반 출신 가담자는 을미사변 직후 내각을 장악한다. 을미사변 직후 들어서는 김홍집 4차 내각의 면면들을 보자. 경무사가 된 권형진과 그의 동생 권동진은 당대의 세도가인 안동 권씨 일족이었다. 군부대신에 오르는 조희연은 의정부 좌참찬을 지낸 조존혁의 아들이다. 유길준의 할아버지는 청송 부사를 지낸 유치홍이고, 아버지는 동지중추부사를 지낸 유진수다. 다만 법부대신 장박(장석주)만이 중인 출신이었으나 그는 우리나라 최초의 신문기자로 학식이 높았다.

이주회, 유혁로, 정난교, 우범선, 이두황 등 다섯 명의 공통항 두 번째는 이들이 모두 박영효파 인물로 분류된다는 점이다. 박영효는 명성황후 폐서 음모를 꾸미다 일본으로 다시 망명을 한 직후였으니, 박영효 파가 명성황후를 죽였다는 시나리오는 상당히 구성이 탄탄한 셈이다.

이 중 이주회는 "내가 무슨 죄가 있냐"며 일본에 망명하지 않고 조선에 남았다가 모든 죄를 뒤집어쓰고 사형을 당했다.

이주회를 비롯한 이 다섯 명은 자신들이 주범으로 몰릴 것을 알고도 이 일에 참여했던 것일까? 을미사변 당시 일본인들이 명성황후를 죽일 것을 정말 알았던 것일까? 여기엔 어떤 다른 음모가 있었던 것은 아닐까?

1부

당대 최고의 무인, 우범선

피의 역사,
제국주의 시대

굴기崛起를 제창하는 중국에서 오늘날 '민족의 영웅'으로 가장 크게 부각된 역사적 인물을 하나 꼽으라면 단연 린쩌쉬林則徐다. 그의 기념관이나 동상은 광저우廣州, 둥관東莞, 마카오는 물론이고 고향인 푸저우福州, 심지어 해외인 미국 뉴욕에도 건립돼 있고, 그의 기념관은 현재 중국 학생들의 유적 답사 필수 코스가 되었다.

린쩌쉬는 잘 알려진 대로 영국 상인들이 몰래 들어온 아편을 몰수, 아편전쟁의 도화선이 된 인물이다. 그러나 그가 중국의 영웅으로 칭송받는 것은 아편을 몰수해 중국의 기개를 보여줬다는 것 때문만은 아니다. 아편전쟁으로 홍콩을 내주고, 광저우·샤먼廈門·푸저우·닝보寧波·상하이上海 등 5개 항港을 개항하는 치욕을 겪었음에도 청 황제는 이를 한낱 변방의 작은 소동으로밖에 보지 않았다. 당시의 전장戰場은 수도 베이징에서 2000킬로미터 떨어진 변방이었던 터라 청 황제는 난징조약을 만년화약萬年和約이라 부르며 별스럽지 않게 생각하고 평탄한 세월을 보냈다. 그렇게 청이 20여 년의 세월을 아무 노력 없이 보낸 탓에 결국 1860년 서구 열강에 텐진을 점령당했고, 베이징까지 공격당하는 수

모를 겪어야 했다.

그러나 린쩌쉬는 이미 1840년 1차 아편전쟁 당시부터 서세동점西勢東漸의 위기를 인식하고 필사의 노력으로 서구 열강에 대한 정보를 수집했다. 전장의 선두에 서서 처음 영국군과 마주해야 했던 그에게 영국군 전력에 대한 정보는 필수적인 것이었으나, 아편전쟁 당시 안타깝게도 그에겐 적 전함의 성능, 적 대포의 사정거리 등의 기본 정보조차 없었다. 그 와중에도 그는 광저우에서 일전을 불사할 계획이었으나 영국군과 제대로 싸워보지도 못하고 전란의 계기를 만들었다는 죄로 모든 관직을 박탈당한 채 서부 변방으로 유배를 떠나고 말았다. 하지만 서양을 제대로 알아야 한다는 것을 깨달은 그는 이후 필사의 노력으로 수많은 자료를 수집했다. 이 자료들은 그의 친구 웨이유안魏源에게 전해져 1852년 『해국도지海國圖志』란 100권의 책자로 완성되었다.

'서구 제국주의의 침탈을 어떻게 막을 것인가' 하는 고민의 결과물이었던 이 책은 일본은 물론 조선에까지 전해져 눈앞에 닥쳐온 위기를 알리는 역할을 했다. 린쩌쉬는 시대를 읽고 닥쳐올 외우外憂를 막기 위해 서구의 기술을 배울 것을 주창한 선각자였으며, 이것이야말로 린쩌쉬가 진정 위대한 까닭이다.

그러나 린쩌쉬 등의 경고가 있었음에도 아시아 각국은 결국 참담한 신세로 내몰렸다. 수많은 아시아 국가들이 서구 열강의 식민지가 되거나 국권은 유지하더라도 국가의 품격은 유지하지 못했다. 중국 교과서는 아편전쟁을 근현대사의 시작이라고 규정하고 있는데, 이는 다시 말하면 중국 몰락의 시작이었다고 해도 과언이 아니다. 영국의 경제사학자 앵거스 매디슨의 『20세기 세계경제: 역사적 통계』에 따르면 1820년까지 중국은 구매력 기준으로 세계 총생산의 33%를 차지하고 있던 초강대국이었다. 그러나 중국은 아편전쟁 후 경제력, 군사력 등 모든 방면에서 하향일보를 걸었고, 국정은 서구 열강에 의해 좌지우지됐으며, 심지어는 동아병부東亞病夫라 조롱당하는 신세가 되었다.

베이징을 통해 세계정세를 바라보고 있던 조선도 마찬가지였다. 조선의 유학들은 '만년화약'이라는 청 황제의 무사안일한 인식을 고스란히 받아들였고, 서구 열강이 베이징까지 진격하는 사태가 발생한 뒤에도 '조선은 빈한한 국가니 서구 열강들이 굳이 조선까지 오진 않을 것'이란 안이한 생각을 품고 있었다.

당시 한중일 3국 중에서 오직 일본만이 달랐다. 사쿠마 쇼잔, 요시다 쇼인, 사이고 다카모리 등 일본사의 거인들은 이 『해국도지』를 보고 닥쳐올 미래의 위기를 깨달았다. 적을 알고 나를 안다는 것은 중요하다. 1853년 미국의 거대한 흑선이 요코하마 앞바다에 나타났을 때, 일본은 별다른 저항 없이 개항을 받아들였다. 일본인들은 이미 서구의 힘을 알고 있었고, 중국이 무력하게 당한 판에 자신들이 저항을 해본들 결과가 다르지 않을 것이란 것 또한 알고 있었다. 무모한 응전으로 피를 흘리기보다 그들은 자신들의 모든 역량과 노력을 자강自强에 쏟아붓는 쪽을 선택했다. 그리고 그 절박한 요구는 곧 메이지유신이라는 일대 혁명을 낳았다.

조선에서는 뒤늦게 1870년대 중반이 넘어서야 개화파가 대두했다. 1873년, 성년이 된 고종이 친정을 선포하면서 대원군의 섭정이 끝났다. 그와 함께 조선의 쇄국정책도 끝이 났다. 당시 의정부를 장악한 인물은 영의정 이유원과 우의정 박규수였다. 이들은 개화에 대해 긍정적이었는데, 특히 박규수는 북학자 박지원의 손자로 대외개방은 반드시 필요하다고 주장했다. 박규수는 국내 개화파의 태두로 그의 사상은 곧 김옥균, 박영효 등에게 이어져 개화파를 낳았다. 당시 개화파에는 김옥균, 박영효 등 명문가 자제들로 구성된 집단이 있었고, 또 다른 한 축으로 강위를 중심으로 한 중인 집단이 있었다. 이들은 서세동점의 위기를 인식하고 함께 개화를 통한 부국강병을 도모했다.

조선은 1876년 일본과 강화도 조약을 맺으며 개항했다. 흔히 이를 일본의 강압에 의한 개항이라고만 생각하나, 사실 조선 내부의 내응이 없었던 것은 아니었다. 박규수는 물론이고 고종 또한 개항에 긍정적이었으며, 중국 양무운동을 이끌었던 리훙장李鴻章 또한 조선에 개항을 권했다.

왜 중국은 조선에 개항을 권했던 것일까?

당시 한중일 3국에겐 공통의 적이 있었다. 그것은 물론 그 마수를 명확히 드러낸 서구 제국주의 열강들이었다. 때문에 한중일 3국이 연합하여 서구 제국주의에 맞서야 한다는 주장은 한중일 지식인들 사이에서 공통적으로 나온 것이었다. 이것은 훗날 제국주의 일본이 내세운 대동아공영 논리와 비슷해 오해를 사기 쉽지만, 적어도 그 시절엔 이런 주장이 분명 나름의 개연성을 가지고 있었다.

당시 한중일 3국의 외교관을 명확히 보여주는 것이 일본 주재 청나라 참사관 황쭌셴黃遵憲이 쓴 『조선책략朝鮮策略』이다. 황쭌셴은 이 책에서 조선의 주적을 러시아로 규정했고, 조선은 친중국親中國, 결일본結日本, 연미국聯美國하여 자체의 자강을 도모해야 러시아의 침입을 방어할 수 있다고 했다.

중국인이 제시한 외교 책략이니 중국은 그렇다 해도 일본과 미국과의 연합은 왜 권했던 것일까? 황쭌셴은 일본은 조선에 있어 중국 이외에 가장 가까운 나라이고, 과거부터 통교해온 유일한 국가인 데다 조선과 일본 중 어느 한쪽이 땅을 잃으면 서로 온전하게 유지하지 못하는 보거상의輔車相依의 형세이기 때문에 서로 결합해야 한다고 보았다. 또 미국의 경우에는 비록 조선과는 멀리 떨어져 있지만 남의 토지나 인민을 탐내지 않고, 남의 나라 정사에도 간여하지 않는 민주국가로서 오히려 약소국을 돕고자 하니 미국을 끌어들여 우방으로 해두면 화를 면할 것이라고 했다.

황쭌셴은 중국이나 일본도 서구 열강 세력에 적대하고서는 국가의 안위가 위태롭기 때문에 개국한 것이므로, 조선의 쇄국정책도 끝까지 고수하기는 어려울 것이며 대외세력의 방어에 자신이 없으면 개국을 해야 할 것이라고 주장했다. 『조선책략』은 1880년 2차 수신사로 일본에 갔던 김홍집이 조선에 가져와 커다란 논란을 일으켰고, 조선 개화파들 사이에서는 외교의 바이블처럼 인식됐다.

미국에 의해 개항을 맞은 일본은 1850년대 막부육군과 막부해군 등 근대식 군대의 육성을 시작했다. 중국 또한 1860년대 양무운동을 펼치며 총포, 탄약, 기선 등을 만드는 군수공장을 짓고 북양 함대, 남양 함대, 복건 함대 등 3대 함대를 창설했다.

1876년 개항한 조선 또한 제일 먼저 군 강화책을 내놓았다. 조선은 1880년 12월 통리기무아문을 설치하고, 그 아래에 군무사를 비롯한 12사를 설치했으며, 유경무실한 삼군부를 혁파했다. 그리고 1881년 4월, 일본 공사 하나부사花房義質의 건의에 따라 우리나라 최초의 근대식 군대인 별기군을 창설했다. 무위영 산하에 창설된 별기군은 일본인의 주선으로 조직되었고, 호리모토堀本禮造라는 일본 군인이 군사 고문으로 있었다 하여 '왜별기倭別技'라고도 불렸다. 당시 개화의 선봉에 섰던 이들은 쇄국정책을 펼치던 시절, 서양인과 맞서 싸워본 이들이었다. 영의정 박규수는 1866년 미국의 제너럴셔먼호가 대동강을 거슬러 올라와 통상을 요구했을 때 평안도 관찰사였다. 또 별기군 정령관 한성근은 병인양요 당시 강화도에서 프랑스군과 일전을 펼친 적이 있었다. 그는 병력의 부족으로 결국 패퇴했지만 문수산성 안에 숨어 있다 상륙한 프랑스군 20여 명을 죽이는 전과를 올린 바 있었다. 서양과 맞서 싸워본 자만이 서양의 두서움을 제대로 알고 있었을 터, 한성근의 발탁은 절묘하다 할 수 있다.

별기군에 대한 조선 정부의 애정은 특별하여 80명의 생도들은 명망 있는 무가武家의 자제 중에서 선발했고, 이들에게 초록색 군복과 근대식 무기를 주었을 뿐 아니라 이들의 급여 또한 기존의 군사들에 비해 월등히 높았다. 별기군은 불과 80명으로 이루어진 소수 부대이긴 해도 최초의 근대식 군대였고 왕의 친위대였으므로 그 위세가 대단했다.

일본 병식을 가르치기 위해 교련소를 설치하고 이름난 무반 자제들을 사관생도로 뽑았다. 교련소를 전관 감독하는 자는 정령관 한성근, 좌부령관은 윤웅렬, 우부령관은 김노완이었다. 초록군 별기군을 교련할 때 윤웅렬, 한성근, 김노완이 그 임무를 맡았으나 교련에 힘쓰자니 군을 통솔하는 일에 소홀케 됐다. 탓에 어느 날 윤웅렬이 송촌 지석영池錫永에게 하소연하였다.

"일에 두서가 없어 답답합니다. 빠르고 민첩한 교관 하나 어디 없겠습니까?"

지석영은 이를 듣고 "우리나라의 무관은 모두 이름만 있고 실력은 없소. 단에 올라 폼을 잡는 가짜 자리는 누구에게 맡겨도 상관없겠지만, 교련은 실제의 일이라 훈련대장이나 금위대장이 친히 군을 맡아도 병졸의 신뢰와 복종심을 얻는 데는 영문의 일개 집사에 미치지 못합니다. 현재 무위영 집사 우범선은 구세군교가九世軍校家에 병학에 달통한 자이니 그를 뽑아 군사를 일임하면 영감은 베개를 높이 베고 누워 있어도 교련은 아무 걱정 없이 잘될 것이오" 하고 우범선을 천거했다.

—『풍운한말비사』 중에서

별기군의 참령으로 발탁되는 일은 여러모로 큰 기회였음이 분명한데, 이 노른자위 같은 보직을 꿰찬 이가 바로 우범선이었다. 우범선의 발탁은 지석영이 윤웅렬에게 추천한 덕이라고 『풍운한말비사』는 밝히고 있다. 지석영은 종두법을 우리나라에 최초로 도입, 보급한 인물이고, 윤웅렬은 훗날 군부대신에 오른 개화파 군인으로 그의 아들 윤치호는 일찍이 일본, 미국으로 유학한 개화기 지식인이자 친일파로 유명하다. 또 윤보선 전 대통령은 윤웅렬 동생의 손자이다.

지석영의 가문에 대해서는 크게 두 가지 설이 있다. 그가 몰락한 양반가의 자손이었다는 설과 왜역관(倭譯官)을 주로 하던 중인 집안의 후손이라는 설이 있는데, 『매천야록梅泉野錄』에서 황현이 그를 중인이라 소개하고 있고 지석영 자신이 강위를 중심으로 한 육교시사六橋詩社 동인이었다는 점 등을 볼 때 중인이었으리라 필자는 보고 있다.

그런데 지석영은 의사였는데 어떻게 윤웅렬을 알았고, 또 그에게 군인을 천거할 수 있었을까? 이는 그들이 당시 모두 개화파에 속해 있었던 탓이다. 윤웅렬과 지석영은 1880년 제2차 수신사 김홍집의 수행원으로 일본에 동행한 적이 있었다. 게다가 공교롭게도 이 두 사람은 모두 신분제로 인한 차별을 겪었는데, 윤웅렬은 몰락한 집안의 서얼로 태어나 노력과 성실함 하나로 훗날 군부대신에까지 오른 입지전적 인물이다. 그러나 그는 오래도록 서얼 출신이라는 한계에 갇혀 한직을 떠돌았고 동료들로부터 차별과 모욕을 당하는 일이 많았다. 때문에 그의 아들 윤치호가 대표적인 개화파, 친일파가 된 것은 어린 시절 아버지가 겪은 차별을 직접 본 충격 때문이라는 말도 전해지고 있다. 그리고 지석영은 우범선과 같은 중인 출신이었으니 당연히 신분제의 한계를 안고 살 수밖에 없었다.

지석영의 천거를 받은 윤웅렬은 결국 우범선을 발탁했다. 당시 우범선의 나이 스물넷이었다. 황해도 출신의 젊은 무인, 우범선은 과연 어떤 인물이었을까?

신분제의 덫에 갇힌
중인 무관

우범선은 1857년 황해도의 중인 집안에서 태어났다. 보통 중인들은 특정한 직업을 세습하는 경우가 많았는데 그의 집안은 대대로 무관으로 근무한 듯하다. 우범선 본인이 구세군교가의 적장손이라고 자신의 출신을 밝혔고, 권동진 또한 그가 대대로 내려오는 하사下士 집안의 후손이였다고 증언하고 있다.

중인은 양반과 양민 사이의 중간 계급이라고 알려져 있으나 맡은 일에 따라 양반과 같은 격인 경우도 있었고, 때로는 천민과 비슷한 일을 하는 경우도 있었다. 원칙상 과거에 응시할 수 있었지만 문관으로 나가는 길은 거의 차단돼 있었고, 무과와 잡과를 통해 무관이나 의원, 역관 등이 되는 것이 최상의 길이었다.

그러나 그가 과연 무과 급제자였는지는 확실치 않다. 『동아선각지사기전東亞先覺志士記傳』에는 "1876년 무과에 급제해 청단찰방에 임명됐다"고 나오나 공식 문서 등을 통해서는 확인되지 않는다. 과거에 급제했다면 족보 등에 기록이 남아 있을 터인데, 단양 우씨 족보에는 그의 이름 자체가 없다. 개화사상을 가진 중인들은 족보 편찬 참여를 거부한 경우가 많았으나, 우범선의 경우에는 명성황후 시해에 가담해 척살령까지 내려진 역적이므로 문중에서 그의 이름을 지웠을 가능성이 크지 않나 싶다.

19세기 중반은 서구 열강이 아시아를 침탈하기 시작한 때로, 말 그대로 역사의 격변기였다. 그리고 우범선이 무관이 되어 관직에 나간 1876년은 조선이 일본과 강화도조약을 맺고 개항을 맞이한 때였다.

백련 지운영이 묵동의 수간파옥數間破屋에 잠시 머물고 있을 때였다. 널문을 마주하고 우범선이 살고 있었는데, 하루는 이른 아침에 우범선이 지운영을 찾아왔다. 크게 부르는지라 나가보니 문 앞에서 말하길, "세상에 기이한 일이 있소. 오늘 새벽에 누군가 날 찾아와 나가보니 낯선 사람이 있지 뭡니까?" 하고 이야기를 하기 시작했다. "'나는 남묘고직南廟庫直인데 성명은 모某이오. 성제칙어聖帝勅語를 뫼시고 그대에게 전하려 왔소' 하는 게요. 그래서 성제께서 무슨 말씀을 나에게 전하시더냐고 물었더니 '오늘 새벽 꿈에 성제께서 분부하시길 묵동에 가서 우범선이라는 자를 찾아보고 내 분부를 전하되 무슨 일이든지 분수를 지켜야지, 만일 분수 밖에 외람한 생각이 있다면 극히 흉하리라. 이 말을 이르라 하셔서 찾아왔소. 어디 사는지 모르는데 다만 묵동에 가서 어찌 찾사오리까, 여쭈오니 주소를 일러주신 고로 찾아왔소' 하더이다. '관제關帝의 가름침은 황감하지만 내가 무슨 외람된 망상이 있으리오' 이야기하고 지금 그 사람을 보내고 오는 길이오. 그런데 관제께서도 이 우범선이를 알아보시는 모양이오."

우범선이 심히 자랑스러워하더니 그 후로는 같이 술을 마실 때마다 팔뚝을 걷고 "우범선은 혼탁한 세상에 태어났지만 관제께서는 나를 아시는 터다"며 큰소리를 쳤다. 때문에 지운영은 "자중하고 신중하라"고 충고했다. 그러나 과연 채 3년이 지나지 않아 하늘에 가득 찬 큰 죄를 짓고 몸과 혼이 객지에서 사라지니 만일 관제의 충고를 지켰던들 그리 되었을까 하는 후일담이 있다.

—『풍운한말비사』 중에서

『풍운한말비사』는 일본에 건너가 사진술을 배워 와서 우리나라 최초의 사진사가 된 지운영과 우범선이 이웃하며 살던 때의 일화를 적고 있다. 지운영은 지석영의 친형이다. 실제 관제의 가르침을 받았을진 모를 일이나 '팔뚝을 걷고 관제 운운하며 큰소리를 치는' 그의 모습을 상상해보면 젊은 우범선이 어떤 인물이었는지는 익히 짐작이 간다. 물론 그가 허풍만 치는 인물은 아니었다.

우범선은 인물이 기물奇物이니만큼 엉뚱한 생각도 많이 했다. 그는 항상 말하기를, 조선은 너무도 국토가 협착하니까 장래 국가 백년의 대계를 생각한다면 누구나 만주까지 병란할 생각을 두지 않으면 안 된다 하고, 일본에 망명하여 변성명을 할 때에도 그는 특히 북

야일평北野一平이라 하였으니, 즉 북방의 만주벌을 한 번 토평하겠다는 의미다. 동서양 사람 중 누구나 물론하고 만주가 어디에 붙었는지 꿈도 못 꾸던 그 당시에 그가 벌써 그렇게 만주 문제를 생각한 것을 보면 그 얼마나 식견과 포부가 웅대하였는지 짐작할 수 있다.
—「비중비화, 백인백화집秘中秘話, 百人百話集」, 『별건곤』 제69호, 중에서

우범선이 대단한 야심가였으며 출중한 실력의 무관이었다는 사실은 훗날 그의 동료들이 남긴 여러 증언을 통해서 거듭 확인된다. 별기군 자체가 명문 무가의 신체 강건한 이들만을 뽑아 만든 특수부대이므로 그 교련을 맡는 인물의 무학 또한 당대 최고가 아닐 수 없었다. 을미사변의 동지였던 권동진 또한 우범선에 대하여 "때려 부수는 데는 으뜸"이라고 그를 평한 바 있으며, 여러 일화에서 확인되는 우범선의 면모를 보면 실로 비범한 데가 있다.

훗날 윤효정이 우범선을 암살하기 위해 절도사를 지낸 무인 고영근을 끌어들여야만 했던 것, 고영근조차 우범선이 만취할 때를 기다려 종자 노윤명과 함께 기습해야만 했던 것 또한 우범선이 당대 최고의 무인이었기 때문이다. 우범선은 일본 망명 시절, 암살에 대비하기 위해 반드시 2층집을 얻고 2층에서만 잠을 잘 정도로 용의주도한 인물이었다.

그러나 그가 아무리 훌륭한 무관이었다 할지라도 불행히도 그는 중인이었다. 당시 중인은 중인일 뿐, 그 이상도 이하도 아니었다. 그리고 이 신분의 벽은 상당히 높았다.

별기군을 최초로 창설한 것이 일본이다. 창의문 너머 세검정 밖 평창에 별기근 훈련소를 만들고 훈련소장에 명성황후의 친정 조카인 민영익을 당상으로 모시고서 개소식을 올리던 날 웃지 못할 일이 벌어졌다. 훈련소 정문에 일본 교관 호리모토 중위가 서서 들어서는 손님마다 스독내가 고약한 석탄산수를 빗자루에 묻혀 뿌리고 있었다. 한국군 장교인 김노안이 불쾌하게 생각하고 무슨 수작이냐고 따지자 염병이 유행하여 그 병균으로부터 공들을 보호하기 위함이라고 대답했다.

때마침 당상 민영익이 화려한 비단 관복 차림으로 가마 타고 들어오자 호리모토는 빗자루를 놓고 굽실거리며 모시는지라, 김노안이 달려가 "세균이 벼슬 높고 낮은 것을 아는가. 비단옷 무명옷을 알아서 붙고 안 붙고 하는가" 하고 대들었다.

초록 군복을 입혔기로 초록 군대라 했던 이 별기군은 모두 무반 자제들로 뽑았으며, 군웅렬이 정령이요, 앞서 석탄산수에 반감을 가졌던 김노안이 부령, 일대의 풍운아 우범선이 참령으로 교관이 되었다. 우범선은 9대를 이어 내린 장교 집안으로 손자병법과 오자병법도 터득한 터였다. 눈 내리는 추운 겨울에도 자기 집무실에 불을 피우지 않고, 밤에는 사관생도 막사에 들어가 같이 자곤 하여 동고동락하는 지휘관으로 명망을 얻었다.

하지만 평상시 아닌 훈련 중에도 양반 생도가 중인 교관을 너라 부르고 말을 놓기 일쑤였다. 화가 치민 우범선은 어느 하루 사관생도들을 불러놓고 일장 연설을 했다.

"9대 장교를 하는 집안의 적장손으로 여러분 아버님인 훈장이나 영장도 날더러 너라고는 부르지 않고 자네라고 불렀을 터인데 지금 나한테 훈련을 받고 있는 서방님들이 너라 부른다는 것은 만부당이요, 관직에 대한 모독이며 조정 체면에 먹칠하는 것이다. 간이 있는 사나이로서 참을 수 없는 일이다."

우범선은 그 길로 옷을 벗고 뛰쳐나와버렸다.

— 이규태, 「역사에세이: 100년의 뒤안길에서」, 『조선일보』 1999년 3월 26일자

『조선일보』 이규태 고문의 이 글 또한 윤효정의 『풍운한말비사』를 토대로 한 것이다. 과거를 통해 무관이 됐고, 또 교관의 신분이었으나 훈련생들에게 '이놈' '저놈' 하대를 당했다는 것은 분명 지금의 상식으로 보면 어처구니없는 일이다. 우범선은 이것을 자신에 대한 모독이라고 받아들였고 반발했다.

하지만 별기군을 뛰쳐나간 것만으로 일이 끝난 것은 아니었다. 감히 중인 출신의 군교가 의젓한 명문 무가의 자제들에게 예를 다하지 않고, 군문을 제멋대로 벗어난 것은 반상의 법도를 깨는 행위였으며 군율을 깨는 행위였다. 당시 별기군 소속 생도들은 자기 동료를 잡아간 포청을 습격해 감옥을 때려 부술 정도로 기세등등한 족속이었다. 우범선에 대해서도 그냥 웃으며 넘어가지 않았다. 생도들은 우범선의 무례함을 이를 갈며 성토하고, 군 고위층에게까지 고발했다. 별기군의 총책임

자, 당상관은 민씨 외척 소장 거물인 민영익이었다. 우범선에 대한 보고를 받은 민영익은 몹시 분노해 우범선을 처벌하려 했다. 이때 사태를 무마한 것이 지석영이었다.

> 별기군을 지휘하는 당상관 민영익 또한 이 소식을 듣고 몹시 불쾌해했다. 그때 마침 지석영이 민영익의 집을 방문했다. 이때 민영익은 우범선의 방약무도한 행실을 언급하며 "우범선이란 놈이 이런 짓을 하였다 하니 오늘은 이놈을 잡아 반드시 물고를 낼 것이오" 하고 분노를 토했다. 그러나 지석영은 "이는 민영익 대감의 실언이십니다. 우범선의 말에 틀린 데가 있습니까? 만일 우범선을 잡아 처벌한다면 민영익 대감의 평판이 어찌 되리라 생각하십니까?" 하며 우범선을 감쌌다. 민영익은 잠시 생각하더니 "과연 그러하오. 내가 큰 실수를 할 뻔하였소. 오늘 우범선을 불러 좋은 말로 달래고, 생도들의 언사도 바로잡게 하겠소" 하고 말했다.
> ─『풍운한말비사』 중에서

당상관 민영익은 명성황후의 조카로 당시 고종과 명성황후의 절대적인 신임을 받고 있던 실력자였다. 그 또한 개화파였으나 훗날 친청 사대파로 기울어 오히려 개화파를 탄압하게 되는데 이는 민영익이 태생적으로 권력가 집안이었기 때문이다. 그리고 민영익의 신분제적 사고는 이 일화에서도 잘 드러난다.

풍운아 우범선이 마주한 세상은 엄격한 신분제 사회였다. 과거에 급제해 군교가 된 것은 중인으로선 가장 큰 출세를 한 것이었다. 그런데 그는 자신이 아무리 뛰어난 능력을 가지고 있다 하더라도, 또 아무리 노력하더라도 양반이 될 수 없었다. 차라리 엄격한 신분제에 갇혀 애당초 그것을 받아들였다면 모를까, 그는 이미 개화사상을 받아들인 후였다. 20대 중반의 혈기왕성한 그가 부조리한 현실에 얼마나 큰 분노를 품었을지는 익히 짐작 가는 바가 있다. 그런 의미에서 '문벌門閥을 폐지하여 인민평등人民平等의 권權을 세울 것'을 주장하는 개화사상은 그에게 있어 단순한 이상이 아니고 반드시 이루어야 할 생의 궁극적 목표가 아닐 수 없었다.

일본 밀항의
숨겨진 의미

상도들의 하대를 못 견디고 발끈했던 우범선은 별기군으로 돌아가지 않았다. 그는 엉뚱하게도 이때 일본으로 밀항했다. 그런데 이는 그에게 큰 행운이 되었다. 그가 일본에 가 있는 사이 구식군대의 반란인 임오군란이 일어났던 것이다.

임오군란은 기본적으로 위정척사파의 반란이었으며 그 타깃은 명성황후와 민씨 일가, 그리고 일본인과 친일 개화파 세력들이었다. 1882년 임오군란을 일으킨 난군은 민씨 일파를 죽였고, 명성황후를 시해하려 했으며 일본 공사관은 물론이고 별기군까지 공격했다. 일본 공사관은 불탔고, 별기군의 일본인들은 목숨을 잃었다. 난군들은 윤웅렬의 집도 습격했으나 윤웅렬은 탈출에 성공, 일본 나가사키로 망명했다. 만일 우범선이 당시 별기군에 있었다면 그 또한 난군의 공격을 받았을지도 모를 일이었다.

임오군란은 정부가 구식군대를 홀대한 것이 직접적인 원인이었다. 그러나 내막을 들여다보면 그 기저에는 당시 시대의 여러 가지 문제가 도사리고 있었다. 당시 조선의 경제는 나날이 피폐해지고 있었다. 특히 개항은 일반 민중에게는 커다란 고통이 되고 말았다. 일본은 영국산 면제품을 사와 조선에 팔았는데 그 대가로 조선의 쌀, 콩 등의 곡식을 가져갔다. 이는 영세한 가내수공업의 몰락을 촉발한 것은 물론이고, 가뜩이나 식량이 부족했던 조선에 치명적인 식량 문제를 야기했다. 권력을 독점한 민씨 일가와 명성황후가 외국의 외교관들과 날마다 연회를 이어가며 국고를 낭비한 탓에 국가 재정 또한 엉망이 됐다. 군의 체제를 5군영에서 2군영으로 바꾸면서 많은 군인이 실직한 데다 현직 군인들조차 제대로 급료를 받지 못하는 상황이었다. 그러니 개항을 허락한 집권층에 대한 불만이 높을 수밖에 없었다.

    1882년 7월 23일, 드디어 사건이 터지고 만다. 무려 13개월이나 급료를 받지 못했던 구식군대 병사들이 한 달치 급료를 받아 가라는 반가운 소식을 듣고 선혜청 도봉소를 찾았다. 그러나 모처럼 받아든 쌀에는 겨와 모래가 잔뜩 섞여 있었고 양 또한 터무니없이 적었다. 중간에서 횡령한 것이 분명하다는 목소리가 나왔고 몇몇은 도봉소 관리들과 드잡이를 하다 폭행까지 하고 말았다. 병조판서 겸 선혜청 당상 민겸호는 상황을 오판하고 포도청에 명령해 난투를 주도한 몇 명의 군사를 체포하여 사형에 처하려 했다. 극형을 통해 군의 기강을 세우려 했으나 이는 당시 군인들의 분노를 너무 과소평가한 일이었다.

    오히려 이에 자극받은 난군들은 '동료를 구하자!'며 안국동 민겸호의 집으로 몰려가 가구와 생활용품 등을 닥치는 대로 부쉈다. 지금으로 치면 군인들이 국방장관의 집에 쳐들어가 난동을 부린 셈이니, 흐지부지 일이 무마될 수는 없었다. 그들은 살 길을 찾기 위해 대원군에게 달려가 읍소했고, 대원군은 이들에게 모종의 충고를 했다. 그 내용은 정확히 알려져 있지 않으나 난을 일으킨 군사들이 이후 민씨 일파를 제거하고, 일본 공사관을 습격한 것을 보면 그 내용은 익히 짐작할 수 있다.

난군은 궁 안으로 쳐들어가 명성황후의 목숨을 노리기까지 했다. 그러나 명성황후는 변복을 하고 간신히 탈출에 성공, 장호원에 은신했다.

임오군란이 터졌을 때 일본에 있던 우범선은 훗날 체포돼 심한 고문을 받았다. 『동아선각지사기전』은 우범선이 돌아와 인천에 있다 대원군 일파에게 잡혔다고 기록하고 있다.

1881년 네 명의 유학생과 함께 일본에 건너가 문물제도를 시찰해 조선의 국정개혁을 기도하는 계기가 됐다. 1882년 조선으로 돌아가 인천에 있을 때, 경성(서울)에 변고가 생겨 대원군 일파의 손에 체포됐다. 일본의 밀정이라는 혐의로 고문을 받았다. 이 고문은 상당히 잔혹해 이 때문에 평생 다리가 불편해졌다고 말할 정도였으나 그는 고통을 참고 침묵으로 버텼다. 국문에는 한마디도 답하지 않고 오직 대원군에게만 직접 말하겠다고 주장한 터라 결국 대원군이 그를 마당 앞으로 끌어내 직접 심문했다. 이때 그는 동양의 대세와 조선의 상황을 설명하며 "일본과 동맹을 맺지 않으면 조선은 망국에 이르게 될 것이라고 생각해 소인은 일본의 실상을 시찰하기 위해 몰래 일본에 갔다 왔다"고 소신을 피력했다. 그의 말에는 가슴으로부터 우러나오는 우국의 절절함이 있었고, 대원군은 그의 지성에 감동해 그를 석방하게 했다.

그리고 『풍운한말비사』는 당시 우범선의 행적에 대해 다음과 같이 적고 있다.

우범선은 일본에 도항 후 고베, 오사카, 교토, 도쿄와 구주사국을 떠돌며 지사문인과 교유했다. 그렇게 세월 가는 줄 모르던 그는 임오군란 소식을 듣고 칠월 상순경에 현해탄을 다시 넘어 서울로 돌아왔다. 그때 포장 이교헌이 그를 붙잡아 신문했다.
"너는 무슨 일로 일본에 넘어간 것이냐?"
"사관생도의 무례에 분개해 교관으로서의 임무에서 벗어나고 싶었습니다. 그래서 일본에 잠도하였습니다."
"일본에서 어디서 묵고 누구를 만났느냐?"
"하루 세 끼의 밥과 세 잔의 술을 마시면 됐지, 머물 곳이 따로 있겠소?"
"이실직고하지 않으면 혹독한 형벌을 받게 될 것이다."
"정말 그게 다요. 더 말할 것이 없소."
포장 이교헌이 고문하려 하자 우범선은 사실대로 말할 테니 고문을 멈추라고 했다.
"나 우범선은 평생에 미친 뜻이 없고 꼭 사실로 말하는 것인데 일일 세 끼 밥과 술 석 잔만 있으면 어디든 방랑하였고, 9대 군교 집안의 적장손으로 하늘의 은혜가 망극해 열여덟 살부터 검을 쥐고 임금의 은혜를 갚아왔소. 나라를 원망하여 도망치지 않았음은 성상께서 통촉하실 바요. 만일 통촉하시지 못하다면 내 스스로 목숨을 끊을 것이오."

그 태도가 강개한지라 포장은 신문을 멈추고 이를 보고하니, 성상께서 "맞다. 우범선은 실로 다른 뜻이 없고 충애가 있는 자니 즉시 석방하라" 하셨다.

우범선은 밀항을 하였다고 주장하나 그가 일본에 가 있던 때는 마침 김옥균, 박영효, 서광범, 서재필 등이 일본을 시찰하던 시기와 겹친다. 이 점을 놓고 보면 밀항을 했던 것이 아니라 이들과 동행하지 않았을까 추정된다. 때문에 어디서 묵고 누구를 만났는지 이유를 밝힐 수 없었을 것이다.

『동아선각지 사기전』의 '네 명의 유학생과 함께 갔다'는 부분이 이를 방증한다. 게다가 재일 사학자 금병동의 『김옥균과 일본金玉均と日本』이란 책은 당시 신문 기사 등을 통해 김옥균의 일본 내 행적을 자세히 기술해놓았는데 김옥균의 동행자 중에 우범선으로 추정되는 인물이 있다.

김옥균은 1882년 3월 17일 출범한 천년환을 타고 일본으로 건너갔는데, 동행자 중에 우정禹鼎이란 인물이 있었다. 나이는 당시 25세, 육군수업 목적으로 일본을 방문했다고 한다. 삭발하고 양복을 입어 순수 일본인과 다름이 없는 외모를 하고 있었는데, 김옥균이 임오군란 소식을 듣고 급히 귀국하게 된 1882년 8월 16일, 우정은 김옥균, 서광범 등과 함께 인천에 도착했다. 이들 일행은 8월 17일 밤 현령의 배를 빌려 한강을 거슬러 서울로 향했는데, 우정은 서울에서 완고당에게 포박을 당했다고 밝히고 있다.

이 우정이 우범선인지 아닌지는 확실치 않으나 여러 정황상 우범선과 일치하는 데가 많다. 우범선은 왜 일본에 갔던 것일까? 일본의 근대식 군대를 돌아보고 그는 과연 무엇을 느꼈던 것일까?

우범선은 훗날 일본 망명 시절 만주를 평정하겠다는 뜻을 담아 자신의 일본식 이름을 지었다. 그런데 만일 이 우정이 우범선이라면 이 이름 또한 나름의 의미를 담고 있지 않았나 싶다.

중국 고대시대의 전설적인 군주 우임금은 천자로 등극한 후, 중국 천하의 구리를 모아 아홉 개의 솥을 주조하였다. 이 솥 위에 온 천하 각국의 사나운 동물들과 해충은 물론 귀신들과 요괴들의 그림을 그려 넣음으로써 백성들이 이를 보고 미리 방비할 수 있도록 하였다고 한다. 훗날 사람들은 우임금의 뜻을 기려 이 솥을 우정禹鼎이라고 불렀다.

만일 이 우정이 우범선이었다면 그의 방일 목적은 리쩐쉬가 『해국도지』를 만든 뜻과 같은 것이다. 참고로 박영효는 당시 일본을 방문했을 때의 감회를 이렇게 적고 있다.

당시 일본은 메이지유신의 대개혁을 단행한 때라 상하가 결속해 내치외교에 나라는 날로 융성해가는 판이었다. 체류하는 동안 이런 상황을 본 우리 일행은 선망천만羨望千萬이었다. 우리나라는 언제나 저리 될까. 조급한 마음이 우러나는 동시에 개혁의 웅심을 참으려 해도 참을 수 없었다.

―「갑신정변」, 『신민』 14호, 1926년 6월 1일 중에서

청별기군의 사고뭉치 교관
우범선

임오군란의 배후에는 흔히 대원군이 있었다고 이야기된다. 대원군은 임오군란으로 잠시 정권을 재장악한 뒤 행방불명 상태였던 명성황후의 국장을 강행했다. 대원군은 자신을 권좌에서 내쫓은 며느리에 대한 증오심에 불타고 있었다. 그러나 명성황후는 은신해 살아남았고, 결국 자신의 가장 큰 정적인 대원군을 제거하고자 청을 끌어들였다. 청의 개입으로 대원군의 재집권은 33일 만에 끝나고 말았다.

서울에 들어온 청군은 대원군을 청국으로 납치하고, 군대를 몰아 서울 시내와 궁궐을 장악했다. 당시 서울에 주둔한 일본군은 150명이었지만 위안스카이가 이끄는 청국군의 수는 무려 3000명에 달했다. 그들이 대원군을 톈진으로 납치한 것은 교묘한 수였다. 명성황후와 민씨 일족이 가장 두려워하는 것은 그 누구보다 대원군이었다. 대원군을 납치함으로써 청은 명성황후와 민씨 일가를 언제든 압박할 수 있는 큰 무기를 가지게 된 셈이었다.

그리고 조선과 청국은 '조청상민수륙무역장정朝淸商民水陸貿易章程'을 체결했다. 이 무역장정은 이때까지의 어떤 통상조약보다 가장 악질적인 조약이었으며, 조선 망국의 기점이 된 조약이라 해도 과언이 아닌 불평등 조약이었다. 개항의 시발이 됐던 '강화도조약' 또한 불평등 조약이었다. 일본이 미국에 의해 개항될 당시 적용했던 조약과 대동소이하나 일본은 조선에게 무관세 혜택까지 받아내 이권을 침탈했다. 하지만 이때까지만 해도 국제무역은 거류지 무역이었다. 개항장에서부터 4킬로미터나 20킬로미터 등 일정 범위에서만 외국 상인이 장사를 할 수 있었고, 그 바깥으로는 외국 상인이 발을 내딛을 수 없었다. 그러나 조청상민수륙무역장정을 통해 청은 '내지 통상권'을 획득했다. 조선 어디든 청나라 상인들이 진출해 장사를 할 수 있다는 이야기였다. 심지어 청은 조선 연안에서의 어업권까지 가져갔다. 사실상 경제 주권을 박탈한 것과 같은 날강도 조약이었다.

이후 조선은 이 내지 통상권을 미국, 러시아, 프랑스, 영국, 일본 등 수많은 열강에 내주게 되고 만다. 서구 열강은 너나 할 것 없이 최혜국 대우를 요구했는데, 최혜국 대우란 다른 나라에 적용한 좋은 조건들을 같이 적용받는다는 의미다. 때문에 조선 경제가 본격적으로 침탈당하기 시작한 것은 바로 이 장정의 체결부터였다고 해도 과언이 아니다. 그러나 민씨 일가는 청과 결탁해 일족의 안위만을 도모했고, 근대화를 통한 자강을 꿈꾸던 개화파의 불만은 날로 높아졌다.

중국은 조선의 종주국임을 주장했다. 조선의 개화파들에게 있어 친일 성향이 짙어진 것은 중국이 조선을 속국으로 두려 했기 때문이다. 이에 반해 일본은 조선을 독립국으로 인정했다. 강화도조약 또한 제1조에서 조선은 자주국으로서 일본과 평등한 권리를 가진다고 규정하고 있다. 그러나 물론 이 의도가 순수한 것은 아니었다. 일본은 조선에서 중국의 종주권을 배격함으로써 중국의 간섭 없이 조선을 손쉽게 집어삼킬 생각이었다. 이는 프랑스가 베트남을 식민지화할 때 종주국을 자처하는 중국과의 충돌을 피하기 위해 쓴 방식과 동일하다. 그러나 당시 개화파들은 이런 사실을 인지하지 못했을 것으로 생각된다. 그때까지만 해도 베트남이 프랑스의 식민지가 돼 있지도 않았고, 그들에게는 당장 눈앞에 중국이라는 적이 있었기 때문이다.

조선에는 일본인 대신 청나라 군사들이 활개를 치기 시작했고, 그들의 주도로 청별기군이 설립된다. 이때 우범선, 김노안은 다시 청별기군의 참령이 됐다.

이 초록 군대에 대한 불만이 원인이 되어 일어난 임오군란 뒤 청국 도움에 보답해서 이번에는 청별기군이 생겼다. 청국 군복을 입고 청국 구호로 훈련받는 이 청별기군 교관으로 다시 우범선과 김노안이 천거된 것이다.

청국을 사대하는 뜻에서 고종이 감군하는 가운데 조련한다 하여 당시 궁중 연무장이요, 지금 청와대 자리인 융문당에서 훈련을 했다. 어느 날 우범선, 김노안이 조련하고 있는데 임금만이 올라가 감군할 수 있는 융문당 상에 올라가 입에 장죽을 물고 팔짱을 낀 채 거들먹거리고 있는 자가 있었다. 우범선이 당신 누구요, 하고 묻자나 상(임금)의 명을 받들어 감군하러 나온 안정옥이오 했다. 이에 감군에는 격식이 있고 절차가 있는데 담뱃대 물고 팔짱을 낀다는 것은 조련 중인 500장병을 모독하는 일이라고 일갈하며 장검을 뽑아 안정옥 발 아래 던져 꽂았다. 이에 안정옥은 신발이 벗겨진 것을 주워 들고 뒤도 돌아보지 못하고 도망쳤다. 상을 대신한 자의 발 아래에 칼을 던진다는 것은 임금에게 던지는 것이 되어 대역죄에 걸린다. 하지만 간이 워낙 격에 어긋난 짓을 했는지라 고발을 하지 않아 우범선의 목이 붙어 있을 수 있었다.

— 이규태, 「역사에세이: 100년의 뒤안길에서」, 『조선일보』 1999년 3월 26일자

『동아선각지사기전』은 일본에서 귀국한 우범선이 대원군 패거리로 몰려 평안도로 귀양을 가게 된다고 기술하고 있는데, 이는 『풍운한말비사』와 엇갈리는 대목이다. 임오군란 당시 조선에 없었고 개화파였다는 점에서 우범선이 대원군파로 몰렸다는 것은 당시 상황에 비추어볼 때 쉽게 납득되지 않는 부분이다. 당시 우범선이 고위직도 아니었는데 말이다.

반면 『풍운한말비사』는 안정옥이란 등장인물의 이름까지 구체적으로 언급하고 있어 신뢰도가 더 높아 보인다. 안정옥은 1883년 5월 23일 기기국機器局의 방판으로 임명됐으며, 동년 7월 13일에는 관성장管城將으로 임명됐다는 기록이 『조선왕조실록』 등에도 남아 있다.

임오군란을 계기로 편제된 친군영親軍營, 이른바 청별기군은 조선

이 청의 지원으로 만든 신식 군대다. 청나라의 감독과 훈련 아래 1000명의 친군 좌영, 500명의 친군 우영으로 편성한 군대다. 이 친군영의 좌영사는 이조연이었다. 이조연은 친청파 사대당으로 명성황후의 총애를 받은 인물이다.

당시 친군영 안에선 일본식 군사훈련을 받은 군인들과 청식 군사훈련을 받은 군인들의 갈등이 심했던 것으로 알려져 있다. 그 때문이었을까. 우범선은 또 한 번 사고를 치고 만다. 이조연이 어느 날 중초 초관을 맡고 있는 우범선을 불렀다.

좌영사 이조연은 중초 초관 우범선을 불러 분부했다.
"오늘 밤부터 중초 병졸을 인솔해서 관내에서 묵게 하라."
우범선은 크게 놀라 물었다.
"궁중에 무슨 사변이 있는 것입니까?"
"아니다. 다만 상명을 거행할 뿐, 아무 사변도 없다."
"궁중에 아무 일이 없는데 다만 처분에 의해 사졸을 숙직케 하라니요? 좌영사께서는 비록 문관 출신(원문에는 讀書宰相)이라지만 군의 일을 어찌 이같이 모르십니까? 사졸이 임금을 직접 접하고 장수를 모르게 되면 반드시 장수는 사졸의 손에 죽습니다. 여차하면 좌영사께서도 필경 사졸의 손에 죽을 것입니다."

이조연은 크게 노해 "즉각 군령을 시행하라"고 소리쳤다. 위안스카이袁世凱가 이를 달래 우범선을 나가게 했으나 이후 이조연은 우범선의 조상을 위해 알리고, 청단 찰방靑丹察訪의 직을 주어 영외로 축출했다. 이때 우범선의 목이 달아나지 않은 것은 실로 위안스카이의 도움 덕분이었다.

─『풍운한말비사』중에서

항명은 분명 군인으로서는 죽을죄나 마찬가지다. 사실 윤효정이 언급하고 있는 우범선의 일화들은 대개 우범선이 얼마나 방약무도했는지를 보여주는 일화들이라, 조금 새겨 해석해볼 필요가 있다. 그런데 그걸 감안하고 보더라도 우범선의 말은 그른 데가 없다. 난세의 군인으로서 그는 군 기강을 바로세우는 일에 있어서나 군사를 다루는 일에 있어서 분명 비범함을 보였다. 또 재미난 것은 이때 그를 비호한 이가 위안스카이였다는 점이다. 우범선은 여기저기서 미움도 많이 받았으나 국적을 초월해 같은 군인들에게는 큰 인정을 받은 위인이었던 것 같다.

친군영이 1883년부터 1884년 사이 존재했으므로 우범선이 청단찰방으로 발령난 것은 그때쯤이었을 것으로 보인다. 찰방이란 역도驛道라는 단위로 나누어진 구區별 역참들을 관리하는 종6품의 외관직으로 요즘으로 치면 우체국장이나 경찰서장 같은 지위였다. 별기군 참령에서 황해도 청단으로 가게 됐으니 우범선에게는 좌천이 아닐 수 없었는데, 아이로니컬하게도 이는 그에게 다시 한 번 큰 행운이 되고 만다. 이 덕분에 갑신정변의 파고를 비켜 갈 수 있었던 것이다.

갑신정변의 실패와
개화파의 몰락

이 시기, 조선의 식자층에게 개화의 필요성에 대한 공감대는 형성되어 있었다. 그러나 그 방식에 대해서는 서로 달랐다. 당시 대표적인 정치가라고 할 만한 김홍집·김윤식·어윤중·민영익 등은 청나라의 지도와 원조를 받아 이 개화운동을 점진적으로 전개하자는 사대당事大黨을 형성했다. 그리고 일본 제국의 원조를 받아 혁신을 하고 독립국가의 실리를 얻자는 김옥균·박영효·홍영식·서재필·서광범 등은 개화당開化黨을 형성하고 있었다.

개화에 대한 친일과 친청의 대립은 개화의 추동력을 어디서 얻을 것이냐의 문제이기도 했지만, 본질적으로는 그 모델을 어떤 것으로 삼을 것이냐는 문제였다. 일본은 서구식 문물만 받아들인 것이 아니라 사회제도와 정치구조까지 혁파한 근대화를 추진했다. 그러나 청의 양무운동은 동체서용을 그 핵으로 했다. 즉, 서구의 기술은 받아들여야 하나 사상과 제도는 중국 고유의 것을 이어가겠다는 태도를 고수했다. 여기엔 아주 중대한 차이가 있다. 만약 일본식 모델을 받아들이게 된다면 신분제를 폐지하고 문벌을 타파해야 했던 것이다. 결과를 놓고 보면 청나라 양무운동의 성과는 일본 메이지유신明治維新의 그것과 비교할 것이 못 됐다. 그리고 조선의 개화파는 이것을 이미 인지하고 있었다.

민씨 척족의 핵심 인물이었던 민영익이 결국 개화파에서 전향해 사대당 성향을 띠게 된 것은 어쩌면 당연한 귀결이었다. 그는 해외를 돌아보고 돌아온 뒤 수구적 태도로 바뀌었고, 급진적 개혁을 주장하던 개화파를 핍박하기 시작했다. 민영익은 개화파였기에 개화파의 주장과 요체, 그리고 핵심 주동세력이 누구인지 잘 알고 있었다. 민영익의 변심은 개화파에겐 치명적인 일이 되었고, 이는 결국 개화파로 하여금 쿠데타라는 극단적인 선택을 하게 했다.

당시 서울에는 무려 3000여 명의 청군이 주둔하고 있었다. 일본 주둔군은 150여 명 남짓이었으므로 일본을 등에 업는다고 해도 감히 도발해볼 상황이 되지 않았다. 그런 때 마침 베트남에서 청불전쟁이 터졌다. 프랑스는 1874년 '제2차 사이공 조약'을 체결, 베트남 남부 6성을 식민지로 할양 받음과 동시에 베트남을 보호국으로 삼았다. 이에 대해 청나라는 종주국으로서 조약의 무효를 선언하는 한편, 베트남 북부에 군대를 파견하여 중국 의용군인 흑기군과 연합하여 프랑스와 전쟁을 벌였다. 물론 청은 당시 프랑스와 싸워 이길 힘이 없었다. 1884년 8월, 개전과 동시에 청은 연전연패를 거듭했다. 그리고 이 소식은 당시 조선에도 전해졌다. 이로 인해 청의 위신은 추락했고, 청의 양무운동이 근대화의 모델이 될 수 없다는 인식이 조선의 개화파에 퍼졌다. 그리고 이 전쟁 때문에 서울에 주둔하고 있던 청국군의 절반이 철수했다.

개화파는 이 기회를 노려 쿠데타를 도모했다. 그것이 바로 갑신정변이다.

1884년 12월 4일, 조선이 만국우편연합에 가입하여 개설한 우정국 낙성 축하연이 열렸다. 개화파는 축하연이 한창일 때 안국동 별궁에 불을 지른 후, 소화 작업을 지휘하기 위해 현장으로 달려오는 정부 요인들을 노상에서 암살할 계획을 세웠다. 그러나 안국동 별궁 방화는 실패했고, 그 대신 우정국에 인접한 민가의 초가지붕에 방화를 했다. 민영익이 화재 상황을 파악하기 위해 밖으로 뛰어나오자 자객이 그를 노렸으나 상처를 내는 데 그쳤을 뿐 죽이지 못했다. 곧 민영익은 피투성이가 되어 우정국 안으로 실려 돌아왔다. 정부 요인들은 불온한 음모가 진행 중이란 것을 눈치채고, 우정국에서 나오려고 하지 않았다. 이로 인해 노상 암살 계획은 완전히 실패로 끝났다.

계획은 처음부터 꼬여갔으나 김옥균과 박영효는 궁으로 달려가 고종에게 "사대당과 청국군이 반란을 일으켰다"며 허위 보고를 했다. 그리고 경호가 용이한 경우궁으로 옮긴 후, 일본군에게 경호를 맡길 것을 청했다. 고종은 박영효의 말대로 일본 공사에 출병을 요구하는 친서를 써줬고, 경우궁으로 긴급 대피했다. 그 후 고종을 문안하기 위해 찾아온 윤태준·한규직·민영목·민태호·조영하 등의 사대당 일파를 차례로 죽였다. 우범선을 청별기군에서 내쫓은 이조연 또한 이때 죽임을 당했다.

다음 날 12월 5일, 쿠데타 세력은 각국 공사 및 영사에게 신정부의 수립을 통고하는 한편 개화파가 중심이 된 새로운 내각을 발표했다. 그리고 6일에는 국정 혁신을 위한 14개조 혁신정강을 공표했는데, 그 내용은 대원군을 조속히 귀국시키고 청에 대한 조공 허례를 폐지할 것, 문벌을 폐지하고 백성의 평등권을 제정하여 재능에 따라 인재를 등용할 것, 탐관오리를 처벌하고 경찰 제도를 확립할 것 등 독립과 근대화에 대한 내용을 담고 있었다. 또 그 12조에서 '일체의 국가 재정은 호조에서 관할하고 그 밖의 재정 관청은 금지할 것'을 주장했다.

1931년 3월 잡지 『동광』에는 춘원 이광수가 박영효를 인터뷰한 내용이 실려 있다. 인터뷰 당시 71세의 노인이었던 박영효는 갑신정변의 배경에 대해 다음과 같이 회고하고 있다.

"그때 정치 사정이 누구든지 분개 아니 할 수가 없었소. 국사라는 것이 엉망이었소. 매관죽작 같은 것은 으레 것이니까 말할 것도 없고 국세를 받는다는 것이 모두 곤전이 사사로이 보내는 수세관들의 사복으로 들어가고 민씨족 기타 권문세가의 미움만 받으면 생명을 부지할 수가 있소? 이것을 보고야 아니 분개할 수가 있소?" 하고 갑신혁명의 동기를 말하였다. 여기 곤전이란 것은 명성황후 민씨를 지칭함은 물론이다.

이는 명성황후와 민씨 세족에 대한 개화파의 인식을 명확히 보여준다. 무엇보다 개화파가 대원군을 다시 모셔오려 했던 것은 주목할 만한 부분이다.

대원군은 '쇄국'의 화신이지만, 개화파는 심적으로 명성황후나 민씨 일가보다는 대원군에게 의지했다. 개화파의 수장 김옥균은 우유부단하고 소심한 고종보다는 카리스마와 위엄을 갖춘 대원군이 지도자로서 낫다고 생각했다. 명성황후와 민씨 일족은 왕실과 그들 일가의 안위만을 생각했을 뿐, 진정 국민을 위하는 정치는 펼치지 않았다. 하지만 대원군은 달랐다. 비록 쇄국이라는 잘못된 길을 선택했지만, 그는 세도정치를 혐오했고 사대부 계층의 특권보다는 국민 삶의 안정을 추구했다. 개화파는 대원군처럼 카리스마 있고 능력 있는 지도자를 설득하는 것이 가장 확실한 개화와 독립의 지름길이라고 믿었던 것이다.

그러나 쿠데타는 너무 쉽게 진압되고 말았다. 박영효는 이 때문에 평생 김옥균을 원망하였는데 이 또한 이광수와의 인터뷰에 잘 나타난다.

"그저 정권을 움켜잡는 것이지요. 상감을 꼭 붙드는 것이지요. 김옥균이가 어름어름하다가 상감을 놓쳐버려서 고만 실패지요" 하고 통분한 표정을 한다. 춘고(박영효)의 의견에는 갑신정변이 실패한 주된 책임이 김옥균에게 있다는 것이다. 그가 약속대로 아니 한 것, 모계가 소홀한 것 등이 갑신혁명 실패의 중대 원인이라고 춘고는 반복하여 애석히 여긴다.

김옥균 선생의 인격의 장처와 단처에 대하여 박씨는 "김옥균의 장처는 교유요. 교유가 참 능하오. 글 잘하고 말 잘하고 시문서화 다 잘하오. 김옥균의 단처는 덕의와 모략이 없는 것이오." 하야 김옥균의 재才를 허許하나 덕德과 지智를 허하지 아니한다.

"홍영식이 과연 성의 있는 사람이었소. 서광범은 인물이었으나 병약하여서 대사를 하기가 어려웠소" 하고 박영효는 홍영식을 많이 칭찬하였다. 갑신혁명 시에 김옥균이 27세, 홍영식이 25세, 서광범이 24세, 박영효가 17세였다고 한다.

그가 김옥균을 원망한 데는 여러 가지 이유가 있었다. 첫째, 일본 공사의 말을 신뢰하고 너무 성급히 일을 진행했다는 점. 둘째, 중차대한 거사임에도 약속을 어기고 즉흥적으로 일을 처리해 여러 가지 실수가 나왔다는 점, 그리고 결정적으로 고종을 놓쳤다는 점이다.

도대체 그때 김옥균은 어떤 실수를 했던 것일까?

개화파가 고종을 경우궁에 붙잡고 있을 때, 경기 감사 심상훈이 왕의 문안을 위해 나타났다. 심상훈이 누구인가? 그는 임오군란 때 장호원에 은거하고 있던 명성황후와 왕궁을 오가며 연락책을 맡았던 인물이다. 임오군란 때 대원군이 어떻게든 명성황후를 죽이려 했다는 점을 생각하면 이는 목숨을 건 행동이었다. 그리고 명성황후가 환궁했을 때 그 충성은 보상을 받았다. 그러니 그는 당연히 민씨 일족과 관련이 깊었다. 때문에 박영효와 홍영식은 그가 고종을 알현하는 것을 막으려 하였으나, 김옥균은 대수롭지 않게 여기며 심상훈을 경우궁에 들여보냈다. 갑신정변은 여러모로 어설픈 쿠데타였는데, 이는 그중에서도 결정적인 패착이 되고 말았다.

심상훈은 고종과 명성황후에게 사변의 진상을 알렸다. 민씨 일가의 중신들이 참살당했다는 것을 안 명성황후는 청국군을 동원하여 쿠데타 세력을 몰아낼 계획을 세웠다. 이를 위해선 일단 심상훈이 밀서를 들고 밖으로 나갈 수 있어야 했다. 그러나 일단 궁에 들어온 심상훈이 밖으로 나가는 것을 쿠데타 세력들이 결코 허락해줄 리 없었다.

명성황후는 지략이 풍부했다. 그녀는 경우궁이 너무 비좁고 추워 생활하기 힘들다고 불평하며 창덕궁으로 귀환하자고 조르기 시작했다. 경우궁이 작고 방어에 유리한 반면, 창덕궁은 넓고 방어가 불리한 곳이었다. 소수에 불과한 쿠데타군으로선 어떻게든 경우궁에 고종을 붙잡고 있어야 했다. 그런데 김옥균은 어이없게도 결국 이 요구를 수용하고 말았다.

창덕궁으로 다시 옮기느라 어수선한 사이 심상훈은 몰래 빠져나와 외아문의 김홍집, 남정철에게 달려갔다. 청나라의 위안스카이, 우차오유吳兆有 등이 결국 출병했고, 일본군은 약속을 깨고 철병했다.

청군과 맞서 싸우고 있는 사이 명성황후는 청군 쪽으로 피신했다. 홀로 남은 고종은 인천으로 가자는 김옥균의 말을 묵살하고 끝까지 안 가겠다고 버텼다. 결국 김옥균 등 살아남은 소수 쿠데타 세력은 일본인들을 따라 인천으로 간신히 도망쳤고, 이들의 천하는 3일로 끝나버렸다.

갑신정변이 실패한 후 처절한 피의 보복이 시작됐다. 조선 정부는 이 사건을 역모로 규정하였고, 갑신정변 주모자들을 대역죄인으로 공표했다. 이에 따라 서재창 · 이희정 · 김봉균 · 신중모 · 이창규 · 이윤상 ·

오창모·차홍식·남흥철·고흥종·이점돌·최영식이 사형을 당했다.

또 김옥균의 처와 딸은 급히 도망가 목숨은 건졌으나 곧 비참한 생활로 내몰렸고, 서재필의 아버지 서광효 내외와 맏형 등은 음독 자결하였다. 박영효의 아버지 박원양은 판서직에서 해임된 뒤 투옥, 옥사하였다. 박원양은 감옥에서 거적을 뜯어먹다가 굶어서 아사했다고 전한다. 쿠데타는 당사자들뿐만 아니라 그 가족들의 목숨까지도 걸어야 했던 위험천만한 도박이었다. 하지만 당시 김옥균의 태도는 분명 너무 안이했다.

살아남아 일본으로 망명한 개화파 박영효 등이 명성황후에 대해 어떤 감정을 품었을지는 미루어 익히 짐작할 수 있다. 동지들이 사형당하고 부모 형제가 아사하거나 음독자살을 했다. 그들에게 이미 명성황후는 국모가 아니라 철천지원수에 지나지 않았을 것이다.

청과 일의
경쟁적 수탈

　　임오군란, 갑신정변을 진압한 청은 1885년 위안스카이를 주차조선총리교섭통상사의駐箚朝鮮總理交涉通商事宜에 임명했다. 흔히 감국대신이라고 불리는 이 직책은 왕을 능가하는 권력을 가지고 외교 통상을 마음대로 주물렀다. 심지어 당시 26세의 위안스카이는 고종의 폐위를 주장하기도 했다. 조선의 종주국을 자칭하던 청은 사실상 조선을 청의 식민지로 취급했던 것이다. 청은 일본보다 더하면 더했지 덜하지 않았다. 결국 보다 못한 명성황후는 러시아를 끌어들여 청을 견제하려는 계획을 세웠다.

　　물론 청도 가만히 있지 않았다. 1885년 10월, 청은 대원군을 급거 귀국시켜 명성황후와 민씨 일족에게 강한 경고를 보냈다. 대원군은 이미 노쇠한 뒤였으나 명성황후와 민씨 일족에게 있어 대원군의 귀국은 가슴이 덜컥 내려앉는 일이었다. 그러나 귀국한 대원군은 한동안 정치에 관여하지 않고 운현궁에 은거했다.

　　청일이 대립하고 있었다고는 하나 이때 조선에서의 주도권은 분명 청이 가지고 있었다. 청나라 상인들은 조선에 진출, 상권을 잠식해갔다.

흔히 경제적 수탈을 이야기할 때 우리는 주로 일본의 수탈만을 언급하나 사실 중국의 수탈이 더 컸다. 갑신정변부터 청일전쟁에 이르는 1884년부터 1895년까지의 무역 상황을 보면 대청 무역의 적자는 대일 무역에서 발생하는 적자의 몇 타에 달했다.

청과 일본 상인 모두 영국산 면제품을 주 수출품으로 삼았는데, 일본 상인은 청나라 상인들과 비교해 경쟁력을 가지기 힘들었다. 청은 상해로 들여온 영국산 면제품을 바로 가져와 팔 수 있었지만, 일본 상인들은 상해에서 일본으로 수입한 뒤 이를 다시 조선으로 가져왔기 때문이었다. 일본 상인들은 청나라 상인들에 점점 밀려나는 추세였다.

그런데 왜 1893년, 동학도들은 '척왜양이'의 기치를 들었을까? 정치적 수탈이나 경제적 수탈이나 모두 청나라가 다른 경쟁국들을 압도하는 상황이었는데 말이다. 임진왜란으로 일본에 대한 역사적 반감이 있기도 했지만, 이는 일본과의 무역이 민생의 삶을 피폐하게 한 탓이었다. 청국 상인들은 물건 값을 엽전으로 받아 이를 금, 은 등으로 다시 바꿔 반출한 반면, 일본 상인들은 대금으로 쌀과 콩 등을 사서 일본으로 반출했다. 무역수지로 보면 1890년부터 1893년까지 오히려 우리나라가 대일무역에서 흑자를 기록하는 일까지 벌어지는데, 조선의 수출품이 주로 곡물이었다는 점을 생각해보면 이것이 민생에 얼마나 치명적인 해악을 끼쳤는지는 굳이 설명할 필요가 없을 듯하다. (오두환, 「한국 개항기의 화폐제도 및 유통에 관한 연구」 참조)

1888년에는 흉년이 들어 전국 여러 곳에서 폭동이 일어나기까지 했다. 이에 곡물 수출항인 원산을 관장하던 함경도 관찰사 조병식趙秉式은 1889년 9월 조일통상장정朝日通商章程을 근거로 원산항을 통하여 해외로 반출되는 콩의 유출을 금지하는 방곡령을 발포하였다. 조일통상장정에 따르면 조선의 지방장관이 1개월 전에 예고한다면 쌀과 콩의 수출을 금지할 수 있었다.

그러나 담당관원의 실수로 예고 기간이 부족하여 일본 무역상들이 타격을 입게 되자 한일 간에 분규가 일어나게 되었다. 사소한 실수를 빌미삼아 일본은 악랄하게 물고 늘어졌다. 자국 상인들이 큰 손해를 보게 됐다며 일본은 난리를 폈다. 결국 조선 정부는 일본의 항의에 굴복해 조병식에게 방곡령 해제를 명했다. 하지만 곳곳에 굶어 죽는 사람이 속출하는 상황이었으므로 조병식으로서는 이를 받아들일 수 없었다. 오히려 그는 일본 상인들로부터 곡물을 압수하는 등 방곡령을 강력하게 밀고 나갔다.

일본은 이에 조병식의 처벌과 손해배상을 요구했다. 결국 조병식은 강원도 관찰사로 전출됐고, 방곡령은 해제되었다. 새로 함경도 관찰사로 한장석韓章錫이 부임하였으나 그 또한 굶어 죽는 백성들을 외면할 수 없었다. 결국 그는 원산항의 방곡령을 다시 시행하였고, 이어서 황해도에도 방곡령을 내렸다. 식량이 부족한 상황에서 각지의 민중을 구하기 위해서는 어쩔 수 없는 선택이었다.

그러나 조선 사람들이 굶어 죽건 말건 자국 상인들의 이익만을 앞세운 일본은 조선에 거액의 배상금을 요구했다. 이 분쟁은 무려 4년을 끌었으나 정부는 청나라의 권고에 따라 일본의 요구를 받아들여 배상금 11만 환을 지불하기로 하고 1893년 4월 일단락을 지었다.

청은 정치적·경제적으로 조선 침탈에 주도적 역할을 했지만, 농민들에게 끼치는 해악은 일본 상인들의 침탈에 비해서는 적었다. 그러나 일본의 조선 침탈은 식량 수탈이 주가 됐다는 점에서 가뜩이나 식량이 부족했던 조선에게는 치명적이었다. 그것만으로도 부족해 일본이 사소한 트집으로 거액의 배상금까지 챙겨가자 민중의 분노는 걷잡을 수 없이 커졌다. 그리고 1893년 4월, '척양척왜'의 기치 아래 동학교도 2만여 명이 충청도 보은에 결집했다. 그들은 폭정에 대한 분노, 생활난 타개를 부르짖으며 농성에 들어갔다. 이들은 곧 해산됐으나 이듬해인 1894년 2월 전라도 고부군에서 벌어진 군수 조병갑의 폭정은 다시 한 번 동학교도들을 결집시켰고, 갑오농민전쟁의 발발로 이어졌다. 봉기한 동학군은 5월, 전주를 장악하는 데 이르렀다.

그런데 당시 한일 관계가 식량문제로 악화됐음은 여러모로 주목해 볼 대목이다. 일본은 1889년 쌀농사의 흉작, 1890년 보리농사의 대흉작으로 이른바 '쌀 소동'이 일어났다. 반대로 조선은 이때 쌀농사가 대풍을 거두었다. 때문에 조선에서 쌀을 대량 수입해 자국 하층민에게 공급할 수 있었다. 게다가 조선산의 콩은 값싸고 품질이 좋아서 일본 자국 내 콩 농사에 영향을 미쳤다. 이미 1893년도쯤 일본 농민들은 콩밭을 뽕밭으로 바꾸는 경우가 많아 콩의 생산량이 전반적으로 줄어드는 추세였다. 일본 상인들은 조선산 콩을 다른 나라로 재수출하기도 했다. 이로써 일본의 대조선 무역수지는 적자를 기록하는 데까지 이르렀다. 일본의 입장에서 보자면 조선을 병합한다면 얻을 수 있는 '이익'이 무엇인지 계산할 수 있게 된 것이다.

이런 이유에서 일본이 조선에 대해 가졌던 태도는 이 시기부터 다른 양상을 띠기 시작했다. 조선의 개화파를 후원했던 후쿠자와 유키치는 갑신정변 이전만 해도 '조선과 연대해 일본의 안위를 도모한다'는 입장을 취했으나, 그 이후 '더 이상 조선에 희망을 걸 필요가 없다'며 탈아론을 주장했다. 사실상 이 시기 일본은 이미 식민지화의 야욕을 확실히 한 셈이었다.

그리고 동학군 진압을 빌미로 무려 8000명의 대병력을 조선에 파견하는 것으로 그 야욕을 명확히 드러냈다. 바로 청일전쟁의 시작이었다.

명성황후와
그녀의 적들

청나라와 일본은 이제 조선을 두고 한판 전쟁을 벌일 참이었다. 개전을 눈앞에 둔 일본은 전쟁 중 자신들을 지지하고 도와줄 괴뢰 정권을 수립해야 했다. 명성황후와 민씨 정권은 오래도록 친청 노선을 걸어왔으므로 그들을 그대로 둔 채 청나라와 일전을 치를 수는 없었다. 조선에는 다행히 이들의 천적 대원군이 있었으나, 카리스마 넘치는 이 노정객은 결코 만만한 상대가 아니었다. 자신들이 원하는 대로 해줄 인물이 아니었던 것이다. 일본은 결국 대원군을 끌어들여 민씨 척족을 타도하는 명분으로 삼되, 별도의 친일 내각을 구성하는 교묘한 수를 구상해낸다. 일종의 투 트랙 전략이었다.

일본의 속셈을 모르는 대원군은 "조선 땅을 결코 조각내지 않는다"는 그들의 약속만을 믿고 1894년 7월 정가에 복귀했다. 그리고 일본인들은 곧 군국기무처를 만들어 김홍집을 총리대신에 앉혔다. 김홍집 내각은 7월부터 10월까지 190개에 달하는 개혁안을 쏟아내며 갑오개혁을 이끈다.

기존의 민씨 일파들이 속속 밀려나고 갑신정변으로 밀려났던 개화파 인사들이 속속 복권됐다. 군부에선 조희연의 활약이 눈부셨다. 조희연은 김홍집 1차 내각에서 군무대신 서리로 승진, 전국의 군제를 관할하게 되었다. 그는 민씨 정권을 밀어내고 대원군을 옹립하는 데 앞장서더니 7월 30일, 아산에서 청일 양군이 접전하자 우범선, 이두황, 이범래 등을 선발대로 파송하여 일본군을 돕기도 하였다.

우범선은 『조선신사보감朝鮮紳士寶鑑』 조희연 편에 이렇게 이름을 드러낸다. 『조선신사보감』은 1912년 조선출판협회에서 발행한 책으로 조선인 가운데 친일을 한 사람을 귀족 또는 신사라 부르고 그 행적을 기록한 일종의 인명록이다.

1883년부터 1894년에 이르는 10여 년 동안 우범선이 어떤 삶을 살았는지는 확실치 않다. "평안도 감찰사 민병석이 이를 안타까이 여겨 민비에게 죄를 사해줄 것을 진력으로 참한 덕에 7~8년간의 유배생활에서 벗어날 수 있었다"는 『동아선각지사기전』의 기록을 토대로 추측해보면 변방의 무관으로 전전하다 개화파인 민병석의 천거에 의해 다시 중앙으로 발탁된 것이 아닌가 싶다. 필자는 우범선이 귀양을 간 것은 사실이 아니라고 본다.

청일전쟁에서 일본 측 선발대로 나선 우범선, 이두황 등은 상당한 공을 쌓았다. 우범선보다는 이두황의 활약이 눈부셨던 듯하다. 이두황은 일본군을 따라 평양까지 들어갔는데 그의 역할은 통역 및 정탐 활동이었다. 또한 그는 일본이 9월 15일 평양을 점령하자 조선인들을 동원해 청군 병사들의 시체를 매장하는 작업을 처리했다. 이두황은 이런 공로 등으로 양주 목사를 제수 받았다. 이때 우범선도 이두황과 동행했을 것으로 보이나 그에 대한 기록은 없다. 그러나 이때 어떤 공을 세웠는지 우범선 또한 그 직후 장위영 영관을 제수 받았다. 장위영 영관은 종3품의 고위직으로 중인 출신 무관이 감히 꿈꿀 수 없는 최상위 자리였다.

한편 대원군은 개혁에 대해 부정적인 태도로 일관했던 터라 김홍집 내각과 심각한 불화를 겪었다. 하지만 대원군에겐 김홍집 내각보다 먼저 해치워야 할 적이 있었다. 바로 명성황후였다. 아들 고종과 며느리 명성황후에 대한 대원군의 원한은 뿌리 깊은 것이었다. 하루아침에 권력의 중심에서 내침을 당한 것은 물론이요, 민씨 일가의 전횡을 지켜보며 벙어리 냉가슴을 앓아야 했고, 노년에 중국 톈진에 잡혀가 4년여의 억류 생활을 해야 했던 그였다. 도저히 며느리 명성황후를 가만둘 수 없었다. 대원군은 명성황후를 폐서하고, 더 나아가 치마폭에 감싸여 꼭두각시가 돼버린 아들 고종마저 폐위시키려고 했다. 며느리와 아들을 모두 밀어내고 손자 이준용에게 왕권을 물려주는 것이 그의 궁극적인 목표였다. 고종은 대원군의 둘째 아들이었고, 이준용은 대원군의 장남 완흥군 이재면의 아들이었다.

그러나 이 기도는 성공하지 못했다. 일본 측은 전쟁 중 조선 왕실에 파란이 일어나는 것을 원치 않았다. 당시 일본은 어느 한쪽에 힘을 실어주지 않고 서로 경쟁을 시켜 힘이 집중되지 못하게 하는 전략을 썼다. 그러나 대원군과 김홍집 내각이라는 양강 전략은 아무래도 위태로웠고, 결국 또 하나의 세력을 끼워 넣었다.

10년간 일본에서 망명생활을 하던 박영효가 1894년 8월 23일 서울에 도착했다. 당시 일본은 박영효를 귀국시켜 치열하게 대립하고 있던 대원군 세력과 개화 관료 세력을 중재하는 역할 또는 균형자 역할을 맡기려는 의도였다. 박영효는 개화세력의 대표 인물이면서 부마라는 특수한 지위를 가지고 있어 왕실과도 일정한 소통이 가능했고, 망명 중 대원군과도 수차례 접촉하는 등 우호적인 관계를 유지해왔기 때문이다.

   10여 년 만에 고국 땅을 밟은 박영효의 기분은 어땠을까? 박영효는 수많은 동지를 잃은 뒤였고, 그의 가문 또한 몰락한 뒤였다. 심지어 그가 귀국하기 5개월 전에 김옥균은 상하이에서 암살을 당했다. 김옥균의 시신을 중국으로부터 넘겨받은 조선은 양화진에서 그의 시신을 능지처참하고 그의 목을 효수하여 전시하기까지 했다. 일본을 등에 업고 돌아온 박영효의 마음속에 원한이 없었으리라고는 도무지 생각되지 않는다.

   그러나 박영효는 "부친의 장례를 치르고 싶어 왔으니 이를 허해 달라"며 형식적으로나마 고종에게 용서를 구했다. 물론 그것이 진심이라고는 아무도 생각하지 않아 정부 대신들의 반대가 완강했다. 전쟁의 와중, 서울을 점령한 일본군을 등에 업고 나타난 박영효를 바라보는 시선은 차갑기만 했고, 미국, 러시아 외교관들도 그의 입각을 반대했다. 그는 대원군과 개화파를 중재하기는커녕 양쪽 모두의 미움을 받아 고립무원의 처지가 되고 말았다. 권토중래를 꿈꾸고 돌아왔으나 박영효의 곁에는 찬바람만 불 뿐이었다.

적과의 동침

박영효는 곧 든든한 후원자를 맞이했다. 10월 27일 일본 내무대신 이노우에 가오루井上馨 백작이 신임 일본 공사로 조선에 부임했던 것. 이노우에 가오루는 일본의 총리대신 이토 히로부미伊藤博文로부터 조선 문제에 관해 전권을 위임받고 특파된 초중량급 인사로 이토 히로부미의 동향 친구이자 동지였다. 그리고 그는 10년 전 김옥균, 박영효에게 정변을 일으키라고 부추긴 장본인이었으며, 후쿠자와 유키치와 더불어 갑신정변 망명객들의 후원자 역할을 했던 인물이었다.

이노우에 가오루는 부임하자마자 고종에게 박영효를 중용할 것을 요구했다. 조선에 무려 8000명의 일본군이 주둔하고 있는 상황에서 이노우에 가오루의 천거를 무시할 수는 없었다. 게다가 명성황후는 시류 파악에 뛰어난 인물이었다. 대원군이 복각해 칼을 꺼내들고 자신을 노리는 위기 상황이었다. 이 위기에서 빠져나가기 위해선 일본을 이용해야 했고, 이노우에 가오루와 밀접한 관계를 가진 박영효는 좋은 가교가 될 터였다. 때문에 정말 의외의 연합이 이루어졌다. 명성황후와 박영효가 손을 잡은 것이다.

명성황후는 고종에게 박영효의 사면을 청하더니, 박영효에게 아직 후사가 없는 것이 안타깝다며 범씨 등 궁녀 세 명을 내리기까지 했다. 박영효는 철종의 부마대군이다. 그러나 영혜옹주는 시집온 지 두 달 만에 유명을 달리했고, 조선의 법도상 박영효는 그 후 결혼을 할 수 없었다. 부마였던 인물은 재혼이 불가능하며, 축첩을 하는 것도 불법이었다. 명성황후는 옛 법도까지 깨가며 박영효에게 화해의 제스처를 보냈다.

박영효 또한 자신의 뜻을 펼치기 위해서는 왕실의 지지가 필요했다. 그는 명성황후와 선뜻 손을 잡았다. 고종은 얼마 전까지도 자객을 보내 죽이려고 했던 박영효를 사면하고 내무대신에 임명했다. 말 그대로 적과의 동침이 시작된 것이다. 물론 이 연합, 동맹은 시류만 바뀌면 서로가 서로에게 다시 칼을 겨누게 되는 매우 위태로운 것이었다.

박영효가 입각하면서 12월 17일 이른바 제2차 김홍집 내각이 구성됐다. 이 내각은 사실상 김홍집·박영효 연립내각이었는데 박영효는 급진적인 개혁정책을 추구하는 한편, 무장경찰을 육성하고 상비군을 육성하려 했다. 그리고 자신의 세력을 지방관은 물론 군부와 경찰 요직에 임명했다.

1895년 2월, 일본이 청일전쟁에서 승리했고, 일본 구스노세 중좌가 조선국 군무고문에 취임해 훈련대 양성에 착수했다. 1대대장에 이두황, 2대대장에 우범선이 임명됐다.

4월 17일 시모노세키에서 청일전쟁 강화조약이 조인되며 청은 랴오둥 반도, 타이완, 펑후 제도를 일본에 할양하고 약 3억 엔에 달하는 배상금을 약속했다. 청으로서는 치욕적인 강화 조건이었다. 일본은 전승 분위기에 달아올랐고, 조선 내에서도 친일 개화파의 사기는 하늘을 찔렀다.

그리고 그다음 날인 4월 18일 박영효는 대원군의 손자 이준용을 김학우 암살사건의 배후라며 체포했다. 대원군의 인사 청탁을 받은 법무협판 김학우가 군국기무처 회의석상에서 이를 폭로하고 성토한 뒤 1884년 말, 자택에서 자객들에게 살해된 사건이 있었다. 누가 봐도 이 암살의 배후에 대원군이 있다는 것은 자명했으나 확실한 증거 없이 감히 대원군을 체포할 수는 없었다. 그러나 청일전쟁의 승리로 욱일승천하는 일본의 기세를 업은 박영효는 거칠 것이 없었다. 그는 대원군파의 핵심인 이준용을 처단함으로써 대원군파를 제거할 의도를 드러냈다. 혹자는 이준용 체포를 사주한 것은 명성황후였다고도 한다.

내무대신 박영효와 법무대신 서광범이 보낸 순검이 대원군 부부가 보는 앞에서 이준용을 두들겨 패고 포박하여 경무청으로 압송하였다. 동학군과 결탁해 개화파 척살음모 등을 꾸몄다는 혐의를 받은 이준용은 이후 혹독한 고문을 받았다.

> 이준용이 국문을 받을 때 서광범이 신문에 임했는데, 온갖 고문을 가하여 발가락이 다 떨어져나갔다. 이준용은 항의하여 외치기를 "오직 속히 죽기를 바랄 뿐이다. 더 할 말이 없다"고 하였다. 옥졸들도 다 눈물을 흘렸다. (……)

신문이 진행되는 동안 대원군 이하응은 의금부 정문에서 기다려야 했다. 임금은 궁내부 관원을 보내 매일 세 번 그의 거동을 살피게 하였다. 마침 점심때가 되어 모시는 자가 콩죽과 절편을 올렸다. 이때 고문을 가해 두들겨 패고 큰 소리로 울부짖는 소리가 앉은 자리에까지 들려왔다. 이하응은 얼굴색 하나 변하지 않고 죽을 후룩후룩 다 먹고는 소반에 떨어진 콩가루까지 젓가락으로 떡을 집어 묻혀 말끔히 먹었다. 이 노인은 정말 무서운 사람이다. 그를 본 사람이 내게 전해준 말이다.

― 황현,『매천야록』중에서

이준용은 사형 판결을 받았으나 대원군의 부인이자 고종의 친어머니인 부대부인 민씨가 궁전에서 자결 소동을 벌인 끝에 감형을 받아 죽음을 면했다. 손자 이준용은 간신히 목숨을 건졌으나 당시 대원군 이하응은 이를 뿌득뿌득 갈았다고 전해진다.

박영효는 일본을 등에 업고 권력을 장악했으나 상황은 다시 변했다. 4월 23일 러시아, 독일, 프랑스 3국 공사가 일본 외무성을 방문하여 랴오둥 반도의 포기를 권고하는 각서를 제출했다. 이른바 3국 간섭이었다. 러시아 등과 전쟁을 치를 힘이 없었던 일본은 결국 전승으로 얻은 것들을 바로 토해내야 할 판이었다. 게다가 조선에서 제멋대로 행동하다 다른 열강들과 충돌하게 될지도 몰랐다. 자연히 조심스러워질 수밖에 없었다. 동시에 조선에서는 친러 움직임마저 일기 시작했다. 말 한마디로 일본을 제압하는 강대국이 있다는 사실에 조선은 놀랐고, 일본의 독주를 막기 위해서는 러시아를 끌어들여야 한다는 여론이 커졌다.

이노우에 공사는 중국으로부터 받을 배상금 중 300만 엔을 떼어 조선에 주겠다고 제안하며 은건책을 쓰기 시작했다. 하지만 이 계획은 일본 내각의 반대로 성사되지 않았다.

일본은 박영효가 독자 노선을 걷는 것은 아닌지 끊임없이 주시하고 있었는데, 박영효는 역시 다른 마음을 품기 시작했다. 일본이 밀리는 것을 본 박영효의 발걸음이 바빠졌다. 그는 이준용을 체포함으로써 이미 대원군파와는 건널 수 없는 강을 건너고 말았다. 일본 세력이 위축되고 명성황후가 친러파로 돌아서면 자신은 낙동강 오리알이 될지도 모를 상황이었다.

박영효는 일본과는 별도로 움직이기 시작했다. 그는 왕궁 경호부대를 시위대에서 훈련대로 교체할 것을 주장했는데 이는 왕궁을 장악하기 위한 술책이었다. 시위대는 미국 교관의 지휘를 받고 있었고, 훈련대는 박영효파가 장악하고 있었다. 그러나 고종은 시위대 교체를 강하게 거부했다. 대세는 일본으로부터 급속히 러시아로 쏠리는 중이었다. 청국과의 전쟁에 이겨놓고도 러시아, 독일, 프랑스의 간섭을 받아 전리품 랴오둥 반도를 무력하게 내주는 일본을 이제 두려워할 필요가 없다는 분위기가 조정에 감돌았다. 일본 공사의 후원으로 입각한 박영효와 서광범도 고종과 민비로부터 더 이상 존중을 받지 못했다.

그 무렵 '민비 시해 음모' 소문이 흘러나왔다. 박영효에게 구직을 청했다가 거절당해 반감을 품고 있던 일본 낭인 사사키 히데오가 "박영효가 조만간 왕비를 살해하고 정부를 전복하려는 음모를 꾸미고 있다"고 소문을 낸 것으로 알려져 있다. 이것이 누명이었다는 설이 많으나 『동아일보』 1930년 1월 7일자 「한말 정객의 회고담」을 보면 박영효가 쿠데타를 모의했던 것은 사실이었음을 알 수 있다.

"우리나라 정사가 문란하여 변동치 않을 수가 없으니 이는 사색과 편당론을 타파하고 문벌을 돌보지 말고 널리 현인과 인재를 등용하여 내치외무를 혁신해야 되겠다는 뜻이었소. 그러나 민후의 세력은 여전히 궁중부 중에 미치어 근본적으로 황실 개혁을 하지 않으면 소기한 목적을 달할 수 없을 형세였소. 내각에도 민후와 내통하는 자 있음으로 우리 몇은 단연한 방침을 세워 보위를 황태자께 양위하시도록 할 계획을 세우게 되었소. 전위케 하는 방법은 병력을 사용하여야 되겠으므로 나는 서광범, 김윤식, 김가진 등과 공모하고 훈련대와 경무청 군사로 하여금 난리를 일으키게 하고자 하였소. 훈련대와 경무청에는 나의 동지가 많았으므로 거병만 하면 어렵지 않게 성사하였을 것이오. 그러나 동지 중에는 만일을 염려하여 일본군의 양해를 구하는 것이 좋겠다고 주장함으로 그렇게 하기로 하고 그 교섭의 책임을 내가 맡기로 하였소. 이것이 내 잘못이오. 그 교섭을 외부대신 김윤식에게 맡겼더라면 혹은 실패가 없었을지 몰랐을 것을……. 동지 중에 이반이 있어 그새에 음모가 탄로되어 신변이 위험하게 되었으므로……."

소문이 퍼지자 신임 경무사 안경수에게 박영효를 체포하라는 명령이 떨어졌다. 박영효는 급히 일본 공사관에 피신했다가 다시 일본 망명객이 되었다. 파면된 그를 대신해 유길준이 내무대신 서리를 차지했다. 김홍집-김윤식-어윤중 그리고 신예 유길준이 체제 중심에 자리를 잡았다.

당시 일본 측 비밀문서를 보면 박영효의 쿠데타 음모는 분명 일본의 개입이 없는 독자 행동이었다. 다음은 경성 임시 대리 공사 스기무라 후카시杉村濬가 외무대신 임시 대리 사이온지 긴모치西園寺公望 후작에게 7월 13일자로 보낸 문건이다. 이를 보면 당시 일본이 조선 정세를 어떻게 파악하고 있었는지 확연히 드러난다.

(……) 작년 7월 이후 정권이 한 번 대원군의 손에 넘어갔다가 다시 바뀌어 내각으로 넘어왔으며, 왕실 사무와 국가 정무를 구별하고 국내 제반의 정무는 내각에서 통솔하고 국왕의 재가를 거쳐 행하는 제도로 되었다. (……) 드디어 올해 5월 김홍집이 그 직에서 물러날 수밖에 없게 됐을 때, 국왕이 김홍집 등을 질책하여 말씀하시기를, "짐은 왕위를 물러나겠다. 그대들은 공화정부를 세워 국정을 행한다면 만족하겠지"라고 하시었다. 국왕의 마음속에 그와 같은 의혹을 품고 계셨음이 틀림없다고 추측할 수 있다.

김홍집은 면직되고, 박정양이 새로 총리의 자리를 차지했다. 그는 매우 온순한 성격으로 10여 년 이래 국왕과 왕비의 총애를 받아 온 사람이었으므로 양 폐하께서는 원래 그에 대하여 격의가 없었으며, 또한 현재 정부의 주역인 박영효는 전 총리 일파 사람들에게 반대하여 군권설을 내세웠고, 게다가 서광범·김가진·이완용 제씨가 일시적으로 이에 따랐으므로 양 폐하께서는 이 기회에 군권 회복의 실효를 거둘 수 있으리라 예상하셨다.

그러나 그 보람도 없이 내각의 기세가 강하여 드디어 쌍방 충돌이 일어나게 되었다고 한다. (……) 충돌의 근인近因에 관하여 말할 것 같으면, 이 변을 일으키게 한 원초적인 동기는 궁중에 있는 것이 아니라 오히려 내각에 있는 것으로 추정된다. 탐문한 바에 의하면, 애당초 내각은 왕궁을 호위하는 구식군대를 신식 훈련대로 바꾸고, 구식군대에 소속되어 있는 사관과 교사인 미국인을 축출할 계획이었다고 한다. 더 나아가 바람직하지 못하다고 인정되는 궁내 관리 2~3명을 경무청으로 구인함으로써 국왕·왕비가 은밀히 외국 공사들과 통하는 통로를 차단하여 화근을 근절시키려 하였는데 궁중에서 이를 간파하였던 것이라 한다. (……) 국왕은 외국인보다 오히려 자국의 신민에 대하여 위구심을 품고 있다는 것인바, 이는 청국·조선과 같이 제왕의 홍폐를 예사로 하고 독해암살이 행해지는 국체에 있어서는 무리가 아닌 것이다. 따라서 지난 1882년 사변(임오군란) 이래 국왕은 주야를 거꾸로 하여 밤에 항시 잠을 이루지 못한 것이 오로지 이 때문이라고 들었다. (……) 본시 그 뿌리 기반이 견고하지 못해 박 총리가 일단 좌절하자 각 대신들의 의기도 갑자기 저상沮喪되었으므로 박영효도 내심 난처해진 것 같다. 애당초 내각 구성원들은 왕비가 깊은 계략을 갖고 있는 데다가 그 소행이 항상 잔학하였던 것을 익히 알고 있던 터였으므로 국왕의 강경한 퇴짜는 왕비의 지혜에서 나온 것이라고 생각하였다. 여러 민씨를 이끌고 밖으로는 러시아 공사와 결탁하고 있음이 틀림없을 것이니 결국에는 내각을 유린할 것이라고 생각한 이들은 한 걸음도 물러설 수 없다는 입장임이 본관의 귀에 들어왔다. (……) 그래서 박 내부대신 등은 무리를 해서라도 신식 훈련병을 궐 안으로 집어넣어 최초의 목적을 달성하고, 한편으로는 내각의 세력을 유지하고, 또 한편으로는 그들 당파의 흔들리는 마음을 방지하려고 하여 이미 동지 간에 이에 대한 의논도 있었다고 한다. 그러나 본관이 두 번이나 충고를 주고 아울러 김 외부, 어 도지, 신 군부 세 명을 설득하여 박씨 파들에게 동의하지 못하게 하였으므로 박씨 파의 계획은 완전히 끝이 났던 것이며, 궁중과 내각의 사이가 잠시 옛 상태로 회복된 꼴이 되었다.

—기밀발機密發 제72호 중에서

이 문건을 보면 박영효의 쿠데타 모의는 단독 행위였으며, 당시 일본은 오히려 이를 방해한 것으로 드러난다. 그런데 그 석 달 후 일본은 왜 낭인부대 투입을 결정한 걸까?

명성황후 시해사건의
이중계획

쿠데타 음모사건이 들통 나자 박영효가 망명길에 오른 것은 7월 초다. 그리고 명성황후 시해사건이 일어난 날짜는 10월 8일이다. 이때를 전후해 일본과 조선에서는 어떤 일들이 있었는지를 연표를 통해 보면 을미사변이 왜, 어떻게 터졌는지 그 내막을 대충 짐작할 수 있다.

1895년

4월 17일 청일전쟁 종전으로 시모노세키 조약 체결─랴오둥 반도, 타이완, 펑후 제도의 할양

4월 18일 박영효 등에 의해 대원군 손자 이준용 체포

4월 23일 러시아, 독일, 프랑스 3국 공사가 일본 외무성을 방문해 랴오둥 반도 포기 권고(3국 간섭)

4월 25일 무쓰 외상, 조선에 있는 이노우에 공사에 3국 간섭 내용 통보

4월 25일 이노우에 공사, 온건파적 입장을 무쓰 외상에 전달

5월 5일 일본, 랴오둥 반도를 반납하겠다고 3국에 통보

6월 5일 '시모노서키조약'을 성립시킨 무쓰 무네미쓰陸奧宗光
        일본 공사가 병으로 요양, 사이온지 긴모치가 그 대리를
        맡음
7월 7일 박영효 쿠데타 음모 사건으로 일본 망명
7월 19일 이노우에 공사 대신 미우라 고로가 특명전권공사로 임명됨
10월 7일 사이온지 외상 3국과 랴오둥 반도 반환 교섭 타결,
        미우라 공사에 통보
10월 8일 을미사변

    청일전쟁의 승전으로 샴페인을 터뜨린 것도 잠시, 일본은 3국 간섭으로 랴오둥 반도를 반납하게 됐다. 랴오둥 반도를 반납하기로 결정했을 때, 일본 국민들의 분노와 실망감은 대단한 것이었다. 당시 이노우에 공사는 전쟁 배상금으로 받을 막대한 돈 중 300만 엔 정도를 청일전쟁의 전장이 돼 큰 피해를 입은 조선에 줄 것을 건의하는 등 온건파적 입장을 보였다. 그는 명성황후에 대해 호의적이었으며, 온건 회유책을 통해 조선을 일본 편에 묶어둘 수 있을 것으로 믿었다. 그러나 일본 내각은 조선에 거액의 돈을 그냥 줄 생각이 없었다. 돈을 준다면 차관으로 빌려주는 것이어야 했다. 이는 당시 일본 내각과 이노우에 사이, 조선에 대한 태도에 상당한 차이가 있었다는 것을 의미한다.
    그리고 미우라 고로가 새로이 전권공사로 부임했다. 당시 일본 내각이 미우라 고로에게 을미사변을 직접 지시했다는 증거는 아직 발견된

바 없다. 하지만 정황을 보면 군인 출신인 미우라 고로의 공사 발탁에는 분명 모종의 의도가 있었을 것으로 보인다.

주목할 것은 을미사변 전날인 10월 7일, 일본이 3국과의 협상 타결 소식을 미우라 공사에게 전달했다는 사실이다. 당시 노골적으로 친러 성향을 보이던 명성황후와 민씨 일파 또한 위베르 러시아 공사를 통해 이 소식을 들었을 것이고, 이제 더 이상 일본을 무서워할 필요가 없다고 판단했을 것이다. 박영효의 망명 뒤에도 존속했던 훈련대에 대한 해산 명령이 이날 오전, 안경수를 통해 일본 측에 전달됐다. 더 이상 일본을 우대하지 않겠다는 것을 조선 정부가 명확히 한 것이나 마찬가지였다.

우범선은 이날 오후 일본 공사관을 방문했다. 훈련대 해산을 막아달라고 부탁하기 위해 우범선이 달려갔다고도 하고, 명성황후 시해를 모의하기 위해 달려갔다고 기술되기도 하나, 재일교포 사학자 김문자의 『명성황후 시해와 일본인』이란 책에 인용된 헌병 보고서를 보면 상당히 다른 정황이 포착된다. 이 보고서는 헌병사령관 하루다 가게요시가 고타마 육군 차관 앞으로 보낸 보고서다.

이때 제3중대 배속의 미야모토 소위가 제2훈련대 대대장 우범선을 데려왔는데 대대장은 이들과 밀담이 있다면서 각 중대장에게 자리를 피하도록 했다. 잠시 후 대대장은 우범선과 동행하여 우리 공사관에 들렀다가 오후 3시경 돌아왔다. 그 후 다시 각 중대장을 집합시키고, 오늘 아침 명령한 사항은 드디어 내일 실행하기로 했는데,

각자 맡은 임무와 시간 등을 일러주었다.
— 1월 3일자 제9회 보고서 중에서

'이때'란 18대대가 각 중대장을 대대 본부에 집합시켜 임시 비밀회의를 열고 있던 때를 말한다. 이 보고 내용은 크게 두 가지 점에서 매우 중요하다. 첫째 우범선이 이 자리에 나타나자 중대장들에게 자리를 피하게 했다는 것에 주목할 필요가 있다. 우범선에게 같은 계획이 하달되지 않았을 것임을 짐작케 하는 대목이다.

둘째, 미야코토 소위가 우범선을 데려왔다는 것이다. 미야모토 소위는 훈련대에 배속된 일본인 교관이다. 즉, 우범선이 찾아간 것이 아니라 미야모토 소위가 우범선을 데려간 것이고, 우범선이 나타나자 기다렸다는 듯 대대장은 임시 비밀회의를 중단하고 우범선과 함께 일본 공사관으로 향한 것이다. 이제까지 우범선이 을미사변의 조선인 주동자로 거론되는 가장 큰 이유는 그가 일본 공사관을 7일 오후 찾아갔다는 점 때문인데, 그가 자발적으로 찾아간 것이 아니라면 이 논리는 깨지고 만다. 아무튼 이때 18대대 대대장과 일본 공사는 모종의 계획을 우범선에게 하달 또는 논의했다.

계획은 당겨졌다. 일본인들은 대원군에게 달려갔다. 대원군 또한 을미사변 음모에 가담했음을 증명하는 정황 증거는 여러 군데 있다. 그런데 대원군은 이대 의외의 행동을 보였다. 원래 일본군의 계획은 해가 뜨기 전 야음을 틈타 궁을 장악할 생각이었다. 그런데 일본 측의 계획은 대원군에 의해 틀어지기 시작했다. 대원군은 그들과의 동행에 선뜻 응하지 않았다. 일본 측 낭인 중 몇몇은 초조함에 억지로라도 대원군을 끌고 가려 했으나 대원군은 승낙한 이후에도 옷을 입는다는 둥, 뭐 한다는 둥 시간을 끌었다.

혹자는 원래 대원군은 이 계획에 가담할 생각이 없었으나 손자 이준용을 두고 협박하자 어쩔 수 없이 나섰던 것이라고 이야기한다. 하지만 손자를 애지중지하긴 했으나 대원군의 생애를 보면 그는 결코 협박에 밀려 역모에 몸을 맡길 정도로 우매한 사람이 아니다. 그는 이미 모종의 계획을 일본과 꾸민 바 있으나, 다만 그가 알고 있는 계획은 야음을 틈탈 필요가 없는 것이었다. 그는 일본인들과 쿠데타를 논의했으나 그 계획에는 야밤 출행이 없었을 것이다. 일본인들이 갑자기 밤중에 거사를 시행하자고 나타나자 눈치 빠른 대원군은 불온한 낌새를 눈치채지 않았나 싶다.

이중 계획이 있었음은 곳곳에서 드러난다. 대원군 덕분에 일본인들이 궁에 들어간 것은 결국 새벽 4시가 넘은 뒤였다. 대원군 일행은 우범선, 이두황이 이끄는 훈련대와 합류했다.

명색이 한 나라의 궁전인데 그들을 막아설 병력이 없었을 리가 없었다. 가장 먼저 훈련대 연대장이었던 홍계훈이 이들을 막아섰다. 홍계훈은 훈련대 제1대대 군사들에게 멈추라고 이야기하고, 이어 2대대 병력들을 저지했다. 병사들은 연대장의 지시에 혼란에 빠졌다. 그러나 홍계훈의 저지는 성공하지 못했다. 뒤를 받치고 있던 일본 수비대가 결국 그를 사살한 것이다.

연대장 홍계훈의 저지가 어느 정도 위력을 발휘했다는 것은 대대장인 이두황, 우범선이 숨어 있는 일본인들의 흉계를 몰랐다는 정황 증거라고 볼 수 있다. 쿠데타였고, 게다가 국모 명성황후를 살해하러 가는 길이었다면 홍계훈이 막아선다고 주춤할 이유는 없었다. 오히려 바로 죽였어야 했다.

경복궁 안으로 들어간 대원군 일행은 세 패거리로 갈렸다. 훈련대는 경복궁을 둘러싸고 경비에 들어갔고, 대원군과 호위 조선인들은 강녕전 앞에 멈춰 섰다. 유교 국가인 조선의 신하로서 국왕인 고종의 윤허가 없이 그 이상 들어갈 수는 없었다. 그리고 당시 조선인 가담자들의 계획으로는 이미 그것만으로 충분했다. 그러나 마지막 한 패거리인 일본인들은 달랐다. 그들은 고종의 처소인 건청궁까지 쳐들어갔다. 그리고 명성황후를 시해했다.

일본인들이 이중 계획을 가지고 있었다는 것을 확연히 드러내는 기록이 하나 있다. 일본 도야마 사관생도였고 훗날 천도교 회장을 지내기도 했던 독립운동가 권동진의 인터뷰 기록이다. 을미사변에 참여했던 그는 『동아일보』에 연재된 「한말 정객의 회고담」(1930년 1월 9일, 1월 30일자)에서 다음과 같이 회고하고 있다.

"이 음모에 관여한 사람은 일본 사람 오카모토 류노스케岡本柳之助 외 일본인 삼사십 명이 있었으며, 우리 사람 편으로는 개혁파의 관계자는 물론 전부 참가하였지요. 정부 대신을 비롯하여 훈련대 제1대 제2대장, 내 백형 권형진(사변 후 경무사로 임명) 등도 획책에 가담하였으며 직접파로는 훈련대 외에 일본 사관학교 생도이던 우리 여덟 명이 활동하였는데 그 성명은 정난교, 조희문, 이주회, 유혁로, 구연수 외 김 모외다. (……)

우리들은 바깥 경계를 주밀히 해놓고 상감께서 계시던 건청궁으로 들어가니 벌써 옥궁루 한편 구석에서 30년 정권에 일세의 여걸이신 민후는 이미 가슴에 선혈을 내뿜고 있었습니다. 우리는 그때 절망과 후회의 탄식을 불금하였으니 아까도 잠깐 말한 바와 같이 그이가 국가에 죄과가 많다 한들 지존한 지위에 계셨음에 군신의 도를 밟아 대원군으로 하여금 그 아드님 되시는 상감께 말씀하야 폐비케 한 후에 다시 사약을 할 계획이었던 것이 우리가 선봉을 서지 못한 까닭에 큰 누명을 쓰게 되었습니다. (……)

그때 일본 정부의 태도만 강경하였던들 별로 큰 영향이 없었겠으나 일본이 청국에는 전승하였으나 세계의 최대 강국이라고 하는 아라사를 대적하기에는 아직 조금 더 힘을 양성할 수밖에 없었으므로 극히 퇴영적이던 때라 원체 실력 없이 일본에 등을 대던 개혁파 내각도 자연히 앞이 꿀리게 되었소이다. 이 기미를 간파한 아라사 공사 등 외교단의 추궁은 더욱 급해져갔으므로 필경은 군부대신 조희연과 나의 형으로 경무사인 권형진에게 전 책임을 지우고 일본으로 피신케 하였지요.

이렇게 되고 보니 형세가 말이 아니었지요. 내각의 명맥도 실낱 같아서 상하가 전전긍긍하게 되고 외교단의 추궁은 더욱 노골화하여 그때 음모에 관계한 사람 전부를 체면상으로도 처벌치 않고는 견딜 수 없는 지경에 빠졌으므로 우리는 시국을 관찰하고 단연히 일본으로 망명의 길을 떠나기로 하고, 그때 여덟 사람이 전후하여 서울을 떠나는 때는 을미년 십이월이라 민후 사건이 일어난 지 다섯 달 만이지요. 그런데 우리 여덟 명 중의 하나인 이주회는 대담한 성질이라 우리가 무슨 죄가 있나 대원군과 OOO의 죄라고 하면서 뱃심을 부리고 혼자 떨어져 있다가 붙잡혀 참형에 처하였고, 김홍집 내각도 오래 지탱할 수가 없어서 필경은 그해 십이월 이십사일(양력 건양원년 O월 십일일)에 붕괴되고 김홍집 대신 외 다수가 살육을 당하였지요."

'국가에 죄과가 많다 한들 지존한 지위에 계셨음에 군신의 도를 밟아 대원군으로 하여금 그 아드님 되시는 상감께 말씀하야 폐비케 한 후에 다시 사약을 할 계획이었던 것이 우리가 선봉을 서지 못한 까닭에 큰 누명을 쓰게 되었다'라는 대목과 "우리 여덟 명 중의 하나인 이주회는 대담한 성질이라 우리가 무슨 죄가 있나 대원군과 OOO의 죄라고 하면서 뱃심을 부리고 혼자 떨어져 있다가 붙잡혀 참형에 처하였고"라는 부분은 많은 것을 시사한다. 권동진이 말한 'OOO'은 아마 미우라 고로가 아니었나 싶다.

권동진의 말대로라면 을미사변은 조선인 개화파 전원이 공동으로 가담한 사건이나 명성황후 시해 음모는 몰랐다는 이야기다. 필자는 여러 정황을 놓고 봤을 때, 이 증언이 당시의 사실을 가장 명확히 보여준다고 생각한다.

권동진은 명문 안동 권씨 집안의 자제였고 사관생도였으며, 3·1운동 당시 독립선언서에 서명한 33인의 민족지도자 중 하나였다. 1930년대 이미 천도교의 핵심 지도자였던 그의 증언은 그의 생애만 보더라도 상당히 신뢰도가 높다고 볼 수 있다.

조선인 개화파의 계획은 고종을 압박해 명성황후를 서폐하고 개혁을 앞당기는 것, 즉 2차 갑신정변이었고, 일본인들의 계획은 조선인들끼리 충돌하는 와중에 명성황후가 시해되는 2차 임오군란이었던 것이다. 을미사변에는 이른바 '이중 음모'가 있었던 것이다.

명성황후의 공과에 대해서는 견해가 분분하지만 그녀가 열강들을 이용해 나라의 독립을 유지하는 외교술을 펼친 당대의 여걸이었음은 분명하다. 혹 당대 사람들이 그녀에게 물어야 할 죄가 있었다 할지라도 그것은 조선인의 손에 의해, 조선의 법도에 의해 이루어져야 하는 것이었다. 그러나 일본은 새벽녘 한 나라의 황궁에 침입해 그 남편과 자식이 보는 앞에서 여인을 칼로 살해하는, 일본인 스스로가 인정하듯 '역사상 고금을 통틀어 전례 없는 흉악'을 저지르고 말았다. 과연 일본인 그 누가 감히 이 사건 앞에 떳떳하다 말할 수 있을 것인가?

을미사변의 주동자,
우범선?

사실 우범선이 직접 명성황후를 시해했다는 윤효정의 말은 검토할 필요조차 없다. 윤효정 자신이 을미사변에 가담했던 인물이 아닌 데다 윤효정 외에 그와 비슷한 증언을 한 사람이 단 한 명도 없다. 그러나 우범선이 명성황후 사체를 소각한 인물이라는 것은 한번 되짚어 볼 필요가 있다. 만일 일본인들이 사체 소각을 하지 않았다면, 누명을 쓰게 된 상황에서 조선인 중 누구라도 나서 명성황후 사체를 소각, 증거를 인멸했을 개연성은 있다.

과연 이는 우범선의 짓일까? 우범선의 소행이라고 이야기하는 사람들은 대체로 세 가지의 근거를 제시하고 있다.

첫째, 윤효정의 증언이 있다.

둘째, 윤효정의 증언과 일치하는 내용이 일본 스나가 문고에 남아 있다.

조선인 망명객의 후원자 역할을 했던 스나가 하지메須永元는 구한말 조선과 관련된 많은 자료를 수집 보관했는데, 이 자료 중에 을미사변 당시의 일을 기록한 두 권의 노트가 있다. 이 노트에는 '우범선이 구연수와 하사관들에게 지시해 사체를 태웠다'는 기술이 나온다. 스노다 후사코 또한 이 기록을 검토한 바 있다.

스나가의 관련 자료에 대해서 잘 알고 있는 사노시의 향토박물관 학예계장인 이시다 마사미는 "1933년 간행된『동아선각지사기전』의 저자 구즈우 타다히사에게 집필 자료를 제공하기 위해, 민비 암살에 가담했던 사람들을 소환하여 그들에게 옛날의 기억과 사건에 관련된 뒷이야기 등을 말하게 하여 그것을 기록해둔 것은 아닐까"라는 추측을 하고 있었다. 이 책에 중복되는 언급은 있으나, 그러한 추측에도 그것을 입증할 만한 증거가 없다. 또 한국에도 '두 권의 수첩'과 유사한 내용의 자료가 있다는 이야기를 들었다.

경복궁 안에서의 우범선의 행동은 다음과 같이 기록되어 있다.

우범선이 곤녕전에 도착하자 민비는 이미 암살당하여 마루에 쓰러졌고 "흐으 흐으" 하며 힘겹게 신음하며 숨 쉬고 있었다. 우범선은 준비해 간 사진과 왕비의 얼굴을 대조해보려 했으나 왕비는 양손으로 얼굴을 가리고 드디어 숨을 거두었다. 우범선은 구연수와 하사관들에게 민비의 사체를 이불로 감싸고 끈으로 묶어서 옆 창고로 옮길 것을 지시했다. 그리고 얼마 지나지 않아서 사체를 뒷산으로 옮겨 석유를 뿌리고 태웠으며, 타다 남은 뼈는 하사관이 연못에 던져버렸다는 것이다. (구연수라는 인물은 이 책의 뒷부분에 등장한다.)

두 권의 수첩에는 여기저기에 소설적인 맛도 있으나 언제 누가 무엇을 어떤 목적으로 썼는지는 불분명하여 미심쩍은 자료라고밖에 단정 지을 수 없었고, 나는 결국 이것을 무시하기로 했다.

— 『나의 조국』 중에서

재일교포 역사학자인 김문자는 "이 노트는 흑룡회의 『동아선각지사기전』 출판을 위한 자료 수집의 일환으로 스나가 하지메가 황철의 담화를 필기한 것"이라고 주장하기도 했다.

그러나 이것이 황철의 구술이건, 제3자의 구술이건 을미사변 가담자의 증언이 아닌 다음에야 구술자가 누구였고, 누가 기록했는지는 별로 중요하지 않다. 일단 이것이 1920년대 후반쯤 작성된 기록이라면 이 기록은 크게 의미를 둘 것이 못 된다. 우범선이 사체 소각을 지시했다는 이야기는 1903년 우범선이 암살됐을 때 고영근의 재판 기록이나 당시 일본 신문 기사 등에 수없이 언급된 이야기이기 때문이다. 그리고 그 발원지는 모두 윤효정이다. 암살 자객 고영근은 그 이야기를 윤효정을 통해 들었다고 밝힌 바 있다. 게다가 하체는 연못에 버려지지 않았다. 이 때문에 우범선의 부하 윤석우는 사형을 당했다.

바로 이 윤석우의 재판 기록이 세 번째 근거로 거론되는데, 우범선이 사체 소각에 개입했을 정황이 엿보이기 때문이다.

을미사변 직후 아무도 처벌을 받지 않은 것은 아니었다. 이주회, 윤석우, 박선 등은 대역죄인으로 몰려 사형을 선고받았다. 이주회는 군부

대신 서리로 재직한 바 있었고 대원군을 호위해 경복궁으로 간 일행이었다. 그는 명성황후를 시해하고 석유를 부어 사체를 소각한 혐의를 받아 사형에 처해졌다. 묘하게도 우범선의 혐의(정확히는 윤효정이 주장한 우범선의 죄)와 정확히 일치한다. 박선은 시정의 불량배로 술 먹고 "내가 을미사변의 주역이다"라고 허풍을 떨다 잡혀와 죄를 뒤집어쓰고 죽었다.

그리고 윤석우 또한 사형을 당했는데 그는 1대대 소속으로 대원군과 함께 강녕전 마당까지 함께 들어간 인물이다. 대원군이 강녕전 마당에서 고종의 윤허를 기다릴 때, 그는 병정들을 각처에 파송하고 광화문, 건춘문을 순찰했다. 그때 그는 녹산 아래에서 불에 탄 한 구의 시체를 봤다. 하사 이만성에게 이것이 무어냐고 묻자 이만성은 "나인의 시체를 태웠다"고 답했고, 그는 우범선과 이두황에게 보고했다. 우범선이 이때 "그 땅을 깨끗이 청소하고 유해는 연못에 버리라"고 지시한 것. 그러나 윤석우는 유해를 연못에 버리지 않았다. 궁녀 중 그 누구도 죽지 않았다고 들었던 터라 그는 혹시 모른다는 생각에 타다 남은 유해의 하체를 몰래 오운각 서쪽 봉우리 아래에 묻었다. 사변이 일어난 그날 이후 황후의 행방을 알지 못한다고 들었으므로, 혹시나 하는 마음에 차마 연못에 버리지 못하고 묻어두었던 것이다.

윤석우는 바로 그 때문에 사형을 당했는데, '하체를 묻기 위해 땅을 판 곳이 왕궁 안이므로 공경스럽지 못한 큰 죄를 지은 것'이라는 명목이었다. 당시 이 재판은 이토록 엉터리였다. 하긴 시정잡배인 박선이 애꿎게 잡혀와 사형을 당하는 판에 명목이야 뭐든 무슨 상관이 있었을까? 누군가는 책임을 지그 죽어야 했던 것이다. 게다가 당시의 판사가 을미사변 가담자였던 장박이었다. 공정하려야 공정할 수 없는 재판이었던 셈이다.

필자의 견해로는 윤석우 재판 기록은 우범선의 죄를 입증하는 정황 증거가 될 수 없다. 만일 우범선이 명성황후 사체 소각에 직접 관여했다면 굳이 윤석우의 보고를 받고 나서야 흔적을 없애라고 지시하진 않았을 것이다. 오히려 필자는 이것이 반대의 정황 증거가 된다고 생각한다.

반면, 우범선이 사체 소각을 하지 않았다는 증거는 살펴보면 상당히 많다.

첫째, 을미사변 당시 조선 경성영사관 1등 영사의 지위에 있던 우치다 사다스치內田定槌가 사체 소각은 오기하라 히데지로荻原秀次郎의 소행이었다고 밝힌 조사보고서가 있다. 우치다 사다스치는 도쿄제국대학을 나온 엘리트 외교관으로 을미사변에 가담하지 않았고, 사변 전 이 계획에 대해서도 몰랐던 인물이었다.

그는 을미사변에 대해 "단지 장사배들뿐만 아니라 허다한 양민, 안녕 질서를 유지해야 할 임무를 지닌 우리 영사관원 및 수비대원마저 선동하여 역사상 고금을 통틀어 전례 없는 흉악을 저지르기에 이른 것은 우리 제국을 위하여 실로 유감 천만한 것입니다"라고 사건 직후 기밀 서한에 적기도 한 인물이다. 그는 일본인이었지만 그 누구보다 객관적으로 사건을 조사, 기록한 것으로 평가받는다. 때문에 을미사변을 논할 때 가장 많이 언급되는 것이 바로 이 우치다 사다스치의 조사보고서다.

왕비의 시신은 미우라 공사의 입궐 후 공사의 뜻에서 나왔는지 아닌지는 자세하지 않지만 오기하라의 지시로 한인으로 하여금 문 밖의 송림 속으로 운반해 가서 장작을 쌓아놓고 그 위에 올려놓고 바로 이것을 소각해버렸다고 한다. 이를 태워버릴 때 왕비의 허리에 차고 있던 주머니 속을 뒤졌더니, 조선 국왕이 러시아 황제에게 보내는 러시아 공사 위베르 씨 유임을 의뢰하는 편지의 원고로서 왕비의 자필로 된 편지 두 통을 발견하고 오기하라는 이것을 스즈키 준켄鈴木順見에게 건네주었다고 들었습니다. 그 후 소관은 공사관에서 스기무라杉村 서기관이 이것을 그의 책상 서랍에서 꺼내고 있음을 보았는데, 당시에도 사향의 냄새가 그윽이 코를 찔렀으며, 그 사본은, 즉 별지 제2호 및 제3호 사본대로입니다.

―기밀 제36호, 1895년 10월 8일, '왕성王城사변의 전말에 관한 보고서' 중에서

명성황후 사체 소각에 대해선 이토록 명확한 진상조사가 이미 일본인에 의해서 이루어진 바 있었다.

둘째, 당시 조선 정부 또한 우범선의 죄를 특별하게 생각하지 않았다. 1902년 1월, 조선인 망명객들로 골치를 앓던 일본 정부는 고종에게 망명객들의 죄를 감하거나 사하여 줄 것을 요청했다. 그때 고종은 다른 사람들의 죄는 대부분 감해줄 수 있으나 이두황, 우범선만큼은 참斬할 것이란 뜻을 분명히 했다. 특별히 우범선을 지명한 것은 아니었고 훈련대 대대장으로서 역모에 가담한 이상 이 두 명의 죄를 감해주고서는 군

율을 다스릴 수 없었기 때문이었다. 일본 공사는 우범선, 이두황 두 사람만 한하여 특전을 입지 못한다는 것은 불공평하다고 이야기했지만, 고종 황제는 현직 군인이나 경무관으로서 가담한 자는 감형이 불가하다는 뜻을 거듭 밝혔다.

셋째, 혹자는 우범선이 망명 중 일본 정부로부터 20엔이라는 생활비를 지급받았다는 사실을 간접 증거로 제시하고 있으나, 『자객 고영근의 명성황후 복수기』를 쓴 이종각이 지적하고 있듯 을미사변 망명자들 대부분이 비슷한 생활비를 받았으며 결코 우범선이 특별대접을 받은 것은 아니었다. 당시 생활비 지급의 기준은 조선에서의 직급에 준한 터라 조희연은 35엔을 받았고, 대원군의 손자 이준용은 무려 100엔을 생활비로 지급받았다.

결국 스노다 후사코도 밝히고 있듯 "당시 암살단의 행동에 관한 일본 측 자료는 아주 많다. 공식적인 자료에서부터 신문기자인 고바야카와 히데오를 비롯한 수기까지 등장인물의 대다수가 실명으로 쓰여 있고 그들의 세세한 행동까지 잘 파악할 수 있는데, 그 어디에도 우범선이 나오지 않는다"는 점이다.

상식적으로 생각해보자. 미우라 공사는 분명 사체 처리에 대한 나름의 계획도 세우고 낭인 집단을 투입했을 것이다. 임오군란 때 명성황후는 행방불명이 된 바 있었고, 그는 이와 동일한 상황을 만들려고 했다. 그렇다면 그는 낭인 집단을 투입해 명성황후를 시해한 다음, 분명 그 증거를 은폐하려 했을 것이다. 그런데 왜 그들은 명성황후를 죽이고 그 증거를 없애는 중요한 일을 굳이 조선인에게 위임했을까?

　　윤효정은 왜 이런 주장을 했던 것일까? 우범선이 명성황후 사체 소각을 지시했다는 이야기는 윤효정 한 사람에 의해서만 나온다. 결국 윤효정의 증언의 신빙성을 따져보는 것이 이 문제의 해법이 될 것이다. 일본의 감찰 보고서를 보면 한때 윤효정은 우범선이 명성황후를 죽인 당사자라고 주장하기도 했었다. 그런데 1931년 윤효정은 『풍운한말비사』를 『동아일보』에 연재할 때나, 그 내용을 더 보충해 1946년 책으로 출판했을 때나 단 한 번도 직접적으로 우범선의 죄를 언급하지 않았다. 큰 죄를 지은 인물이라는 것을 암시하는 수준이다. 심지어 을미사변에 대한 부분에서는 '명성황후가 행방불명됐다'고 기술해놓고 있다. 도무지 그의 말을 어디까지 믿어야 할지 고민이 될 수밖에 없다.

　　무엇보다 결정적인 기록이 있다. 윤효정이 조선으로 돌아와 사면을 받을 때의 재판 기록이다.

　　……신축년(1901) 이후로 누차 역적 괴수 우범선을 만나 거짓으로 친한 체하면서 을미년(1895) 8월에 있었던 사변에 대해 자세히 탐문하였습니다. 그 결과 곤녕합坤寧閤에서 모후母后를 죽인 일은 그가 꾸민 음모의 결과로서 무슨 일이나 다 자기가 주관하였노라고 큰소리를 쳤는데, 신하로서는 차마 들을 수 없는 말이어서 저는 가슴이 서늘하고 간담이 떨렸습니다. 이 역적을 죽여버려야겠다고 결심

하고 드디어 고영근과 기회를 보아 죽이기로 서로 약속하였습니다. 본년 9월에 이르러 일본 고베神戶로부터 청국 연태煙台까지 비밀 편지로 고영근에게 12월 안으로 일을 처리할 것을 알렸습니다. 과연 11월 24일에 고영근이 역적 우범선을 찔러 죽였습니다. 제가 비록 역적을 죽이는 일에 작은 힘을 바치기는 하였지만, 무술년(1898) 간에 안경수 등이 음모한 것이 반역이 아닌 줄 알고 또한 찬성하였다가 일이 발각되자 망명하여 감히 나라의 법을 피했습니다. 그 죄를 스스로 알고 있으니 변명할 말이 없습니다.

결국 우범선 살해를 모의한 것은 '곤녕합에서 모후를 죽인 일은 그가 꾸민 음모의 결과로서 무슨 일이나 다 자기가 주관하였노라고 큰소리를 쳤는데……' 하는 술자리의 이야기 때문이었다고 윤효정 스스로가 말하고 있는 것이다.

2부

밟아도 피어나는 민들레,
우장춘

망명,
그리고 암살

1895년 말, 고종이 러시아 공관으로 피신하는 이른바 아관파천이 일어나고 친러내각이 들어서자 우범선은 일본으로 망명했다. 그러나 당시 38세였던 우범선은 아내와 두 딸을 데리고 이국으로의 망명길에 오를 수 없어 홀로 일본으로 떠났다.

당시 일본의 명망가들은 조선, 중국으로부터 망명해온 개화파 인사들을 후원해주었는데, 나중엔 일본 정부 차원에서 생활비를 지원해주었다. 우범선은 매달 20엔씩의 생활비를 받았다. 이는 당시 소학교 교사 월급의 거의 두 배에 달하는 거액이었다.

도쿄 홍고本鄕에 살던 우범선은 자신의 거처와 가까운 어느 귀족 집에 고용인으로 있던 15세 연하의 사카이 나카에게 호감을 느끼고 청혼했다. 사카이 나카는 원래 한의사의 딸이었으나 결혼 당시, 양친은 돌아가신 후였다. 25세에 결혼한 것을 보면 양친이 안 계신 탓에 혼기를 놓치고 말았던 것이 아닌가 싶다. 우범선과 사카이 나카는 교제 끝에 결혼하게 되는데, 나카는 정식으로 중매인을 세워 청혼해줄 것을 요청했다.

중매는 메이지 시대 이전까지만 해도 귀족이나 사무라이 집안의 풍습으로 서민들은 주로 연애결혼을 했다. 그런데 19세기 말 메이지유신 이후 신분제가 혁파되자 이 풍습이 일반에 확대돼 계층을 불문하고 중매에 의한 결혼이 확산되었다. 일본의 중매제도는 우리나라의 중매쟁이와는 전혀 달라 단순히 소개를 하고, 양쪽을 이어주는 역할을 하는 것이 아니었다. 중개인, 즉 나코우도仲人는 신랑, 신부 측이 각각 세우는데 혈연, 학연 혹은 지연이 있는 주변의 덕망 있는 인사로서 중매인이 되면 두 남녀의 결혼 전반적인 문제뿐만이 아닌 결혼 이후의 생활도 잘 보살펴주어야 한다.

따라서 이 나코우도를 세우고 마느냐는 이 결혼이 얼마나 격식 있게 치러졌는지를 증명하는 일에 가깝다. 우범선은 한국에서 결혼해 두 자녀를 둔 채 일본으로 망명한 외국인이었다. 나카로서는 여러모로 섣불리 결혼을 허락할 수는 없었을 것이고, 최소한 이 결혼이 정식 결혼이란 증명을 가지고 싶었던 게 아닌가 싶다.

우범선은 황철을 중매인으로 세웠다. 황철은 조선 최초의 사진사로 1896년 2월 일본으로 망명했다. 우범선과 두 달 간격으로 일본 망명길에 오른 셈인데, 두 사람은 망명생활 중 절친한 관계를 이뤘다. 망명생활을 통해 서로 알게 됐을 수도 있으나 황철과 우범선의 인연은 그 이전부터였을 가능성이 높다. 황철은 서울에서 지운영과 함께 사진관을 운영하기도 했는데, 우범선과 지운영, 지석영 형제가 각별한 관계였음을 생각하면 이전부터 안면은 있지 않았나 싶다.

나카는 도쿄 희운사의 주지 아라이新井慈剛에게 중매인의 역할을 맡졌다. 아라이는 을미사변 당시의 주한공사였던 미우라 고로를 찾아가 우범선에 대해 물었다. 미우라는 "좋은 남자다. 다만 언제 살해당할지 알 수 없다는 게 걸릴 뿐이다"라고 말했다. 나카에게 이런 사정을 이야기하고 재고할 것을 촉구했으나 나카는 "인간의 명은 운명에 맡길 뿐이다" 하고 의외의 각오를 보였다. 희운사 주지는 감동해 "좋다! 그렇다면 만일 태어난 아이가 사내아이라면 내가 대신 키워주겠다"고 약속해 결혼이 이루어졌다.

두 사람이 정확히 언제 결혼했는지는 확실치 않으나 1898년 4월, 우범선과 사카이 나카 사이에 장남 우장춘이 태어났다. 이때 우범선은 한국의 지인에게 부탁해 아들 우장춘을 한국 경성에 출생 신고를 해 자신의 호적에 올렸다. 우범선은 당시 일본 법률로는 정식 결혼이 불가능했지만 그래도 생활의 편의를 위해 사생자인지계私生子認知屆를 일본 정부에 제출하였다.

우범선은 자상하거나 가정적인 남자는 분명 아니었을 것으로 보인다. 당시 혁명지사로 불렸던 조선인 망명객들은 몸은 일본에 있었지만 조선에서 무언가 일을 도모하기 위해 여러 가지로 바빴다. 우범선도 마찬가지였다. 우범선은 아들 우장춘이 태어난 지 몇 달 후인 7월, 조선에 들어가 독립협회 활동을 지원하기도 했다. 그가 참수령이 내려진 인물이었다는 점을 보면 조선으로의 잠행은 목숨을 내건 행동이나 마찬가지였다.

도쿄는 당시 조선과 중국 개화파의 거점이 되고 있었다. 조선에서는 독립협회가 결성돼 개혁을 촉구했고, 중국에서는 일본의 메이지유신을 본받은 변법자강變法自彊 운동이 펼쳐지고 있었다. 쑨원, 캉유웨이 등 중국 개화파 지도자들은 형세가 불리할 때면 일본으로 도망쳐와 형세를 관망했다. 그러나 이들 또한 본국의 동지들과 교신하며 끊임없이 혁명을 도모했다.

우범선이 조선에 잠입했던 1898년 7월은 조선과 중국 모두에서 개화파가 축출되던 때였다. 중국에서는 1898년 7월 서태후를 중심으로 한 보수세력의 반격(무술정변)으로 개화파가 축출되었다. 그리고 조선에서는 러시아 공관에 피해 있는 고종을 폐위하고 황태자를 옹립해야 한다고 주장하던 독립협회, 만민공동회에 대한 탄압이 시작됐다. 당시 안경수, 윤효정 등의 개화파는 명목상으로는 황태자 양위를 추진했지만 그들의 속내는 입헌군주제를 실시하려는 것이었다. 이승만 전 대통령도 이때 입헌군주제를 지지했다는 혐의로 체포돼 옥고를 겪기도 했다.

당시 독립협회는 조선의 개혁운동 중심에 있었는데, 박영효는 일본에서 독립협회 임원들과 교신하며 절대적인 영향력을 행사했다. 그리고 우범선은 바로 이들을 돕기 위해 조선에 들어갔던 것이다. 당시 일본 정부는 경찰을 통해 망명 조선인들의 거동을 감시해 '탐문 보고'라는 제목으로 일본 외무대신에게 보고하고 있었는데, 거기에 우범선이 황철에게 보낸 편지 내용이 나온다.

그리고 이달 15일 경성에 있는 우범선으로부터 서신이 도달했음.

요지는 조선 사변을 알려온 것으로, 민영준閔泳駿이 체포된 것은 우리 한국의 의義로서 매우 축하할 일이라고 희열에 차 있었다고 함.
―1898년 7월 20일, '망명한객亡命韓客의 거동에 대한 탐문 보고' 중에서

그러나 황태자 양위 음모사건은 결국 실패했고, 안경수, 윤효정 또한 일본으로 망명해왔다. 윤효정과 우범선은 이때의 동지들이었다. 그리고 이승만 대통령 또한 우범선과 구면인 것으로 알려졌는데, 아마 이 당시 함께 활동했던 것이 아닌가 싶다. 탓에 이승만 대통령은 훗날 한국에 온 우장춘과 만나 "네가 우범선의 아들이냐"며 반가워했던 것으로 알려져 있다.

우장춘이 태어나던 1898년, 우범선의 활동 등을 보면 그가 가정에 그다지 충실하지 않았을 것임은 쉽게 추측할 수 있다. 그는 이른바 '혁명지사'였고, 시국이 한 치 앞도 모르게 급변하는 시기에 한가롭게 가정을 돌아볼 여유는 없었을 것이다. 물론 부인 나카에게 있어 그다지 행복한 신혼생활이 아니었을 것도 분명했다.

그러나 세기말, 박영효를 중심으로 한 개화파 일당의 모든 시도는 번번이 좌절을 맛봐야 했다. 이미 조선의 국운은 기울고 있었고, 개화파가 꿈꿨던 자강自强의 길은 점점 요원해져 갔다. 환국의 길이 점점 늦어지자 망명객들은 일본에서 나름의 생계책을 찾았다. 1901년 5월 박영효는 고베에 아사히 신숙이라는 조선인 유학생들의 학사學舍를 세웠고, 우범선, 윤효정 등은 이곳에서 1902년 12월까지 함께 근무했다. 우범

선이 숙장이었고, 윤효정은 교사였다.

그러나 아사히 신숙은 결국 2년을 유지하지 못한 채 문을 닫았고, 우범선은 따로 학원을 운영해보겠다며 홀로 가족을 이끌고 히로시마 현 구레로 이주했다. 암살될 위협이 있다며 일본 경찰이 만류했으나 우범선은 이사를 강행했다.

그런데 왜 우범선은 굳이 구레로 간 것일까? 부인 나카의 부친 사카이 세이시로는 이시가와石川 현 출신으로 딸 셋과 아들 하나를 슬하에 두었다. 나카는 둘째 딸이었는데 언니 사카이 수미가 구레 해군 조선창 직공이었던 후지노 요시타로오와 결혼해 구레에 살고 있었던 것이다.

이런 연고가 있기도 했지만 우범선이 구레를 선택한 데는 다른 이유도 있었을 것이라 생각된다. 구레는 태평양 전쟁 이전 특수강을 비롯한 군수 철강 연구의 거점이자 일본 해군의 공창工廠이었고, 동양 최고의 군항이었다. 태평양 전쟁 중 전세를 뒤집을 비장의 무기라며 일본이 건조했던 항공모함 야마토 또한 바로 이곳에서 만들어졌다.

주지하다시피 일본 근대화의 상징은 일본 해군이었다. 일본 해군은 순식간에 세계 최강으로 성장해 일본 근대화를 상징했고, 서구 열강으로부터 침탈당하기는커녕 그들과 어깨를 겨루게 만든 동력이었다. 조선인 망명객들은 일본에 있는 동안 조선에서의 쿠데타를 도모하는 한편, 일본의 제철소나 조선소 등 근대 시설물들을 견학하는 일 등을 게을리하지 않았다.

아사히 신숙이 있던 그베는 해군 조련소가 최초로 설치된 곳이었고,

메이지유신의 영웅 사카모토 료마, 일본 외상 무쓰 무네미쓰 등이 모두 이곳 해군 조련소 출신이었다. 우범선이 고베를 거쳐 구레로 이주한 것은 여러모로 의미심장한 부분이다.

1902년 1월 영일동맹이 체결됐고, 일본은 조선에서 러시아의 영향력을 거둬낼 수 있는 조건을 갖추었다. 조선 망명객들은 이제 일본 정부에게 계륵 같은 존재에 불과했다. 망명객 문제로 골치를 앓던 일본 정부는 1902년 고종에게 조선인 망명객들의 감형이나 사면을 청했다. 당시 고종은 우범선, 이두황, 권동진 등 을미사변 당시 현직 군인이거나 경무관이었던 자들은 사형을 면치 못할 것이란 냉혹한 답변을 돌려보냈고, 1903년에도 이를 또 한 번 확인했다.

망명객들은 오랜 망명생활에 지쳐갔고, 그들 사이에서는 공을 세워 어떻게든 조선으로 가겠다는 분위기가 팽배했다. 그들의 타깃은 명확했다. 우범선, 이두황, 권동진 등이 명확히 參斬할 대상이었다. 어쩌면 윤효정이 1903년 여름, 우범선 암살음모를 꾸민 것도 이 때문이 아니었나 하는 생각이 든다. 고영근은 만민공동회 붕괴 후 수구파 대신들을 죽이려고 하다 적발돼 1899년 일본 망명길에 올랐는데, 우범선 암살 당시 경제적으로 매우 곤궁한 상태였던 것으로 알려졌다. 그는 1903년 여름, 윤효정의 집에 식객으로 살게 됐는데 이때 두 사람은 우범선 암살을 모의했다. 그러나 두 사람 사이에 불화가 생기면서 고영근이 윤효정의 음모를 폭로했고, 이로 인해 윤효정은 일본에서 퇴거 명령을 받고 말았다. 고영근이 윤효정의 음모를 폭로한 것은 우범선에게 접근하기 위한 일종의 위장술이었다는 설도 있고, 실제 두 사람 사이에 치정문제로 불화가 있었다는 설도 있다.

아무튼 고영근은 결국 1903년 12월 26일, 우범선을 암살했다. 구레로 이주하겠다는 고영근을 위해 우범선이 집을 얻는 것을 도와줬으나 집들이를 겸한 술자리에서 고영근은 우범선의 목을 칼로 찔러 살해하고 말았다. 그러나 이것이 정말 명성황후 시해의 복수였는지는 당시 일본 법정의 판결문에서 보듯 몇 가지 찝찝한 면이 있다.

……피고 고영근이 말한 것과 같다면 우범선은 실로 하늘이 노할 만한 대역적으로, 원한이 골수에 미쳤기 때문에 피고 영근은 결사적으로 처자와 결별하고 칼 한 자루를 들고 원수를 찾아 일본에 건너온 것이다. 하루도 잊지 못할 열정이 넘쳤다면, 자기 스스로 사건의 흔적을 남기지 말았어야 하는데, 지금 자세히 그 행동을 살펴보면 영근은 1899년 7월 일본에 건너온 후 이미 고국의 처자는 잊고, 주머니에 약간의 돈만 있으면 첩을 두고 자식을 낳고 유유하게 놀며 세월을 보냈고, 주머니에 돈이 떨어져 궁핍해지면 홀연 이들을 버리고 각지를 유랑하며 조금도 스스로 지키는 것 없이(이상 건너온 후의 사항은 피고 영근이 자인하는 것으로서) 거의 5년이라는 긴 시간 동안 당초의 큰 목적을 향하여 아무런 대책을 시행한 형적을 볼 수 없는 것은 무엇 때문인가? 피고 영근은 이 점에 대해 우범선의 허점을 노릴 수 있는 시기를 얻기 위한 것처럼 말하지만 피고는 지금 이 공

판정에서 1900년부터 2년간 오카야마岡山에 머물고 있던 중 구레로 우범선을 방문하여 하룻밤 머물면서 담소를 하고 돌아갔다 한다. 그렇다면 서로 간에 추호도 격의가 있었다는 형적을 인정할 수 없으며, 오히려 친교가 있어 우범선에게 쉽게 접근할 수 있는 기회가 언제든지 있었다는 사실을 증명하고도 남음이 있지 않겠는가? 그러면 피고 영근이 수년 동안 허점을 노리며 기회를 얻으려고 했다는 해명은 믿을 수 없으며, 망명 초기부터 복수의 대의를 안고 건너왔다는 주장은 처음부터 믿기 어렵고, 또 본 건 범행 후 거동을 보니 피고 영근은 자기의 결백을 드러내기 위하여 목적을 달한 후에는 바로 자살을 할 결심이었다고 단언하면서도, 실제로 행동은 이것과는 반대로 흉측한 범행 후 구레 경찰서에 출두해서 본국 궁내대신 및 의정부에 대해 새삼스럽게 자기의 공적을 상세히 기록하여 보고를 하는 우편물(압수 제16호, 제17호 증거)을 발송한 흔적(피고 영근이 우편물을 발송한 것은 이 공판정에서 자인하는 바임)에 비추어보면 조금도 명리名利의 야심을 갖고 있지 않았다는 변명도 역시 믿을 수 없다.

우범선 암살은 왜 굳이 윤효정, 고영근이 일본에 망명한 지 각각 4~5년 만에 이루어졌는지 그것은 실로 의문이다. 왜 우범선은 1903년에 이르러 자신이 명성황후 시해의 주범이란 말을 떠들고 다니다 죽음을 맞이했던 것일까? 을미사변 우범선 주동설, 명성황후 사체 소각설은 그 늦은 암살의 변辨으로서 만들어진 것은 아니었을까?

아무튼 우범선은 1903년 12월 그렇게 파란만장한 인생을 마쳤다. 우장춘의 나이 여섯 살, 그리고 어머니 나카는 둘째 홍춘을 임신하고 있던 상태였다.

유년의 우장춘은 아버지 우범선을 어떻게 생각했던 것일까? 또 아버지가 살해된 사건에 대해 어떤 인식을 가지고 있었을까? 사건 당시 일본의 언론들은 "혁명지사 우범선이 살해됐다"고 보도했다. 일본 근대사에 있어 메이지유신을 이끈 '유신지사'만큼 특별한 존재는 없다. '혁명지사'는 일본사의 '유신지사'의 이미지와 겹치는 것이었고, 당시 일본에선 중국인, 조선인 망명객들을 자국의 메이지 지사와 비슷한 이미지로 포장하고 있었다. 그리고 그것이 바로 유년의 우장춘에게 각인된 아버지의 이미지였을 것이다.

민들레의 교훈은
사실인가?

1904년 봄, 동생 홍춘이 태어났다. 홀로 남은 어머니 나카가 어린 두 아들을 데리고 살아가는 것은 무척 힘든 일이었다. 탓에 이제 갓 여섯 살인 우장춘은 나카의 중매인이었던 희운사의 주지 아라이에게 맡겨졌다. 희운사에서 운영하던 고아원에 맡겨졌다는 설도 있는데, 훗날 우장춘의 일화를 보면 아무래도 고아원에서 컸던 게 아닌가 싶다.

우장춘은 감자를 무척 싫어했는데, 훗날 자녀들에게 "희운사에 있을 때 매일매일 감자만 먹어 사람이 일생 동안 먹을 정도의 감자를 먹었다. 그러니 내가 감자를 먹지 않는 것을 이해해달라"고 말한 적이 있었다.

아버지는 살해됐고, 어머니는 동생을 데리고 힘겹게 살아가고 있을 때였다. 어느 날 갑자기 어머니 품을 떠나 도쿄의 사찰에 맡겨진 어린 우장춘의 심정은 어땠을까? 우장춘이 희운사의 고아원에 있었던 것은 1년 6개월간이었다는 설도 있고, 3년이라는 설도 있는데 필자는 3년이었을 것이라고 추정한다. 지금도 그렇지만 20세기 초에 글도 모르는 여자가 행상이나 날품팔이 외에 수입을 얻을 곳은 없었을 터였다. 나카가 아무리 이를 악물고 돈을 모았다고 해도, 또 스나가 하지메 등이 후원해주었다고 해도 학교에 들어가 한창 돈이 들어갈 나이인 우장춘을 데려오기란 쉽지 않았을 터였다.

추정이긴 하지만 그녀가 아들 우장춘을 찾아온 것은 1907년 무렵이 아니었을까 싶다. 1907년, 일본 망명 중이던 박영효가 드디어 귀국, 궁내부 대신에 올랐던 것이다. 당시 박영효는 이완용 등과 대립각을 세우고 일본에도 비협조적인 태도를 보여 곧 축출됐으나 조선에서의 이권사업 등에 개입해 상당한 재산을 이뤘다. 훗날 박영효가 우장춘의 학비를 주선했던 것을 보면 아내 나카가 아들을 되찾을 수 있게 도와준 것도 박영효가 아니었을까 조심스레 추측해본다.

히로시마에서 도쿄까지는 900킬로미터의 거리로 지금도 기차로 4시간이나 걸리는 거리다. 20세기 초, 일본에서 어머니 나카가 쉽게 오갈 수 있는 거리는 아니었다. 하지만 나카가 아들 우장춘을 한 번도 찾아가지 않았을 리 없다. 어머니 나카가 우장춘을 찾아갔을 때의 이야기인 듯싶은 한 일화가 지금까지 전하는데 이를 보면 당시 이들 모자의 상황이 눈에 환히 그려진다.

우장춘은 일본에서 '우 나가하루'라고 불렸다. 원래 일본에서도 성姓은 귀족 계급이나 사무라이 계급만이 가지고 있던 것으로 일반 평민들은 성이 없었다. 메이지유신 때 이들에게 호적을 만들어주면서 성을 붙여주게 되는데, 산에서 밭을 일궈 살던 사람이면 야마다山田가 됐고, 숲이 깊은 곳에서 살면 하야시林, 더 깊은 숲에서 살면 모리森라는 식으로 지어진 성이 대부분이었다. 그러나 '우'라는 성은 누가 봐도 독특했고, 우장춘이 조선의 혈통이란 사실은 명확했다.

유년기 다른 아이들과의 다름, 차이는 놀림감이 되기 일쑤였다. 게다가 1905년에는 일본이 을사조약을 통해 조선의 외교권을 강탈했다. 어느 날 우장춘과 같은 고아원에 있던 힘센 아이가 "너는 조선인이지? 조선은 이제 일본의 속국이 되었단 말이야. 일본의 부하, 조선인이니 내 부하가 되라"며 때린 일이 있었다고 한다. 모처럼 찾아온 어머니를 붙들고 우장춘은 '집에 가고 싶다'고 떼를 쓰며 이 일을 털어놓았다. 어머니 나카 또한 가슴이 아팠을 것이나 그녀는 아직 아이를 데려갈 형편이 되지 못했다. 나카는 우장춘을 다독이며 말했다.

"길가에 핀 저 민들레를 보아라. 저 민들레는 사람의 발에 밟히면서도 꽃을 피운단다. 낙심 말고 저 민들레처럼 어려운 일을 이기고 훌륭한 사람이 되도록 해야 한다."

이 민들레 이야기는 한국에선 우장춘과 관련해 가장 유명한 일화 중의 하나다. 그런데 스노다 후사코는 이 이야기가 만들어진 가공의 신화일 것이라고 분석했다. 그 근거로 그녀는 첫째, 동생 홍춘이 어머니에게 이런 훈육을 받은 바가 없다고 이야기한 것, 둘째 동생 홍춘에게 조선인이라는 민족의식이 없었고 차별 또한 받지 않았다는 증언을 얻은 것, 셋째, 어머니 나카가 아버지 우범선의 묘를 돌보지 않은 것 등을 들었다.

스노다 후사코는 『나의 조국』 말미에 우장춘의 부하 직원이었던 홍영표로부터 "선생님이 민들레의 교훈 이야기를 하시는 걸 직접 들었다"

는 증언을 얻었다고 기술하고 있지만, 그녀 자신은 그다지 그 증언에 무게를 둔 것 같지 않다. 우장춘이 아버지 우범선을 자랑스러워했다는 것, 한국에서 알려진 바와 달리 우장춘의 학업 성적이 좋지 않았던 것, 일본에서 차별을 받지 않고 살았다는 것 등을 확인한 그녀는 이미 우장춘이라는 인물에 대한 기존 신화 자체를 부정했다. 귀국을 앞두고 자신의 입지를 만들기 위해 우장춘이 스스로 만들어냈거나 또는 그의 지지자들이 만들어낸 일종의 '만들어진 신화'라고 판단했던 것이다.

하지만 그녀가 강하게 의지했던 동생 홍춘의 증언, 또 차별은 없었다는 일본인 동료들의 증언을 근거로 이 이야기를 부정할 수는 없다. 장춘과 홍춘은 여섯 살 터울이며, 장남인 장춘은 아버지의 대를 이어야 했다. 우장춘이 고아원에 있을 때 동생 홍춘은 고향 구례에서 어머니 밑에서 컸으며, 또 바로 일본인의 집에 양자로 입적됐다. 홍춘은 한국 성을 쓴 적이 없다. 두 사람이 겪은 세상은 분명 다른 것이었고, 장춘이 여섯 살 아래의 동생에게 유년의 시련 등에 대해 구구히 이야기했을 가능성은 별로 없다. 우장춘이 '우'라는 성을 고수한 것은 분명 자신이 조선인이라는 자의식을 가지고 있었다는 것을 의미하며, 그 특이한 성이 유년기에 시련이 되지 않았을 리 없다. 더욱이 그가 매일매일 감자만 먹는 생활을 하던 고아원에서 여러 아이와 뒤엉켜 살았다면 말이다. 가끔 아들을 보러 간 어머니가 어린 아들을 달래기 위해 한 말이라고 생각하면 여러모로 그 정황이 눈앞에 생생히 그려지는 일화인 셈이다.

또한 차별이라고 하는 것은 가하는 주체는 느끼지 못하더라도 차별

당하는 객체는 느끼는 성질의 것이다. 일본인 동료들이 '차별하지 않았다'라고 하여 우장춘이 차별받지 않았다고 단정하는 것은 도무지 납득하기 어려운 일이다. 이는 뒤에서 상술하겠지만 우장춘의 생애 전반을 짚어보면 확연히 드러나는 부분이다.

　마지막으로 이 일화는 후대에 만들어진 것이 아니다. 1950년 1월 22일 『동아일보』는 우장춘 박사가 곧 환국할 것이라며 우장춘 박사의 일대기를 소개한 바 있다. 여기에도 비슷한 이야기가 이미 나온다. 또 1959년 8월 11일, 『동아일보』는 우장춘의 타계를 알리며 "'짓밟히면서도 피는 길가의 민들레꽃'이 그의 좌우명이었다"고 전하며 역시 이 일화를 인용하고 있다. 이런 것들을 보면 이 일화는 우장춘이 자신의 좌우명을 설명하며 주변 사람들에게 이야기한 것이 구전됐다고 보는 것이 옳을 듯하다.

평범한 범재,
우장춘

1910년 8월 22일 한일병합조약에 조인함으로써 조선은 일본의 식민지가 되었다.

9월 10일 대한제국 황제 순종을 이왕李王으로 강등하는 책봉식 이후 이완용 등은 백작 작위를 받았다. 『동아일보』 1956년 6월 19일자에 실린 「위국항일의사열전」에서 황의돈은 이때 김옥균의 유족에게 1만 원, 우범선의 유족에게 5000원이 지급됐다고 적고 있다. 황의돈은 1938년부터 1940년까지 『조선일보』 기자로 근무하기도 했던 역사학자로 구한말과 일제강점기에 관한 여러 사서를 남긴 바 있다.

황의돈이 수십 명의 명단과 은사금 내역 등을 나열한 것으로 보아 이는 철저한 조사 끝에 얻은 자료일 것으로 보이나 그 근거가 어떤 문헌이었는지는 확실치 않다. 조선총독부 관보 등에는 작위 수여자 명단만 나올 뿐 우범선의 이름은 찾을 수 없었다. 1910년의 5000원이라면 현대 돈 가치로 1억 원이 넘는 돈이다. 황의돈은 이 돈이 현금으로 지급된 것이 아니라 공채증서로 주어졌으며, 수여자는 그 이자를 받을 수 있었다고 했다.

우범선의 어머니 나카가 언젠가 조선총독부에서 주는 돈을 받기 위해 조선에 간 적이 있었다는 것이 바로 이때가 아니었나 싶은데, 1910년대 두 아들을 학교에 보낼 수 있었던 것도 아마 이 돈 덕분이 아니었나 싶다. 우장춘의 차녀 마사코는 "이때 박영효의 주선으로 총독부로부터 아버님의 양육비가 지급되었다고 합니다"라고 스노다 후사코에게 밝힌 바 있는데, 그것은 양육비가 아니라 바로 이 5000원의 공채증권으로부터 나오는 이자였을 것이다. 어찌 됐건 나카로서는 이 돈을 받아 한숨을 돌릴 수 있었다.

우장춘과 동생 홍춘은 학창 시절을 구레에서 보냈다. 한일병합이 이루어진 1910년, 우장춘의 나이는 열세 살이었고 소학교 졸업반이었다. 한일병합 당시 일본에서는 큰 축제가 벌어졌다. 각 집마다 국기를 게양하고 오후 7시부터 소학교에서 축하식을 거행하였으며, 횃불 축하행진을 하기도 했다. 우장춘도 분명 이에 동원됐음이 분명하다. 그때 우장춘은 어떤 생각을 품고 있었을까?

이에 대한 일화가 하나 전한다. 위인전 등에 자주 등장하는 이야기인데, 우 박사가 어렸을 때, "조선인이라고 친구들이 나를 구박한다"며 집에 들어왔다. 그러자 어머니는 "네가 조선인이 아니냐?"고 되물었다고 한다.

"조선인에게 조선인이라고 말하는데 왜 우느냐? 그래, 나는 조선인이라고 당당하게 이야기해주면 되지 않느냐?"

우장춘은 큰아들이었다. 어머니 나카는 동생 홍춘은 태어나자마자 자신의 먼 친척인 M씨의 호적에 올려 일본 성을 쓰게 했다. 하지만 우장춘은 그럴 수 없었다. 어머니 나카가 그러려고 해도 그럴 수 없었을 것이다. 우범선의 지인들이 한동안은 그들의 생활을 보살폈고, 또 공채증권의 수익자도 분명 아들 우장춘의 이름으로 돼 있었을 테니 그 연을 끊고는 생계 자체가 불가능했으리라.

스노다 후사코는 우장춘의 구레중학교 동창 요네자와 준이치를 만나 인터뷰를 한 뒤, 우장춘이 차별을 받지 않았을 것이라고 단정 지었다. 사실 우장춘에 대한 주변인의 증언 등은 현재로서는 스노다 후사코의 취재에 의존할 수밖에 없다. 하지만 "당시 구레가 군항으로 변화한 항구였기 때문에 외지인이 많았고, 한국인도 많았다. 하지만 차별이 문제가 된 적은 없었다"는 동창 한 명의 증언을 가지고 우장춘이 차별을 받지 않았을 것이라고 생각하는 것은 난센스에 가깝다.

1911년부터 1916년까지 우장춘은 히로시마 구레중학교를 다녔다. 이 시기 일본에는 조선인 노동자가 급증했다. 1910년부터 시작된 동양척식주식회사의 토지조사사업 등으로 농토를 잃은 조선인 농민들은 생계를 위해 간도로 이주하거나 일본인 재벌회사들의 구인 모집에 응해 일본 본토로 유입됐다.

일본 경시청이 조사 파악한 바에 따르면 1910년 히로시마 현에는 총 41명의 조선인이 있었고, 이 중 14명이 구레에 살았다. 구레에 살던 14명의 직업은 건설업 종사자가 5명, 통조림공장 종사자가 2명, 두부제조업에 2명 등이었다. 흥미로운 것은 1910년 히로시마 현 내 최연소 거주자가 열두 살이라는 점인데, 이는 바로 우장춘이었음이 분명하다. (「在留者名簿」, 『史料と分析「韓国併合」直後の在日朝鮮人·中國人』, 236~238쪽 참조)

1914년 1차 세계대전이 터지자 일본은 영일동맹을 근거로 연합군 측에 가담하여 1차 세계대전 기간 동안 큰 이득을 봤다. 전쟁 경기로 일본에서는 전대미문의 수출 붐이 일어났으며, 이로 인해 조선인 노동자의 유입이 본격화됐다. 특히 히로시마에서는 발전소의 건립, 해군 공창의 확장 등으로 인한 대규모 공사 때문에 건설 노동자의 유입이 늘어날 수밖에 없었다. 1910년대 히로시마에는 총 1000여 명의 조선인 노동자가 유입됐는데, 이들은 주로 방적회사, 철공소 등에서 일하거나 광산, 건설공사, 제철소 노동자들이었다. 조선인 노동자들의 임금은 일본인에 비해 월등히 낮았고, 주로 위험하고 힘든 일에 동원되었다.

1917년 오사카 『마이니치신문大阪每日新聞』은 1917년 8월 14일부터 17일자에 연재된 논설 기사 '조선인 노동자 내지 이입과 그 장래'에서 "생활 정도가 낮은 조선인 노동자는 저렴한 임금으로 내지노동자(특히 비숙련노동자)와 경쟁해 일본의 하층 노동자에게 큰 문제가 되고 있다"고 보도하기도 했다. 또 경제학자들도 조선인 노동자에 의해 일본의 임금이 낮아지고 있다며 대책 마련을 촉구하기도 했다. 여러모로 볼 때 구레가 군항이었기 때문에 조선인에 대한 차별과 멸시가 없었다는 것은 당시 시대상만 봐도 말이 되지 않는 이야기다.

스노다 후사코가 인터뷰한 우장춘의 동창은 1990년, 이미 90대의 나이였다. 그런 인물까지 찾아내 인터뷰하며 증언을 수집한 스노다 후사코의 열정은 그 누구도 폄하할 수 없는 것이다. 그러나 이런 몇 가지 증언들을 토대로 당시 우장춘이 차별을 받지 않았다는 결론을 냈다는 것은 한국인인 필자로서는 도무지 이해되지 않는 일이다.

오히려 스노다 후사코가 그 동창생을 찾아냄으로써 알아낸 아주 중요한 사실은 우범선이 학창 시절 그렇게 뛰어난 학생이 아니었다는 점이다.

안도 코타로의
후원

　　우장춘은 중학 시절 특별히 눈에 띄는 학생은 아니었다. 학업성적은 고만고만했으나 수학에 큰 소질을 보였다. 때문에 그는 교토제국대학 공학부 진학을 꿈꾸고 고교 진학을 꿈꿨으나, 집안 형편상 그것은 이루기 힘든 일이었다. 이때 일본에 있는 우범선의 지인들이 알선하여 한국 국적을 가지고 있던 우장춘이 조선총독부 관비 유학생의 혜택을 받을 수 있게 해주었다. 관비 유학생으로 그가 선택할 수 있는 학교나 전공은 제한적이었고, 결국 그는 도쿄제국대학 농학실과에 입학하였다.

　　우리나라에선 우장춘이 도쿄제국대학 농학부를 졸업한 것으로 알려져 있으나 실과는 농과대학 부속의 전문대학으로, 실습을 주로 하고 농촌의 지도자 육성을 목적으로 하고 있었다. 농학과와 교수진은 같았으나 학술적인 이론과 응용을 가르치고 연구하는 대학과는 성격이 달랐다. 훗날 우장춘이 농학 연구에 있어 이론에 치중하는 것이 아니라 농작물의 실제 재배에 철저했던 것은 실과 출신이었던 배경도 있었다.

　　1919년 실과를 졸업한 우장춘은 농림성의 농사시험장에 취직했다. 당시 농사시험장은 농대 출신자에겐 최고의 직장이었다. 우장춘은 "농사시험장에 취업한 것은 안도 코타로安藤広太郎 교수 덕분"이라고 자주 말했다고 하는데, 이는 매우 중요한 대목이다.

스노다 후사코는 안도 코타로의 이력에 대해 몰랐던 터라 이 부분을 간과했지만, 이는 우장춘이 훗날 귀국하는 데도 큰 영향을 미쳤을 것이라 필자는 생각한다. 안도는 당시 일본의 농업 기술자로서는 가히 최고봉에 있던 사람이라고 해도 과언이 아니었다. 그리고 그는 한국과 깊은 연관이 있는 인물이었다.

1906년 일제 통감부는 우리나라 농업기술의 시험·조사 및 지도를 위해 권업모범장을 수원에 설치했는데, 이는 지금의 농촌진흥청의 모태가 되는 기관이다. 이 권업모범장이 우리나라에 설치될 때, 안도 코타로는 면화 재배 사무촉탁 농사시험장 기사인 농학사로 와 근무했다. 1906년 조선에 온 것은 확실하나 정확히 그가 언제까지 이 권업모범장에서 근무했는지는 확실치 않다. 권업모범장은 처음 일제 통감부에 의해 만들어졌으나 고종은 이 시설을 조선 조정에 이양해줄 것을 강하게 요구해 조선의 정식기관이 되었고, 1908년 1월 권업모범장 직원들은 한국 정부 직원으로 발령을 받았다. 그리고 이때에도 안도 코타로의 이름이 명단에 남아 있는 것으로 보아 적어도 1906년부터 1908년까지는 한국에서 근무했던 듯하다.

1950년 한국에 건너가기 직전의 우장춘이 차녀 마사코에게 "내가 농림성에 취직을 할 수 있었던 것은 안도 선생의 덕분"이라고 말하고 있는데, 그게 바로 이 안도 코타로이다.

"실과에 다니셨을 때 아버님의 성적은 그다지 뛰어나지는 않았던 듯합니다" 하고 마사코는 말한다. "어머님이 '유학생 중에서는 제일 우수했다고 들은 적이 있는데 그것은 당연한 일이었을 것이다'라고 웃으면서 말씀하셨죠. 중국과 조선에서 온 유학생들은 일본어 실력이 약했겠지만 아버님은 일본에서 태어나서 일본의 교육을 받으면서 자라셨기 때문에 (……) 어머님의 말씀을 생각해보면 아버님은 '유학생'이라는 자격으로 공부를 하신 것 같습니다."

―『나의 조국』중에서

한국에 건너가기 전 우장춘이 은사 안도 코타로를 언급했다는 것은 여러모로 의미심장하다. 1919년 우장춘은 도쿄제국대학 농학부 실과를 졸업했다. 차녀 마사코의 증언대로라면 우장춘은 그다지 뛰어난 학업성적을 보이지 않았는데, 어떻게 각 농과대학 졸업자 중 수석 졸업자만 간다는 국립 농사시험장에 갈 수 있었을까? 우장춘은 1919년 8월 9일 농사시험장에 고원으로 고용돼, 1920년 6월 기수技手로 발령받았다.

거기에는 크게 두 가지의 요소가 있었다고 생각된다. 첫째, 분명 안도 코타로의 조력이 있었을 것이다. 안도 코타로는 조선인인 우장춘을 발탁, 훗날 조선에 돌아가 조선 농업을 일으켜 세우라는 메시지를 주지 않았을까? 둘째, 그해 3·1운동이 일어났다는 점이다.

3·1운동은 일본의 식민지 지배에 저항하여 전 민족이 일어난 항일

독립운동으로 일제강점기에 나타난 최대 규모의 민족운동이었다. 민족 차별정책을 펴왔던 일본 정부는 역시 무력으로 이를 진압하려 했으나 조선 민중의 저항은 더욱 커져갔다.

수많은 사상자가 발생함에도 저항이 더욱 거세지자 조선총독부는 물론 일본 정부도 당황했다. 일본 중의원의 가와사키는 "헌병 행정의 무능을 유감없이 폭로한 것"이라고 비판하며 조선인들을 공직에 기용하는 방안 등을 대안으로 제시했다. 『요미우리신문讀賣新聞』 등 일본의 언론 또한 "통치의 요체는 빨리 무치武治를 폐하고 문치文治를 함에 있다"고 문치를 대안으로 제시했다.

이렇듯 일본 안에서조차 무단통치에 대한 비판이 커져갔으나 일본 군부와 하세가와長谷川好道 조선 총독은 여전히 무력으로 진압하면 된다는 생각을 품고 있었다. 일본은 1919년 4월 일본 8사단 보병 5연대와 2사단 보병 32연대를 원산으로, 13사단 보병 16연대와 9사단 보병 36연대, 10사단 보병 10연대와 5사단 71연대를 부산으로 증파하는 강수를 두었다. 맨손으로 저항하는 조선인 시위대를 총칼로 학살하면서 하세가와는 "군사를 동원해 치안을 유지하는 것은 내가 원하는 바가 아니지만 부득이한 조치"라고 강변했다. 당시 일제의 통계에 따르면 3월 1일 독립선언문 낭독 이후 3개월 동안 시위 진압 과정에서 7509명이 사망했으며, 1만 5961명이 상해를 입었다. 4만 6948명이 구금되었고, 교회 47개소, 학교 2개고, 민가 715채가 소각되었다.

7500여 명의 죽음. 하세가와도 상황이 만만하지는 않다는 걸 깨달을 수밖에 없었다. 그는 당시 도쿄 『아사히신문』 기자에게 "조선인의 지위와 경우를 존중하고 일본인과 한국인을 같이 바라보는 정책을 하지 않으면 안 된다"고 말했다. 사실상 자신이 앞장섰던 민족 차별주의 정책이 문제였다는 사실을 인정한 셈이다.

그리고 1919년 8월 해군대장 남작 사이토 마코토齋藤實가 조선 총독에 임명됐다. 사이토 마코토는 조선인 관리 임용과 대우 개선 도모, 언론·집회·출판 등을 고려하여 민의의 창달 도모, 교육·산업·교통·경찰·위생·사회 등의 행정을 배려하여 국민생활의 안정과 복리 도모, 지방자치 시행 목적으로 조사연구 착수, 조선의 문화와 관습 존중 등을 내세워 조선인의 저항을 무마시키려 했다. 이른바 문화통치의 시대가 시작된 것이다.

1910년대 조선인들의 관직 진출은 철저히 제한돼 있었고, 혹 관계에 들어간다 하더라도 하급직에 한정되었다. 그러나 이때부터 조금씩 그 기용에 물꼬가 트이기 시작했다. 우범선이 일본 농학도 중 최고 엘리트만 선발돼 갈 수 있었던 국립 농사시험장에 채용된 것은 이런 흐름과 연관이 깊었다.

> 그들의 학비는 최초로 황철의 주선으로 스나가 하지메가 지급했으나, 나중엔 사이토 마코토가 이 일을 알아 학비를 계속 지급하게 됐다.
> ─『동아선각지사기전』 중에서

『동아선각지사기전』은 우장춘 형제가 사이토 마코토 총독으로부터 학비를 지원받았다고 기술하고 있다. 사이토 마코토는 조선 제3대 총독으로 1919년 8월 12일부터 1927년 12월 9일까지 재임했고, 다시 6대 총독을 맡아 1929년 8월 17일부터 1931년 6월 17일까지 재임했다.

또한 동생 홍춘도 스노다 후사코와의 인터뷰에서 "마코토 총독의 비서관으로부터 대학을 졸업할 때까지 매월 40엔을 지급받았다"라고 밝히고 있다. 1919년 8월 우장춘이 입사할 때 월급이 25엔이었다는 점을 생각해보면 매달 40엔의 지원이 얼마나 큰 것이었는지는 굳이 설명할 필요가 없을 듯싶다. 당시 40엔은 은행원 초봉이었다고 한다.

사이토 마코토는 탄압정책과 매수정책을 병행하여 회유와 매수로써 친일분자를 육성하는 선별적 우대정책을 폈다. 이런 일본의 식민지 정책 변화 덕에 우장춘에겐 취업 기회가, 동생 홍춘에겐 장학금이 주어진 셈이다. 동생 홍춘은 도쿄의 명문 제일고등학교를 거쳐 도쿄제국대학 법학과를 졸업한다.

사범학교 여학생과의 힘겨운 결혼

"지금의 내가 있는 것은 두 명의 여성이 있었던 덕분입니다. 한 명은 어머니였습니다. 내가 다섯 살 때부터 어머니는 빈곤 속에서 홀로 나를 키웠습니다. 아버지의 나라를 위해 네 역할을 해야 한다는 가르침 또한 어머니에게 받았습니다. 또 한 명은 아내였습니다. 아내는 항상 '연구에 전념하세요' 하고 말해주었습니다. 그 덕분에 나는 가정 일에 신경 쓰는 일 없이 연구에 전념할 수 있었습니다. 나는 능력이 있었기 때문이 아니라 아내가 능력을 꺼낼 수 있는 시간을 줬기 때문에 오늘날에 이를 수 있었습니다. 여러분은 장래 남편과 아이들이 기꺼워하는 여성이 되어주십시오."

우장춘 박사는 한 강연에서 자신의 인생에 가장 큰 영향을 준 인물로 두 명의 여성을 들었다. 한 명은 어머니 나카였고, 다른 한 명은 부인 고하루였다. 그러나 그녀와 결혼하는 과정은 결코 순탄치 않았다. 그것은 그가 조선인이었던 탓이다.

조선인으로서, '우'씨 성을 유지하면서 살아갔던 우장춘의 삶은 순탄할 수 없었다. 그러나 동시에 그는 조선인이었던 덕에 학업을 이어갈 수 있기도 했다. 조선인이었기 때문에 장학금을 받아 학업을 이어갈 수 있었고, 조선인이었기 때문에 국립 농사시험장에 취업할 수도 있었다. 그러나 당시 일본에서 조선인으로 살아가는 것은 결코 쉬운 일이 아니었다.

그래도 우장춘은 1923년 고하루와 결혼했다.

당시 조선인에 대한 일본인의 차별이 어느 정도였는지 명확하게 보여주는 사건이 하나 있다. 바로 간토 대지진이다. 1923년 9월 1일 오전 11시 58분 최대 진도 매그니튜드 7.9의 강진이 간토 지방을 엄습했다. 도쿄에서는 대화재가 일어나 관청가의 일부와 가옥 밀집지대를 태우면서 9월 3일 새벽까지 계속 연소하였다. 피해 상황은 참혹할 지경이었는데 사망자는 거의 10만 명에 육박했고, 이재자는 340만 명에 달했다. 이런 혼란의 와중에 조선인들이 우물에 독약을 풀고 불을 지르고 있다는 폭동설이 조작, 유포되었다. 분노한 시민들의 관심을 돌리기 위한 이 악성 루머로 인해 수많은 조선인이 죽창과 몽둥이로 무장한 일본인 자경단自警團에게 학살됐는데, 당시 학살당한 조선인의 수는 적게는 2000명, 많게는 6000명에 달했다고 전해지고 있다.

간토 대지진 때의 조선인 학살은 당시 일본인들이 조선인을 바라보는 시각이 어땠는지를 명확히 보여준다. 우장춘 일가 또한 당시 도쿄에 살고 있었다. 다행히 그들의 집은 지진의 피해를 크게 입지 않았으나, 그로 인한 심리적 위축은 상당히 컸으리라 생각된다.

그리고 청년기의 우장춘은 드디어 민족 차별 문제와 정면으로 충돌

하게 된다. 1923년, 우장춘은 가정교사로 이웃에 사는 후지타 세츠富田せつ라는 미망인의 외아들을 가르쳤다. 후지타 세츠는 니이가타 현 아라이新井의 한 농가 출신이었는데 형제자매가 무려 12명이나 됐다. 세츠의 사별한 남편은 변호사였던 터라 경제적으로 유복했고, 그녀는 자신의 막내 여동생 고하루의 학비를 후원했다. 고하루는 니이카타 현 나카오카에 있는 사범학교 학생이었는데 방학이 되면 언니네 집에 와 지냈다. 자연스럽게 우장춘과 고하루는 서로 안면을 익히게 됐으나 고하루는 수줍음을 많이 탔던 터라 서로 이야기를 주고받을 기회는 없었다.

두 사람을 맺어주려고 한 것은 세츠였다. 세츠는 당시 성실한 우장춘에게 큰 호감을 가지고 있었던 듯하다. 그러나 시골에 있던 고하루의 부모 형제들에게 이는 가당치도 않은 일로 받아들여졌다. 사범학교에서 수재 소리를 듣던 막내딸을 조선인에게 시집보낸다는 것은 그들 가족에겐 상상도 할 수 없는 일이었다.

그러나 고하루는 결연했다. 그녀는 가족의 반대에도 불구하고 결혼을 강행하려 했다. 하지만 고하루의 아버지는 딸의 호적을 건네주지 않으며, 이 결혼 자체를 막았다. 우장춘의 어머니 나카는 이에 몹시 분노했다. 고하루의 부모에게 있어 우장춘은 '더러운 조선인'이었지만 어머니 나카에겐 세상에서 그 누구보다 소중한 아들이었다. 비록 실과지만 도쿄제국대학을 졸업해 국립 농사시험장에 취직한 누구보다 자랑스러운 아들이었다. 딸을 줄 수 없다며 버티는 고하루 부모의 태도는 그녀에겐 분명 모멸적인 것이었다. 결국 고하루는 시어머니의 분노를 삭히기 위해 부모와 의절해야 했다. 이 의절은 시어머니 나카가 81세로 사망한 1953년까지 무려 29년 동안 계속되었다고 한다.

당시 우장춘이 우씨 성을 지키며 일본에서 살아가는 것이 얼마나 힘든 일이었는지는 이 결혼 과정에서 여실히 드러난다. 우장춘은 아버지의 후원자였고, 아버지 사후에도 자신들을 돌봐주었던 스나가 하지메에게 결혼 소식을 알렸다. 우장춘의 결혼 소식을 듣고 크게 기뻐한 스나가는 이들에게 또 한 번 큰 호의를 베풀었다. 앞으로 태어날 어린애들의 장래를 위하여 두 사람을 스나가 가문에 입적해주겠다는 것이었다.

1923년 당시, 스나가 하지메의 상태는 그다지 좋지 못했다. 스나가 하지메가 현양사, 흑룡회와 밀접한 관계가 있다 하지만 그는 여타 일본 제국주의자와는 성향이 달랐다. 그는 1910년 한일병합 이후에는 조선의 일에 관심을 끊었는데, 일본이 조선을 식민지로 삼은 것에 대해 큰 분노를 표했던 것으로 알려져 있다. 일본 정부가 고인이 된 김옥균에게 작위를 내리려고 할 때도 스나가 하지메는 "김옥균은 일본의 작위를 바라지 않았을 것"이라며 화를 냈다고 한다.

그는 한일병합 이후 고향 사노로 돌아가 가업을 이어받았다. 하지만 조선인 망명자를 정말 순수한 마음으로 도왔던 이 순박한 한학자는 시대의 흐름에 뒤처져 있었다. 그는 물레방아를 이용한 정미소를 운영하고 있었으나 시대는 이미 정미, 제분을 전기와 증기에 맡기던 시대였다. 경영은 고투를 거듭했고 가운은 악화일로를 걸었다. 그는 기사회생을 노리고 오야마小山 시 교외에 농장을 개설했다. 막대한 자본을 투자

했으나 이 농장마저도 결국 실패, 스나가 하지메는 막대한 빚까지 지고 말았다. 1921년 쿠지가와久慈川 발전소 건설공사에 투자, 가세의 회복을 도모했으나 1923년 간토 대지진이 일어나고 출자한 은행이 도산하는 등의 악운이 이어지며 그는 또 한 번 거대한 손실을 보았다. 훗날 그는 결국 파산하고 말았다.

즉, 우장춘이 결혼 소식을 알렸을 때 스나가 하지메는 최악의 상황을 맞고 있었던 것. 그러나 이 인자한 향사鄕士는 그런 상황에서도 자신의 동지 우범선의 자녀를 챙겼다. 스나가 하지메에게는 고등학교 교사였던 사촌이 있었는데, 먼저 고하루가 이 집의 양녀로 입적됐고 우장춘은 데릴사위가 됐다. 이렇게 해 우장춘의 정식 성명은 스나가 나가하루須永長春가 됐고 그의 자녀들은 스나가의 성을 쓰게 됐다. 하지만 정작 우장춘 자신은 그 후로도 '우'라는 한국 성을 지켰다.

우장춘과 고하루는 1924년에 결혼했으나 호적등본에는 1926년으로 되어 있는데, 이는 고하루 집안에서 호적을 건네주지 않았기 때문이라고 한다. 고하루가의 반대가 얼마나 지독했는지 짐작케 해주는 대목이다. 당시 결혼 당사자였던 우장춘이 받은 심리적 상처는 꽤나 컸으리라 생각되지만, 수많은 시련을 거치며 성장한 우장춘은 원한을 품기보다는 자신을 선택해준 아내에 대해 깊은 감사의 마음을 품은 듯하다. 그는 생전에 아내 고하루에 대한 감사의 념을 수없이 표했다. 홀어머니 슬하에서 어렵게 학업을 이어온 스물여섯 살 우장춘의 심성은 밟아도 밟아도 피어나는 민들레의 투혼과 같은 것이었다.

그리고 1926년에는 장녀 도모코가 태어났다. 그리고 그때 사이타마 현 고노스鴻巢 시험장이 완성돼 우장춘 부부는 고노스의 관사로 이사했다. 어머니 나카는 도쿄제국대학에 다니던 차남 홍철과 함께 도쿄 혼고의 집에 남았다.

사이타마 현 고노스는 도치기 현 사노佐野와 가까워 100킬로미터 거리밖에 되지 않는다. 우장춘이 고노스로 이사했을 때 스나가가 일본식 정장을 한 채 관사를 찾아와 "이사하느라 수고했다. 어서 오너라"라고 아버지로서의 인사를 해 주위를 당황케 했다는 이야기도 전한다.

주제넘은 혹은
위험한 연구

　　　　　　장학금을 받기 위한 불가피한 선택이었다 할지라도 제국주의 시대에 식민지 조선의 혈통을 가진 우장춘이 종묘학자가 되었다는 것은 당사자에겐 상당히 껄끄러운 일이었다.

　　19세기 중엽부터 20세기 중반까지 무려 한 세기 동안 맹위를 떨친 제국주의는 약육강식, 적자생존, 우승열패라는 이데올로기를 기반으로 하고 있었다. 그들은 이를 가장 과학적인 이론이라고 맹신했는데, 그들이 말한 과학은 물론 찰스 다윈의 진화론이었다.

　　찰스 다윈은 저서 『종의 기원 *The Origin of Species*』에서 적자생존에 의한 자연선택설을 근간으로 하여 새로운 종이 생기는 메커니즘을 설명하였다. 즉, 적자가 살아남아 새로운 종을 이룬다는 적자생존이 바로 진화론의 요체였다. 다윈의 진화론은 생물학의 각 분야에 영향을 주었을 뿐만 아니라 사회사상에도 지대한 영향을 주었다. 이를테면 H. 스펜서가 제창한 사회다윈주의는 생존경쟁설生存競爭說에 따라 인종차별이나 약육강식을 합리화하여 강대국의 식민정책을 합리화하는 데 이용되었다.

　　사회다윈주의는 한중일에서도 폭넓게 퍼져갔는데 일본에서는 김옥균, 박영효의 후원자였던 후쿠자와 유키치 등이 일찍이 1880년대부터 이미 이런 주장을 했었고, 카토 히로유키는 1893년 『강자의 경쟁과 권리』라는 책을 펴내기도 했다 이들은 인간을 다른 영장물과는 다른 특별하거나 특수한 창조물로 보지 않고 자연법칙에 의해서 지배받는 자연적 존재로 보았다. 따라서 강자의 권리란 자연의 산물이며 인간의 육체적·정신적인 유전과 적응에 의해서 얻어진 자연적이고 실제적인 권력이라고 보았다. 때문에 이들은 문명화된 민족이 전 지구의 소유자이며 지배자가 되어야 한다고 주장하였다. 자연도태와 강자의 권리, 그것이 바로 제국주의의 요체였다.

이런 다윈주의적 사고방식은 인위적인 인종 개량 등을 목표로 하는 우생학을 낳았고, 나치즘에서 나타난 바와 같이 사회의 열등한 존재를 강제로 거세하거나 학살하는 극단적인 형태로 표출되기도 하였다. 아시아에서 유일하게 서구화 근대화에 성공한 일본 민족은 조선이나 중국인들에 비해 우월한 존재, 즉 일등 국민이었으며, 유전학자들은 그 자체로 제국주의의 선전부대나 마찬가지였다.

우장춘은 농학자였고 국립 농사시험장 직원이었다. 당시의 농학, 특히 종묘학은 우생학 그 자체였다. 종자를 개량해 우등한 종자를 만들어내는 것이 그들의 연구 목표였으며, 우열의 법칙은 감히 부정할 수 없는 제1 전제였다. 그런데 우장춘은 '열등한' 조선계 혈통이었다. 다윈주의가 지배하는 학풍 아래 혈통의 차이, 피의 다름은 그에겐 심각한 콤플렉스가 됐을 게 분명했다. 우장춘이 이를 부정하는 것은 쉬운 일이 아니었다. 그는 농학자였고 종묘학자였으며 동시에 유전학자였다. 우승열패는 그가 섣불리 부정할 수 없는 자연생태계의 명백한 원칙이었고 진리였다. 그렇다면 그의 앞에는 무력한 체념만이 놓여 있을 뿐이었다. 일본 농학 엘리트들의 거점인 농사시험장의 한국인 혼혈아, 정규 과정도 아닌 실과 출신이었으며 학업성적조차 뛰어나지 않았다. 결코 기사가 될 수 없는 만년 기수. 그는 그나마도 감읍해야 마땅할 열등의 표본과도 같았다.

이것은 비단 우장춘 개인만의 문제는 아니었다. 힘이 곧 정의이고, 힘이 곧 세계의 신이라는 약육강식의 논리, 우승열패의 논리 아래 조선은 일본의 식민지가 되었다. 약육강식의 이데올로기는 일본 제국주의자들만의 논리가 아니라 시대의 조류였다. 김옥균, 박영효 등 조선의 개화파들이 공유하고 있던 사상이기도 했다. 개화파들은 약육강식의 세계에서 조선이 살아남을 길은 개화를 통한 부국강병 외에는 없다는 생각에 혁명에 목숨을 걸었다. 하지만 그들은 실패했고, 결국 조선은 스스로의 근대화를 이루지 못한 채 일제의 점령 아래 놓이고 말았다. 힘의 논리로만 보면, 약육강식의 흐름으로만 보면 약자인 조선이 식민지가 된 것은 당연한 일이었다. 그리고 열등한 족속, 조선인들이 일본의 통치를 받는 것 또한 당연한 일이었다.

그런데 당시 세계 유전학계에는 새로운 바람이 불고 있었다. 1900년 멘델의 유전법칙이 재발견되며 유전학은 새로운 전기를 맞았고, 다윈의 적자생존론을 부정하는 다양한 이론이 등장하며 진화론은 흔들리기 시작했다. H. 드 브리스는 달맞이꽃의 연구로 돌연변이설(1901)을 내세였고, J. P. 로티는 교잡에 의하여 진화가 일어난다는 교잡설(1916)을 주장하였다. 그러나 이런 학설들은 가능성만 드러냈을 뿐, 아직 이론으로서 완성된 것은 아니었다.

우장춘이 농사시험장에 입사한 1919년, 농사시험장에 근무했던 하기하라 토키오萩原時雄가 나팔꽃에 대한 유전 연구 결과를 발표, 멘델의 법칙을 실증하였고 일본에서 유전학 연구 바람이 불기 시작했다.

우장춘은 실과 출신의 기수, 지금으로 치면 기능직 직원이었다. 1926년 주임으로 승진했지만 그는 물품 취급 주임이었고 연구직과는 거리가 있었다. 당대 최첨단의 학문이었던 유전학에 뜻을 두고 연구를 시작한 한국인 혼혈아 기수를 당시 농사시험장의 엘리트들은 어떻게 바라봤을까?

우장춘의 첫 논문은 입사 후 거의 10년 후인 1928년에 나왔다. 논문 제목은「종자에 의하여 감별할 수 있는 나팔꽃의 품종의 특성에 관하여」였다. 그는 이어 나팔꽃과 비슷한 피튜니아로 대상을 넓히며 잡종과 유전에 대한 논문을 잇달아 발표했다.

우장춘의 박사학위 논문이 교잡설을 완성, 증명해 다윈의 진화론을 수정하는 것이었다는 사실은 여러모로 의미심장하다. 그가 처음부터 교잡설을 증명하려고 했던 것인지는 확실치 않은 일이나 20대의 우장춘은 여러 의미에서 주제넘고도 위험한 주제에 손을 대고 있었다.

숙적,
데라오 히로시

　　우장춘과 동시대에 함께 농사시험장에 근무했던 사람들은 우장춘에 대해 '이론의 1인자', '한국인 혼혈아 천재' 등 극찬을 아끼지 않았다. 학업성적은 우수하지 않았지만 그는 특유의 성실함과 치밀함으로 연구자, 학자로서는 분명 일가를 이룬 것으로 보인다.

　　우장춘이 유전학에 뜻을 두고 초기에 연구한 것은 주로 나팔꽃과 피튜니아였다. 나팔꽃과 피튜니아는 서로 닮은 데다 성질도 비슷해 당시 일본의 유전학자들이 주 실험 대상으로 삼았던 식물이었다. 그런데 그는 1930년 갑자기 연구 대상을 완전히 바꿔 유채에 대한 연구를 시작했다. 그리고 필생의 업적인 '종의 합성'은 바로 이 유채 연구를 통해 얻어낸 결과물이었다. 그런데 그는 1930년, 왜 갑자기 연구 대상을 바꿨을까?

　　우장춘 박사가 훗날 귀국해 동래의 시험농장에 있을 때, 견학을 온 학생들이 그를 둘러싸고 이것저것 질문을 쏟아붓는 일이 많았다고 한다. 그때 자주 나왔던 질문 중의 하나가 "연구 실적을 빼앗긴 적도 있었다는데 사실이냐?"는 것이었다. 우장춘 박사가 어떤 대답을 했는지는 확실치 않으나 당시 한국에선 이런 이야기가 널리 퍼져 있었다는 것을 유추

할 수 있다. 과연 그는 어떤 연구 실적을 빼앗겼던 것일까?

　우장춘에게는 매우 엄격한 선배이자 직장 상사가 한 명 있었다. 데라오 히로시寺尾博 박사가 그 주인공이다. 데라오 히로시는 여러 면에서 우장춘과 대조적인 인물이었다. 그는 1883년생으로 우장춘보다 다섯 살 많았는데, 일본 시즈오카静岡의 귀족 출신이었다. 도쿄제국대학 농학부를 졸업해 1909년 농사시험장 기사가 됐고, 1915년 미국으로 유학, 2년간 수학했다. 그리고 1920년 농학 박사학위를 받았다. 우장춘이 갓 농사시험장에 입사할 무렵 데라오 히로시는 그냥 기사도 아닌 그 윗 직급인 농상무기사로 승진했다. 귀족 출신에 미국 유학까지 마친 초엘리트 박사, 그것이 바로 데라오 히로시였다.

　데라오 히로시의 인품에 대해서는 '오만했고 후배들에게 모진 말을 잘했다'는 등의 악평이 대부분이다. 그는 좌익들에게도 많은 공격을 당했는데, 그것은 그가 전형적인 우익이자 엘리트주의자였고, 우생학의 신봉자였기 때문이다.

　그가 어떤 인물이었는지는 그의 이력만 봐도 명확히 드러난다. 그는 1941년 농사시험장장農事試驗場長이 되었고, 같은 해 입각해 중앙 우생심의회中央優生審議會 위원 등을 역임했다. 그리고 전후인 1946년 칙명에 의해 귀족원 의원에 을랐다. 그리고 1947년 참의원에 당선돼 귀족 출신 참의원 모임인 녹풍회綠風會 멤버로 활동하기도 했다. 그리고 같은 해에 사카타坂田 종묘주식 회사 취체역(이사)에 올랐다. 그리고 우장춘보다 1년 빠른 1958년 75세를 일기로 세상을 떠났다.

농학자로서의 이력도 만만치 않다. 그는 일본 최초로 인공교배를 통해 품종을 개량한 '리쿠우 132호(陸羽 132号)'라는 벼를 육성해 일본 농학사에 한 획을 그은 인물이다. 이 리쿠우 132호는 카메노오亀の尾라는 품종을 개량해 만든 것인데, 카메노오는 현재 일본에서 가장 인기 있는 품종인 코시히카리コシヒカリ의 선조 격으로, 식민지 조선에 전해진 최초의 일본 품종 벼이기도 했다. 일제강점기 조선에서는 카메노오를 중심으로 벼농사를 지었으나 1930년대 후반부터는 리쿠우 132호가 보편적으로 보급됐다. 당시 조선총독부의 한 통계를 보면 평안북도에서 재배되는 벼의 97%가 리쿠우 132호였다. 냉해에 강한 리쿠우 132호는 식량난 타개를 위한 실로 획기적인 작품이었다.

데라오 히로시는 이 리쿠우 132호의 개발 총책임자였다. 하지만 실제 무려 7년간 이어진 인공교배의 고단한 작업은 니베 토미노스케仁部富之助라는 인물이 일본 동북부의 아키타 현에서 한 것으로 알려져 있다. 공동 작업이라고 알려져 있지만 도쿄에 근무하던 데라오 히로시가 무려 660킬로미터나 떨어진 아키타에서의 개량작업에 어느 정도 실질적인 기여를 했는지는 의문의 여지가 있다. 물론 데라오 히로시는 박사였고 니베 토미노스케는 농업학교를 졸업한 것뿐이었으니 기술적 지도는 데라오 히로시가 했으리라 생각된다. 하지만 현재 리쿠우 132호의 아버지로 추앙되는 인물은 니베 토미노스케로, 아키타 현에는 니베 토미노스케 기념관이 지어져 있기도 하다.

우장춘과 데라오 히로시는 동시대 인물이지만 태생부터, 또 이후 삶의 궤적까지 드라마틱한 대조를 보인다. 우장춘의 선배 겸 상사로서 데라오 히로시는 어떤 인물이었을까? 우장춘과 국립 농사시험장에서 함께 근무했던 마츠시마 쇼조松島省三는 치바대학 원예학부에서 개최된 '젊은 농학도에게 말한다'라는 강연을 통해 우장춘에 대해 다음과 같이 말한 바 있다.

"고노스(국립 농사시험장) 시절의 선배 중에 우장춘이라는 한국인 혼혈아가 있었습니다. 정말 훌륭한 사람이었는데 고노스의 역사가 시작되면서부터 지금까지 많은 사람이 이곳에 근무를 했으나 나는 이 사람만큼 창의적이고 독창적인 사람은 없었다고 생각합니다. 내가 농사시험장에 입사했을 무렵 우장춘은 나팔꽃 유전에 대하여 학위논문을 작성하고 있었습니다. 그런데 고노스가 불에 타버리는 바람에 학위논문도 불에 타버렸습니다. 자료가 모두 소실되었기 때문에 논문을 다시 쓸 수도 없었던 것이죠. 그 무렵의 학위라는 것은 오늘날과 달라서 정말 훌륭한 사람이 아니면 받을 수조차 없었죠. 우장춘은 실과 출신의 졸업생으로 정규대학을 졸업한 것은 아니었습니다. 학위논문이 불타버린 우장춘은 어떻게 했는가 하면 이번에는 유채종자를 연구했던 것입니다. 유채종자의 염색체를 분석했는데……."

국립 농사시험장 본곤이 화재로 소실된 것은 1930년 가을이었다. 당시 화재현장에 달려간 우장춘은 자료를 건지기 위해 불속으로 뛰어들려고까지 했다. 정규대학 출신이 아니라는 이유로 차별을 감수해야 했던 그는 박사학위에 도전, 한 번에 역전을 노리려고 했다. 그런데 수년의 노력 끝에 완성한 논문이 느닷없는 화재로 허망하게 사라지고 만 것이었다.

그런데 여기엔 묘한 부분이 있다. 왜 그는 학위논문까지 완성했던 나팔꽃 연구에서 갑자기 손을 떼고 유채 연구에 뛰어들었을까? 연구 대상만 바꾼 것도 아니었다. 아카미네 히데오明峯英夫가 남긴 글을 보면 새로운 의문이 생긴다.

당시의 주임이었다가 나중에 농장장이 된 데라오 히로시는 1920년대에 농사시험장에서 유전 연구를 했었는데, 그것이 육종의 무기가 될 수는 없었으며 또한 그것에 의해서 얻어지는 바가 없었기 때문에 유전에 대한 흥미를 잃었다고 전해지고 있다. 고노스에서는 그 후로도 천재 우장춘에 의해서 연구가 계속되었으나, 데라오는 그것에 대해서 그다지 적극적이지는 않았던 것 같다. 나팔꽃에 대한 논문이 불에 타버린 뒤의 우장춘의 연구는 데라오의 지시를 따르지 않고 그의 독자적인 방법을 취했다고 전해오고 있다.

화재로 논문을 잃었는데, 왜 우장춘은 더 이상 데라오의 지시를 따르지 않게 된 것일까? 그것이 만약 단순한 화재였다면 말이다. 우장춘의 갑작스런 연구 대상 변경, 데라오 히로시의 갑작스런 유전학 포기는 혹 어떤 연관관계가 있는 것이 아니었을까?

우장춘과 데라오는 1929년 두 편의 논문을 함께 발표했다. 「피튜

니아에 있어 자가불임성의 유전현상ペチユニヤに於ける自家不稔性の遺傳現象」,「나팔꽃에 있어 돌연변이 발현에 관한 연구朝顔に於ける突然變異の發現に關する硏究」라는 두 편의 논문에서 우장춘과 테라오는 이름을 연명 기재, 공동 연구임을 표시하고 있다.

그런데 우장춘은 1930년 봄, 유채종자과의 주임으로 발령받았다. 유채종자과로 발령받은 이상, 사실 더 이상 피튜니아 연구 등에 시간을 쏟을 수는 없었을 것이고, 데라오 히로시와의 관계도 이것으로 끝났을 것으로 보인다.

그리고 1930년 가을 우장춘은 박사학위 논문을 완성했다. 평상시 그는 논문과 연구 자료를 자기 집으로 가지고 돌아갔는데, 그날은 완성된 논문을 다음날 아침 도쿄제국대학에 제출할 예정이어서 아침 일찍 고노스 시험장에 들르지 않으면 안 되었기 때문에 경상시와는 달리 본관 2층에 논문과 자료 등의 모든 것을 가방에 넣어두었다고 한다. 그런데 하필 이날 누전에 의한 화재가 발생, 본관이 불타버렸다. 우장춘이 수년간의 노력으로 완성한 학위논문, 그 내용은 도대체 어떤 것이었을까?

1929년에 그가 발표한 두 편의 논문이 모두 피튜니아와 관련된 것이었다는 걸 감안하면, 이는 분명 피튜니아 관련 논문이었을 가능성이 높다. 다행히 당시의 상황을 추론해볼 만한 증언들이 스노다 후사코의 『나의 조국』에 기록돼 있다. 스노다 후사코는 수많은 관련 인물을 인터뷰하고 그 증언들을 수록해놓았는데 이를 조합하다 보면 아주 묘한 정황이 포착된다.

"꽃에 대한 연구가 마무리되어 책을 쓰고 싶다"는 우장춘의 계획을 전해들은 데라오 주임은 화훼의 연구라고 생각하고 그 책의 내용을 물어본즉 '화투'라는 대답을 듣고 화를 냈다는 일화는 유명하다. 나도 몇 사람한테서 이 이야기를 들었으며, 또한 아키미네 히데오(농림성 농업기술연구소 생산유전부장)는 『유전과의 발자취』(1978년 농림성 농업기술연구소 간행)에 다음과 같이 서술해놓고 있다.

> "이론적으로는 일본의 제일인자였던 우장춘의 화투의 연구를 당시 우장춘이 착수 중에 있었던 화훼의 연구가 완성된 것으로 잘못 알고 데라오가 혼을 냈다는 이야기가 전해지고 있다."

―『나의 조국』 중에서

이 일화는 우장춘이 평소 장기, 바둑, 화투 등 내기를 좋아했다고 스노다 후사코가 소개한 것이다. 1930년 봄, 우장춘은 유채종자과로 발령받았다. 그렇다면 이 이야기는 1930년 이전의 이야기일 것이다. 우장춘이 완성한 '꽃에 대한 연구', 그리고 그 내용을 궁금해 하는 데라오의 모습을 생각해보면 왠지 섬뜩한 것이 느껴진다. 진짜 우장춘은 화투에 대한 책을 썼던 것일까? 설령 썼다 하더라도 그 엄격하고도 도도하기로 유명했던 귀족 출신 데라오 박사 앞에서 "꽃에 대한 연구를 끝냈다"고 실없는 농담을 해서 꾸지람을 받았던 것일까?

우장춘과 데라오 히로시의 관계가 멘티와 멘토의 관계가 아니었음을 알려주는 일화는 또 있다. 훗날 우장춘은 결국 기사 발령을 받지 못하고 농사시험장을 떠나 다키이 종묘회사에 둥지를 틀게 된다.

> "우 박사가 다키이 종묘로 옮겨간 후 나는 단 한 번 뛰어난 선배의 모습을 접할 기회가 있었는데, 그때 브라시카의 불화합성에 대한 연구를 계속하고 있던 우 박사는 고노스 팀한테서는 묻고 싶은 내용이 아무것도 없다면서 웃었다."
> —아키미네 히데오, 『우전과의 발자취』, 『나의 조국』에서 재인용

우장춘이 농사시험장에서 내몰려 다키이 종묘회사로 적을 옮긴 게 1937년이니 이는 아마 1930년대 후반이나 1940년대 초의 이야기가 아닐까 싶다. 우 박사가 '들어볼 것이 없다는 고노스 팀'이란 농사시험장 연구진을 말하는 것이며, 데라오 히로시는 1941년 바로 이 농사시험장 장으로 승진했다.

우장춘과 데라오 히로시, 과연 이 두 사람 사이에는 어떤 일이 있었던 것일까? 1930년대 사카타 종묘회사는 8중 천엽의 피튜니아 씨앗을 인공교배에 의해 제종, 사카타 매직이란 이름으로 출시했다. 8중천엽 피튜니아는 삽아번식으로 유지할 뿐이어서 당시로서는 전 세계적으로 아무도 이 기술을 아는 자가 없었다. 덕분에 사카타는 독점적으로 이 종자를 팔 수 있었으며 놀라운 수익을 올렸다. 당시 미국의 시카고 『데일리 이그제미너』지의 칼럼에는 "사카타의 올 더블 피튜니아는 1파운드에 1만 6500달러나 한다"고 기록되었다. 이것은 금의 10배 가격이었다.

2부 * 밟아도 피어나는 민들레, 우장춘

그러면 누가 이 기술을 개발한 것일까? 시노하라는 "그 원리는 실은 당시 고노스의 농림성 농사시험장에서 데라오 박사 밑에서 유채 씨앗을 담당하고 있던 우 박사가 발견한 것에서 비롯된다. 데라오 박사의 제안에 의해서 사카타 사장이 기업화를 서둘렀고, 치가사키 농장을 창설하고 피튜니아 육종에 착성한 것이다"라고 밝히고 있다.

— 『나의 조국』 중에서

과연 우장춘의 불타버린 논문 내용은 무엇이었을까? 금의 10배 가격으로 팔린 피튜니아 종자 개발법이 아니었을까? 우장춘이 앞서 데라오와 연명해 발표한 논문은 피튜니아에 대한 것이지만, 8중 천엽 피튜니아 개발과 직접적 관련은 없다. 그런데 이 피튜니아 제조법은 데라오 히로시에 의해 사카타 종묘상회에 넘겨졌다. 그러나 이 피튜니아 개발을 통해 우장춘은 아무것도 얻지 못했다.

시노하라가 취직했던 치가사키 농장에서는 "피튜니아 담당자는 의기양양해졌으며 보너스도 많이 받고 있는 듯했다"고 한다. 이 꽃에서 거액의 이익을 올린 사카타 상회의 실정을 잘 알고 있던 시노하라는 우장춘과 회사의 관계에 의문을 품게 되었다. 어느 날 그는 사장인 사카타 타케오에게 "천엽 피튜니아의 육종방법은 우 박사의 고안에 의한 것이기 때문에 사카타의 피튜니아 육종과 그의 기술과의 관계는 어떻게 된 일이냐"고 물었다. 사카타의 답변은 대략 다음과 같은 내용이었다.

"이론과 실제는 다르다. 인정상의 도리는 이해하고 있지만 그것은 별개의 문제이며, 그것만으로는 상품거래의 행위가 될 수 없다. 거래행위로서 성립될 수 있는지 없는지의 여부는 육종된 품종의 종자가 일반 대중에게 팔 수 있는지의 여부에 달려 있다. 그러한 판단이 성립될 수 있는지의 여부에 따라 실제의 육종가로서의 실력이 존재하는 것이다. 나는 미국에서 오랫동안 꽃에 대한 연구를 했기 때문에 미국인의 꽃에 대한 기호를 잘 알고 있다. 우리 회사에서 육성된 품종 중에서 이 정도라면 미국에서 팔 수 있을 것이라고 판단되는 것을 골라서 종자를 채종하여 팔고 있다. 그러니까 이러한 육종 기술은 당연히 사카타 상회의 것이다. 어디가 잘못되었는가?"

시노하라는 "그때 어리고 풋내기였던 나에게는 뭔가 석연치 않은 기분이 남겨졌으나, 그 후 오랫동안 실제로 육종을 시도해오고 있는 사이에 점점 사카타 사장의 그 말을 이해할 수 있게 되었다"고 서술해놓고 있다.

―『나의 조국』중에서

우장춘이 피튜니아 개발로 얻은 것은 결과적으로 아무것도 없었다. 간혹 사카타가 그들 가족을 별장에 초대했으며, 예쁜 커피잔도 주었다고 한다. 그것이 다였다. 훗날 우장춘이 농사시험장을 떠날 때도 사카타 종묘회사는 그를 불러주지 않았다. 더 훗날, 사카타 종묘주식회사 대표

취체역, 즉 사장에 오른 것은 데라오 히로시였다.

　이제까지 알려진 바에 따르면 우장춘은 일본에서 받은 차별에 대해 구체적으로 언급한 적이 거의 없었다. 또한 연구 업적을 빼앗겼다는 이야기도 공개적으로 한 바 없다. 때문에 정말 연구 업적을 뺏기는 '모종의 사건'이 있었는지, 그것이 피튜니아와 관련된 것이었는지 확언할 수는 없다. 다만 팩트만을 모아보면 이렇다.

　1929년 우장춘은 피튜니아에 대한 연구를 해 논문을 잇달아 발표했다. 1930년 봄, 우장춘은 유채종자과로 옮겨갔으나 여전히 화훼와 관련된 어떤 연구를 했다. 1930년 가을, 그의 논문과 자료들이 원인 모를 화재로 모두 불탔고, 사카타 상회는 금보다 10배 이상 비싸게 거래된 8중 천엽 피튜니아 종자 개발에 성공했다. 사카타 상회로 하여금 이 피튜니아 종묘를 재배하게 한 것은 데라오 히로시였고, 그는 훗날 사카타 종묘 회사 사장이 되었다.

　사카타 종묘회사는 현재까지 굳건한데 농식품유통 전문지 『더바이어』는 이 회사에 대해 이렇게 소개하고 있다.

　일본을 대표하는 세계적인 채소 육종회사로 올해 창립 113주년을 맞았다. 1934년 관상용 꽃인 피튜니아를 겹꽃으로 개발해 미국, 유럽에서 선풍적인 인기를 끌었다. 이후 1960년대 프랑스산과 일본 재래종을 교배한 '프린스 멜론'을 개발해 멜론 시장을 장악했으며 1980년대부터는 브로콜리, 당근, 토마토 등 기능성 채소 부문에서 세계적인 명성을 쌓았다. 사카타 종묘의 종자 개발 핵심은 '기존의 품종들만을 교배한다는 것.' 별도의 유전자 조작 없이 기존 품종들만을 교배해, 특히 내병성과 품질이 뛰어나다는 평가를 얻고 있다. 사카타 종묘는 현재 한국, 프랑스, 덴마크, 브라질, 태국 등 8개국에 10개의 연구시설, 연구농장을 운영하고 있으며 130여 개국에 종자를 수출 중이다.

'종의 합성'으로
적자생존론을 깨다

모든 것을 잃어버린 우장춘은 이번엔 유채 연구에 몰입하기 시작했다. 그리고 1931년 유채연구실なたね硏究室 실장이 되었다. 보직은 실장이었으나 그는 아직 기수 신분이었다. 기수 신분으로서 어떻게 별도의 연구실을 맡게 된 것일까? 공교롭게도 당시 농사시험장장은 그의 은사였고 그를 농사시험장으로 이끌어준 안도 코타로였는데 아마 그의 배려가 아니었을까 싶다.

유채연구실 실장으로서 우장춘은 '종의 합성'을 드디어 완성했다. 종의 합성은 원래 우장춘의 아이디어는 아니었다. 진화론에 있어 교잡설은 이미 1916년에 등장했었고, 일본에서는 1926년부터 규슈대학의 모리나가 타로盛永俊太郞가 이미 종간교잡, 종간잡종 연구를 시작한 바 있었다.

종간교잡은 동물로 이야기하면 수사자와 암호랑이를 교미해 라이거를 만들고, 수코요태와 암캐를 교미해 코이독을 만드는 식이다. 이렇게 서로 다른 종 사이의 잡종은 아주 드물긴 했지만 자연적으로 발생해 왔다. 그리고 때로는 인위적으로 만들어내기도 하였는데 그 대표적인 것이 노새다. 노새는 말을 길렀던 히타이트족과 당나귀를 기르던 셈족이 이란 고원에서 만남으로써 탄생했다. 노새는 말보다 느렸지만 당나귀보다는 빨랐고, 당나귀보다 지구력은 세지 않았지만 말에 비하면 훨씬 궂은일에 능했다.

이런 종간교접은 식물계에서도 일어나는데 동물의 그것보다 훨씬 복잡하고 어려운 과정을 거쳤다. 요즘은 흔하게 이런 것들을 볼 수 있는데 제주에서는 귤과 오렌지를 교잡해 청견이란 것을 만들어내 특산물로 호평을 받고 있다. 이외 체리와 서양 자두를 교잡한 체리플럼Cherry-Plum, 자두와 살구를 교잡한 플럼코트Plumcot, 매실과 살구의 자연교잡종인 '풍후豊後', 자두와 매실의 자연교잡종인 '이매李梅' 등이 바로 다른 종끼리 교잡해서 인위적으로 만들어낸 신품종이다.

1931년 우장춘에게 주어진 과제는 수확기간이 짧으면서 수확량이 많은 신품종 유채油菜 종자를 개발하는 것이었다. 유채는 중국 원산의 두해살이풀로 기름을 짜낼 수 있는 유료작물油料作物이다. 가을에 파종, 봄에 수확하는 식물이라 논에 벼를 걷고 난 뒤 심어 모내기를 하기 전에 거뒀다. 일본 채종은 수확시기까지의 시기가 짧아서 벼농사를 끝내고 심어도 이듬해 모내기를 하기 전에 거둘 수 있었다. 그러나 이 일본 채종은 병에 약했고 수확량이 적었다. 서양 채종은 일본 채종에 비해 우량했지만 문제는 수확할 때까지 긴 시간을 필요로 했다. 때문에 이모작 작물로 활용하기에는 어려움이 많았다.

우장춘은 이 두 품종을 절충해 병에 강하고 수확량도 많으면서 수확

시기가 빠른 신품종을 만들어내려고 했다. 그런데 잡종은 석녀여서 스스로 종자를 만들어내지 못했다. 가끔씩 약간의 종자를 얻어낼 수가 있었는데, 우장춘은 이 종자에 서양 채종의 꽃가루를 교접해 신품종을 만들어낸다는 아이디어를 내고 실험에 나섰다.

실제 교접을 해보고 염색체를 분석하면서 4년여의 시간이 흘렀다.

그런데 우장춘은 이 연구 과정 중 아주 놀라운 발견을 해냈다. 그는 자신이 연구하던 유채가 자연적으로 발생한 종간교접의 산물이란 것을 알게 된 것이다. 그는 유채가 배추와 양배추의 종간잡종이란 사실을 밝혀내고, 자연계에 이미 존재하고 있는 배추와 양배추를 교접해, 역시 이미 자연계에 존재하고 있는 유채를 만들어 이를 증명했다. 또 그는 단순히 이를 발견, 증명하는 데 그치지 않고 이 세 식물의 세포학적인 관계 또한 규명해냈다. 배추의 염색체는 10개, 양배추의 염색체는 9개였는데 이종교배로 만들어낸 유채의 염색체 수는 19개로 이 합과 같았다. 배추와 양배추, 그리고 유채 간의 세포학적인 관계를 밝히는 염색체 분석에 성공한 것이다.

이를 토대로 우장춘은 기존하고 있는 종간種間의 교잡으로 새로운 종이 탄생되고, 이것은 그들이 지니고 있는 세포 내 염색체 수의 배가에 의한 것異質倍數體形成이라는 새로운 학설을 발표했다. 이를 유전학계에서는 '우장춘의 트라이앵글'이라고 부른다.

우장춘은 어떻게 이런 놀라운 발견, 경이로운 증명을 할 수 있었던 것일까? 유채연구실 소속으로 우장춘을 도왔던 일본인 후배 마츠시마는 "염색체 조합이 전혀 다른 배추와 양배추를 몇만 번이나 교배해서 딱 하나가 성공, 신종을 창작해내고 말았어요. 즉, 지상에서 지금까지 없던 새로운 종을 우 선배가 만들어낸 거예요. 이것은 유전을 공부하는 사람은 누구나 반드시 알고 있는 사실이며, 외국 교과서에도 '종의 합성'의 효시라고 나와 있습니다"라고 밝히고 있다.

이것은 놀라운 연구 결과였다. 우장춘의 트라이앵글, 배가 이론에 따라 드디어 새로운 종을 인위적으로 만들어낼 수 있는 가능성이 열렸다. 훗날 씨 없는 수박도 바로 이 원리를 이용해 만들어진다.

그러나 무엇보다 그의 연구가 큰 의미를 갖는 것은 다윈의 적자생존론을 초월하는 새로운 세계관을 만들어냈다는 점이다. 우장춘 이전에도 이종교잡은 행해졌다. 하지만 그것은 모두 보다 우월한 새로운 품종을 만들어내기 위한 것이었다. 적자생존의 선택항을 넓히는 행위에 불과했지만 우장춘은 기존에 있는 배추와 양배추를 합성해 기존에 있는 유채를 만들어냄으로써 적자생존이 아닌 '상호공존'이라는 자연생태계의 원리를 보여줬다. 적자생존은 약육강식, 우승열패의 세계지만 교잡은 타자가 존재할 때만이 가능하다. 서로 다른 개체가 있음으로 해서 다른 종이 탄생할 수 있다는 것은 생태계의 모든 것에 각자의 가치가 있음을 증명한 것과 다름없었다.

1935년 가을, 우장춘은 학위논문을 도쿄제국대학 농학부에 제출했다. 1930년 가을, 화재로 학위논문을 잃은 지 딱 5년 만이었다. 우장춘은 스나가란 일본 성을 가지고 있었지만 그는 자신의 논문에 '우장춘禹長春'

이라고, 영문 논문에는 'U Nagaharu'라고 썼다. 유채연구실 실원이었던 미즈시마가 이 길에 동행했는데, 우장춘은 제출 절차를 마치자 그의 손을 잡고 "자네와 나가마츠 군에게는 정말로 고맙게 생각하네" 하고 눈물을 보였다고 한다.

당시에는 박사학위라는 것이 극히 드물던 시절이었다. 이듬해인 1936년 5월 4일, 도쿄제국대학은 우장춘에게 박사학위를 수여했고, 이 소식은 NHK 라디오를 통해 방송됐다.

흥미로운 것은 당시 국내 언론 또한 우장춘의 박사학위 소식을 비중 있게 다뤘다는 점이다. 1936년 5월 5일 『동아일보』는 '도쿄 전화 전통'이라며 "일심정력 유채의 연구에 몰두한 선비 우장춘 씨가 도쿄제국대학으로부터 박사학위를 받았다"고 전하고 있다. 그리고 5월 7일자엔 우장춘의 사진과 함께 매우 자세하게 설명을 덧붙이고 있는데 그 내용은 다음과 같다.

농림성 농사시험장 기사 우장춘(38) 씨는 작년 9월에 부라시카 나푸스의 게놈 분석과 그 특수 수정 현상이라는 학위논문을 도쿄제국대학에 제출하였던바 지난 1월 23일에 동 교수회를 통과하고 지난 4일부로 문부성에서는 농학 박사의 정식 학위 수여가 있었다.

씨는 민비사건으로 일본에 망명하였다가 명치 36년에 오항에서 암살을 당한 구한국 시대의 육군 지령으로 있던 우범선 씨의 장남으로 대정 10년에 도쿄제국대학 농과를 우수한 성적으로 졸업하고 이래 농림성 농사시험장에 근무하고 있는 천재 학자라고 한다.

씨의 고향은 경기도 양주군 로해면 쌍문리이며 씨의 논문은 다윈의 진화론을 수정한 500페이지의 방대한 연구논문인바 벌써 구미 각국어로 번역되었으며 세계 학계의 경이의 적이 되었다 한다.

차별과
뼈저린 좌절

우장춘은 1919년 고원으로 농사시험장에 임용돼 1920년 기수 발령을 받았다. 그리고 16년의 세월이 흘렀다. 그는 이미 오래도록 유채연구실장으로 근무해왔으나 여전히 기수 신분이었다. 보통 실장은 고등관인 기사가 맡았으나 그는 기수로서 업무를 해왔다.

"우장춘 씨는 오랫동안 실장으로 근무해왔는데도 여태껏 기수의 자리에 머물렀습니다"라고 도카리는 설명해주고 있다. "그 이유는 전문학교 출신이었기 때문이라고 하는데, 대학 출신이 아니어도 우수한 사람이 박사가 되면 고등관 기사가 된다는 규정은 없지만 관례는 있었죠. 드문 일이긴 하지만 그 선례도 있었습니다. 우선 유명한 소설가였던 나가이 가후의 동생인 나가이 이사부로라는 자가 있는데, 그도 우장춘 박사와 같은 도쿄대학의 실과 출신인데 기사의 자리를 따냈습니다. 그 외에도 내가 기억하고 있는 가키자키, 이 사람은 농업학교 출신으로 사이타마 현 시험장에 있었던 사람인데 1932년에 모리오카에서 기사가 되었습니다. 우장춘 박사도 당연히 자기에게 자격이 있다고 생각했겠죠. 농학 박사가 되었으며 실력은 충분히 발휘하고 있었기 때문이죠."

―『나의 조국』 중에서

우장춘은 기사 승진을 꿈꿨으나 그런 일은 일어나지 않았다. 1937년 봄, 그는 중국 칭따오青島의 목화 농장으로 출장을 떠났다. 우장춘은 고등관 기사가 된다면 외지에 나가도 좋다고 스스로 제안했고, 조선을 거쳐 중국 칭따오로의 장행長行에 나섰다. 칭따오를 둘러보고 온 우장춘은 큰 만족을 표하며 기사가 되어 부임할 꿈에 부풀었다. 하지만 농장장 취임 허가서는 결국 나오지 않았다. 중국인 가운데에는 조선인을 경시하는 자가 많기 때문에 우장춘을 농장장으로 두고는 통솔이 이루어지지 않을 것이라는 반대의 목소리가 농림성 내부에 강하게 감돈 탓이었다고 우장춘의 후배 도카이는 증언했다.

목화 농장장. 우장춘의 논문 중에 목화와 관련된 것은 없다. 그는 왜 목화 농장장으로 가려고 했던 것일까? 묘하게도 그의 은사였고, 그를 농사시험장으로 이끌어준 안도 코타로 교수는 1906년 조선에서 면화 재배 사무촉탁 농사시험장 기사로 근무했다. 1937년 농사시험장장은 바로 이 안도 코타로 교수였고, 이 또한 안도의 배려로 추진됐던 일이 아닌가 싶다. 하지만 결과는 좌절이었다.

'중국인의 통솔이 쉽지 않다'는 건 물론 핑곗거리였을 것이다. 1937년 7월에는 중일전쟁이 일어나고 일본은 본격적인 전쟁의 길에 들어섰다.

일본의 농학자들, 대표적으로는 데라오 히로시 등이 새로운 볍씨를 들고 해외를 돌며 우생학을 설파, 대동아공영 논리를 강화했다.

도쿄대학 강사이자 농경제학자인 후지하라 다츠시藤原辰史는 『벼의 대동아공영권-제국 일본의 녹색 혁명稲の大東亜共栄圏 帝国日本の緑の革命』(2012)라는 책에서 조선, 대만, 만주 등에 보급됐던 품종개량 농업기술이 식민통치 이데올로기를 전파하는 주요한 수단이었음을 분석한 바 있다. 그는 이것을 생태학적 제국주의라고 명명했는데, 대동아전쟁은 밀농사 중심의 영미와 쌀농사 중심의 일본 민족의 전쟁이라는 발상이 있었고, '일본의 벼농사 문화는 다른 벼농사 민족을 선도해야 한다', '양질의 품종을 개발해 식민지에 보급해야 한다'는 사고가 당시 일본의 기술자에게 퍼져 있었다고 기술했다. 그리고 이 책에 낯익은 이름이 하나 나온다. 필자가 우장춘의 연구 업적을 훔쳤을 것이라고 추정한 데라오 히로시가 바로 '벼 또한 야마토 민족이다'라고 하는 테제를 만들어낸 인물이었던 것. 데라오 히로시 등 일본의 농학자들은 식민지 조선의 재래종보다 우수한 일본의 벼를 보급해 일본 민족의 우수함을 보여주려 한 제국주의자였고, 일본 우월주의자였다.

태평양 전쟁의 발발로 일본에서의 우생학, 민족차별주의는 점점 맹위를 떨쳐갔다. 이런 흐름 속에서 조선인 혈통을 가진 우장춘이 고등관 기사가 되어 중국으로 발령받는다는 것은 가능하지 않았다. 그렇기 때문에 우장춘은 더욱 기사가 되고 싶었을 것이다. 조선인 또한 우수하다는 것을 증명하고 싶었을 것이다. 하지만 결국 결과는 좌절이었다.

자신이 기사 발령을 받지 못할 것이란 걸 안 우장춘은 "나는 틀렸어" 하고 탄식했다. 농림성이 이를 허가하지 않았단 것은 그가 국가로부터 거부당했다는 뜻이었다. 결국 그는 농사시험장에 사표를 제출했다.

"이것도 우 박사가 고노스를 그만둘 무렵의 이야기인데요" 하며 도카리는 마지막으로 덧붙였다. "내가 지나가는 말로 '자녀분은 네 사람 모두 따님이니까 이번에는 아들이면 좋겠군요'라고 건네자, 그는 '아냐, 모두 딸이었으면 해. 아들이라면 또 나와 같은 고민을 하게 되겠지. 이러한 고긴은 나 혼자만으로 족해' 하고 말했죠. 이때도 우 박사는 어두운 얼굴을 남에게 보이지는 않았습니다. 가슴속에는 끓어오르는 비애감이 그를 괴롭혔겠지만 표면적으로는 언제나처럼 호탕하고 명랑한 웃음을 터뜨렸습니다. 주위의 분위기를 생각한 것이었죠."

— 『나의 조국』 중에서

우장춘은 다키이瀧井 종묘회사로 자리를 옮겼다. 다키이 종묘회사 사장인 다키이 지사부로瀧井治三郎는 1890년 교토에서 태어나 가업인 종묘업을 물려받았다. 1920년 다키이 지사부로 상점을 설립했고, 1926년 사명을 다키이 종묘로 바꿨다. 그는 품종개량과 종자의 판로 확대에 성공해 사업을 크게 키웠고, 1950년엔 자민당 소속으로 참의원 의원이 되기도 했다.

그의 사업이 새로운 전기를 맞이한 것은 1930년대 중반, 자신이 직접 새로운 우량품종을 육성하기 위하여 연구농장을 창설하면서부터다. 그는 교토 나가오카에 4헥타르의 농지를 1935년 매입한 후, 안도 코타로와 데라오 히로시 등을 만나 농장장을 추천해줄 것을 부탁했다. 이런 인연으로 우장춘은 다키이 종묘 농장장으로 자리를 옮기게 된다. 당시 일본의 종묘회사 중에서는 사카타가 훨씬 크고 더 안정적인 곳이었으나, 사카타 매직으로 큰돈을 벌었음에도 사카타는 우장춘에게 손을 내밀지 않았다.

참고로 우장춘의 뜻과는 상관없이 태어난 다섯째 자녀는 아들이었다. 그리고 4년 후에 얻은 막내도 아들이었다. 우장춘은 모두 2남 4녀, 6남매를 슬하에 두었다.

역적의 아들에서
조선의 영웅으로

　　우범선의 아들이었던 탓에 우장춘 일가는 생활비를 지원받을 수 있었고, 조선인이었던 덕에 학비 또한 지원받을 수 있었다. 그리고 조선인이었기 때문에 우장춘은 국립 농사시험장에 취업할 수 있었다. 조선인이란 사실은 분명 우장춘에겐 큰 생존의 무기였다. 하지만 동시에 그는 조선인이기 때문에 멸시를 받았고, 조선인이었던 탓에 결혼조차 순조롭게 할 수 없었다. 게다가 박사학위를 받고도 기사 승진을 하지 못했다. 조선인으로서 받아야 할 차별에서 그 또한 예외는 아니었다.

　　하지만 그에겐 돌아갈 수 있는 조국조차 없었다. 조선이 이미 일본의 식민지였기 때문이 아니라 아버지 우범선이 '조선의 역적'이란 사실 때문에 같은 고통을 겪고 있는 식민지 치하의 조선인들과 동병상련의 아픔을 나눌 수 없었다.

　　여러 증언에서 확인되듯 우장춘은 아버지 우범선을 분명 자랑스러워했다. 우범선의 후원자이자 우장춘의 양부이기도 했던 스나가 하지메는 앞서 언급했듯 한일병합 이후 큰 분노를 토했다. 김옥균에게 작위를 준다고 했을 때 "그는 일본의 작위를 원하지 않았을 것"이라고 단언했다. 스나가 하지메가 바라본 한말 조선의 개화파는 조국의 근대화에 목숨을 바쳤던 혁명지사였다. 그리고 그 인식은 우장춘에게 전달됐을 게 분명했다.

그러나 아버지 우장춘이 혁명지사라는 인식을 가진 우장춘은 감히 조선인들 앞에 나설 수 없었다. 아버지 우범선은 국모 시해의 역적으로 조선인의 손에 암살을 당한 처지였다. 유년의 트라우마 탓에 그가 조선인을 경계했을 수도 있고, 성장기의 어느 모퉁이에선가 같은 재일조선인들로부터 공격적인 언사를 당했을지도 몰랐다. 그는 조선총독부 장학생으로 학비를 지원받았지만 1919년 2월 8일 도쿄 유학생들이 독립선언서를 발표할 때도 함께하지 않았다. 1924년 간토 대지진 당시 조선인들이 학살당할 때도 그는 국외자의 태도를 취했던 것이 분명했다. 장성할 때까지 우장춘이 재일조선인과 교류했다는 정황은 거의 발견되는 것이 없다.

조선인이라는 이유로 차별을 감수하며 사는 것도 서러운데, 같은 조선인에게선 친일파의 후손이라고 손가락질을 받아야 하는 아이러니, 그것이 인간 우장춘이 태생적으로 가지고 있던 비극이었다. 때문에 그는 태어날 아이가 딸이기를 바랐다. 성을 물려받아야 할 아들이라면 자신과 같은 고민을 거듭해야 할 테니까. 그는 아버지로서 차마 그 고통을 물려주고 싶진 않았을 것이다. 우장춘은 한일 그 어느 쪽에도 속하지 못한 붕 뜬 존재에 불과했다.

그런데 박사학위를 받은 이후 그의 인생에 커다란 변화가 찾아왔다.

일본이 그를 버린 것과 동시에 조국 조선이 그의 곁에 다가왔던 것이다. 우장춘이 박사학위를 받았다는 사실은 '도쿄 전화 전통', 즉 속보로 조선에 전달됐다. 그리고 이틀 후엔 사진과 함께 자세한 기사가 실리기까지 했다. 몇 면 안 되는 지면에 세로쓰기로 축약에 축약을 더해 간행되던 당시의 신문에 일본에서 공수했을 사진까지 소개했다는 것은 당시의 신문 편집진들이 그 기사를 얼마나 중요하게 생각했는지를 여실히 보여준다. 조선인이, 조선의 아들이 자랑스럽게도 일본 최고의 대학이자 당대 아시아 최고의 대학이던 도쿄제국대학에서 박사학위를 받았다는 사실에 조선인들은 고무됐다.

조선인이 도쿄제국대학에 들어가는 일 자체가 드물던 시절이었다. 도쿄제국대학 득문과를 졸업한 김사량이 1935년 쓴 「빛 속에서」란 소설은 당시 조선인들에게 있어 도쿄제국대학 학생이란 것이 무엇이었는지를 여실히 보여준다. 이 소설은 재일조선인 교사와 조일혼혈朝日混血 소년의 정체성 찾기의 과정을 그려 일본의 대표적인 문학상인 '아쿠타가와 상芥川賞' 후보에까지 오른 작품인데, 줄거리는 다음과 같다.

도쿄제국대학 빈민구제회인 S회 멤버인 주인공은 시민교육부에서 아이들을 가르치는 자원봉사 활동을 한다. 그리고 그곳에서 일본인 건달 아버지와 조선인 어머니 사이에서 태어난 야마다 하루오란 소년을 만나게 된다. 소년의 아버지는 말이 일본인이었지, 역시 조선인 어머니에게서 태어난 터라 하루오는 할머니와 어머니까지 두 명의 조선인을 직계 혈통에 둔 셈이었다. 하루오에게 조선인이란 천하디 천한 존재였고, 그는 자신이 조선인이라는 사실을 받아들일 수 없어 자신의 어머니조차 부정한다. 그런데 그의 앞에 도쿄제국대학에 다니는 조선인 선생이 나타난 것이다. 조선인이 제국대학에 다닌다는 것은 하루오에겐 상상할 수도 없는 일이었다. 그는 그 선생을 통하여 조선인이란 혈통을 다시 바라보게 되고, 서서히 자신의 정체성을 찾아간다.

"아니!" 소년은 눈을 크게 떴다. "선생님도 제국대학생인가요?" 그는 정말로 놀란 것이 틀림없었다.
"조선 사람도 넣어주나요?"
"그야 누구나 다 넣어주지. 시험만 잘 치면……."
"거짓말이에요. 우리 학교 선생님이 다 말해주었어요. '요 조선놈, 할 수 없구만. 소학교에 넣어준 것만 해도 고맙게 생각해라' 하고."
(……)
격노한 이군은 다시 달려들어 야마다의 잔등을 힘껏 걷어찼다. 하루오는 비칠거리면서 나에게 안기자 앙 하고 울음을 터뜨렸다.
"난 조선 사람 아니에요. 나는, 조선 사람 아니에요. 그렇지요, 선생님."

나는 그의 몸을 꼭 껴안아주었다. 나의 두 눈에는 핑 하고 뜨거운 것이 고였다. 자포자기한 듯 자제력을 잃고 덤벼든 이군의 행동이나 이 소년의 애처로운 부르짖음이나 나는 어느 쪽도 나무랄 수 없는 심정이었다.

(……)

"저, 부탁할 게 있습니다."

"말씀하시오."

"부탁합니다. 저 쾌 하루오를 상관 말아주세요."

"……"

나는 듣묵히 그 여자를 지켜보았다. 그 여자는 금시 울음을 터뜨릴 것만 같았다.

"하루오는 혼자 잘 놉니다."

하지만 상처가 쑤시는 듯 그 여자는 다시 죽은 사람처럼 되었다. 그래도 모기 소리만 한 신음 소리는 들렸다.

"혼자서 여러 아이들의 목소리도 흉내 내고 떠들썩하게 논답니다. 춤을 잘 추지요. 난 슬펐어요. 어디서 보고 와서는 혼자 열심히 춥니다. 그리고 그 애도 울었습니다."

"역시 조선 사람이라고 밖에서 수모를 받기 때문인가요?"

"그러나 지금은 울지 않습니다."

그 여자는 힘주어 부정했다.

"하루오는 일본 사람입니다. 하루오는 그렇게 생각하고 있어요. 그 애는 내 아이가 아니에요. 그걸 선생님이 방해하는 건 좋지 않다고 생각해요."

"난 한배에 씨도 낙조선에서 태어났단 말을 들었는데요."

"예, 그래요. 어머니가 나처럼 조선 사람이었어요. 하지만 지금은 조선이란 말만 해도 그 사람은 성을 냅니다."

"그렇지만 하루오 군은 조선 사람인 나를 몹시 따른답니다. 사실은 지난밤에 그 애가 내 방에서 자고 갔습니다."

―김사량, 「빛 속으로」 중에서

도쿄제국대학에 조선인이 다닌다는 것조차 믿기 어려운 시절에 우장춘은 도쿄제국대학에서 박사학위를 받았다. 그는 박사학위를 받음으로써 조선인이 일본인에 비해 결코 열등하지 않다는 사실을, 오히려 우수하다는 사실을 증명했으며, 그런 의미에서 그는 조선의 영웅으로 부각됐다.

당시 신문은 "씨는 민비사건으로 일본에 망명하였다가 명치 36년에 오항에서 암살을 당한 구한국 시대의 육군 지령으로 있던 우범선 씨의 장남"이라고 명확히 밝혔다. 그러나 이미 국권을 잃은 지 25~26년이 지나고 왕실에 대한 향수조차 사라진, 아니 오히려 한말의 혼란과 무기력의 주범이었던 조선 왕실에 대한 분노로 가득 찬 1930년대 중반에 우장춘의 혈통 따위는 아무래도 좋았다. 우장춘은 조선인이었다. 그 사실이 중요했다.

조선인이 도쿄제국대학에서 박사학위를 땄다는 사실에 모두들 고무됐고, 우장춘의 주변에 조선인들이 몰려들기 시작했다. 니혼대학 영문과를 나와 영자신문사에 근무 중이던 김종金鍾도 그중 하나였다. 김종은 우장춘이 우범선의 아들이란 사실에 흥미를 느끼고, 그 기구한 인생사를 취재하러 농사시험장으로 우장춘을 찾아갔다. 우장춘이 우범선의 아들이라는 것을 아는 조선인과의 만남. 김종은 우장춘을 어떻게 바라봤으며, 또 우장춘은 이 김종의 방문을 어떻게 받아들였을까?

과거사에 대한 시시비비는 두 사람에게 없었던 듯하다. 김종은 우장춘보다 열 살 연하였는데 두 사람은 같은 조선인이라는 사실 하나만으로 의기투합했다. 김종은 수많은 차별과 고난을 이겨내고 우뚝 선 우장춘을 흠모했던 듯싶다.

김종이 김자일이라는 필명으로 『동아일보』에 기고한 '진화론의 신개척'이란 글은 그가 우장춘이란 학자를 얼마나 위대하게 생각했는지를 여실히 보여준다.

작년 봄 문부성으로부터 농학 박사의 학위 수여를 받은 것은 조선 사람으로서는 농학계에서 최초이니만큼 당시 도쿄 AK 방송국과 일본 내지內地 또 조선의 각 신문을 통하여 세간에 보도된 바이니와 동 논문이 일본을 비롯하여 구미의 각 과학잡지, 신문에 대서특서로 소개되어 세계 학계에 대센세이션을 권기하고 탁사의 신학설이 다윈 이후의 진화론, 멘델 이후의 유전학에 일대 신개척을 주는 학계의 불후의 공탑을 쌓게 된 것이다. 박사의 논문 심사원의 일인이었던 도쿄제대 노구치 고수는 우 씨의 학설에 '진화론의 신개척'이라는 격상의 러 테르를 부쳐놓았다.

박사는 정직정명正直正銘의 학자적 성격의 소유자로 일본 지역에 있는 조선인 학자 및 기술가의 최고봉이다. 보편과 통속에서 거리를 멀리하고 있는 만큼 이해가 감부減溥한 조선의 과학사회에 아직도 잘 알려지지 못하였음이 유감인바 이제 필자가 간단하나마 박사의 학설을 가급적 평이하게 해술하여 그 개요나마 독자 제위께 소개하게 되었음을 기뻐하는 동시에 이 졸고는 박사의 논문을 역술하는 것이 아니요, 필자가 자유로 간이 해술하는 바임으로 본고의 문장 문구의 졸렬이나 오류는 그 책責이 전연 필자에게 있음을 선명하여 두는 바이다······.

―『동아일보』 1937년 12월 28일자

김종의 투고에 이어 우장춘 또한 『동아일보』에 「유전과학 응용하는 육종개량의 중요성」이란 기고를 싣기에 이른다. 1938년 1월 13일, 14일자에 나눠 실린 이 기고문에서 우장춘은 조선 농업, 농학 발전에 대한 관심을 표하였다.

······자연계의 각종 생물은 전능한 조물주가 일시에 전부를 창조하였다는 종교적 창조설을 오랫동안 맹신해오다가 생물 진화의 과정을 과학적으로 실험 서술한 다윈의 진화론이 획세기적으로 과거의 몽을 계하였고, 그 후 천주교 신부 멘델 선생이 승원의 정원에서 수많은 종류의 식물을 교배 실험한 결과 일대 진리를 투득하는 동시에 수학적으로 생물유전의 법칙과 과정을 분석 해부하여 과학적 실험

유전학의 학설체계를 완성하였다.

위대한 것은 과학이다. 정치적으로, 경제적으로 온갖 사회기구란 모두가 이 과학을 토대로 한 상층구조에 지나지 않는 것이니 과학의 발달만이 엄청난 사회기구를 전복도 하고 건설도 할 수 있는 무한한 동력을 가진 것이다. 따라서 인류의 복리를 이 과학의 진보에 의거하지 않고 어디서 찾을 것이랴.

……필자의 연구 발표인 필자의 학위논문의 주재료로 종의 인위적 합성에 대하여 한마디 쓰려 한다. 종래의 신품종 육성시험은 물론 전부 멘델의 유전법칙에 의거한 변이의 이용으로서 동종 내 품종간잡종을 처리함에 불과하였던 것이다. 그런데 필자가 농림성 농사시험장에서 채종의 육종시험에 제하여 이종간 잡종시험에 성공하여 금후 일반적으로 그 실용화에 입시하려 하고 있다.

종래 필자의 품종개량의 대상 식물인 유지원료 채종은 통칭 조선 채종 학명 부라시카 나푸스라는 구주歐洲종과 동일종으로 염색체수가 19개 재래의 채종(백채류 부라시카 캠페스트리스)은 10개, 감람류 부라시카 캠페스트리스는 9개인바 재래 채종과 감람과의 염색체수의 합계가 조선종의 염색체수와 일치하는 것을 알게 되어 필자가 그 인위적 합성을 시험한 결과 교배 제일대에 곧 조선종 채종과 동물同物이 성립되는 흥미 있는 현상을 발견하게 되었다.

이 시험의 성공으로 인하여 금후 육종상 종간잡종 이용의 기초를 확립함에 지至하였을 뿐 아니라 생물학상 종의 기원의 한 실례가 되는 동시에 진화론상의 큰 자료가 되었다.

　(……) 조선의 육종계는 아직 처녀지대 그대로 남아 있다. 조선의 고유한 품종을 개량하고 북돋아 기르는 것이 육종가와 농촌 제위의 협심육력할 목하의 급선무이거니 금후 더욱 다방면으로 많은 협력과 지도와 애고를 아끼지 않아주시길 간망하야 마지않는 바이다.

한편 우장춘은 아버지 우범선이 조선에 두고 온 이복누나와도 만나게 된다. 앞서 언급한 신문 기사는 우장춘의 고향을 '경기도 양주군 로해면 쌍문리'라고 밝히고 있다. 우장춘은 분명 일본에서 태어났다. 그런데 그의 고향으로 언급된 경기도 양주군 로해면 쌍문리는 어디일까?

쌍문리는 우범선의 부하, 강원달康元達이 살고 있던 곳이다. 우범선은 본부인 서길선 사이에 두 딸을 두었는데 강원달은 그 차녀 우희명과 결혼했다. 강원달은 우범선의 본부인 서길선과 미혼으로 살다 젊은 나이에 생을 마감한 처형까지 자신이 맡아 돌봤다. 우장춘이 태어났을 때 우범선은 한국의 호적에 우장춘을 올리게 했는데 본부인 서길선이 강원달의 집인 양주에 있었으므로 그곳이 본적으로 기록된 듯하다.

강원달은 우범선이 일본으로 망명한 뒤, 일본을 오가며 우범선을 만났으며 역시 개화파의 일원으로 황태자 양위 음모사건 등에서 활약했다. 그리고 1910년 한일병합 이후 양주 군수 등을 맡았으며, 양주 금융조합 사장을 지내기도 했다. 1925년까지 양주 군수를, 그리고 1936년까지 로해 면장을 지냈다.

우범선 사후, 강원달 등이 우장춘 모자와 교류해왔는지는 확실치 않다. 그러나 우씨 일가에게 있어 우장춘은 호주였다. 아버지 우범선이 죽은 광무 7년(1903), 아들 우장춘이 호주가 됐고, 배다른 누이였던 우희명은 분명 그를 만나고 싶어 했을 것이라 생각한다.

박사학위를 받은 우장춘은 아버지가 두고 간 가족을 만나기 위해 양주를 찾았다. 그가 칭따오 면화농장의 농장장이 되기 위해 사전 시찰을 가던 길이었을 것으로 생각된다. 우장춘은 1950년 환국 당시, 고국을 방문해본 적이 있느냐는 기자의 질문에 "8년 전에 와본 적이 있다"고 대답한 바 있다. 이는 바로 1937년, 양주를 방문했을 때의 이야기가 아닌가 싶다.

우장춘은 가족으로서 이복누나 우희명을 만났고 서길선의 산소에 참배했으며, 그들과 오붓한 한때를 보냈다. 이들이 어떻게 서로 만나게 되었는지는 확실치 않다. 혹자는 김종이 주선한 것이 아닌가 하나, 필자의 견해로는 우장춘이 박사학위를 받았다는 소식을 신문 등을 통해 접한 우희명이 직접 편지 등으로 연락했을 가능성이 크지 않나 싶다.

이 시기 우장춘이 조선과의 접점을 넓혀가고 있었다는 사실은 김근배 교수의 논문에 잘 드러나 있다.

이것이 계기가 되어 우장춘은 한국에 있는 질녀에게 김종을 소개하여 결혼하게 했으며 일본에 유학 중인 이모의 한국인 아들을 한동안 자신의 집에 데리고 있기도 하였다.

그뿐만 아니라 우장춘은 일본에서 한국인들과의 만남을 보다 넓혀 나갔다. 1937년 교토에 있는 다키이 종묘회사의 초대 연구농장장으로 자리를 옮긴 그는 김종을 편집기자로 채용하여 원예 육종 잡지의 일을 맡겼다. 이 연구농장에는 이후 한국인 청년 5~6명이 견습생으로 근무했는데, 이것도 우장춘의 배려나 호의에 힘입은 결과였을 것이다.

이로써 우장춘은 한국인들과 자연스럽게 어울렸고 서로 가까워질수록 한국인들끼리의 모임도 갖게 되었다. 또한 교토제국대학에는 한국의 과학자를 대표하던 교토 3인방으로 불린 이태규, 이승기, 박철재, 그리고 농학자 민관식 등이 있었는데 우장춘은 이들을 찾아가서 교류를 가졌다.

육종학자로서 우장춘은 당시 한국의 육종 실태에 관심을 가지며 학문적 만남도 갖게 되었다. 한국에 돌아가 보성전문학교 농장 기사로 근무하던 김종은 한국과 만주를 시찰한 후 이들 지역의 채소 및 과수재배에 관한 책들을 썼고 그에 대해 우장춘은 감수를 해 주었다. 이 책들이 일본에서 출간된 것도 우장춘의 주선과 도움에 힘입었을 것으로 생각된다. 그리고 연구농장에서 우장춘 주도로 발간하던 『육종과 원예』에는 한국 배추와 무의 품종 및 채종에 관한 글이 시리즈로 실린 적이 있었다. 전황이 불리해진 일본이 한국에서 채소 육종사업을 새롭게 계획하며 인력 충원을 요청했을 때 우장춘은 김종을 추천하였다. 이로써 우장춘은 한국에서 재배되고 있는 배추와 무를 비롯한 채소 전반의 열악한 실정을 비교적 상세히 알게 되었던 것이다.

　이렇듯 우장춘과 한국의 만남은 1930년대 후반이 되면 혈연적·인간적 학문적 측면에 이르기까지 다양해졌다. 우장춘과 한국은 혈연관계와 같은 개인적 차원에서만 맺어져 있는 것이 아니라 한국인들과의 교류, 한국 채소 육종의 이해를 포함한 민족적 차원으로까지 진전되고 있었던 것이다. 우장춘은 점차 일본인으로의 귀속에서 벗어나 한국인으로서의 자각을 하게 되었지만……..

— 김근배, 「우장춘의 한국 귀환과 과학 연구」 중에서

조국 조선이 그를 '우겁선의 아들'이 아니라 '조선의 아들'로서 품는 순간, 우장춘 또한 드디어 조국을 향해 다가오기 시작했다. 조선인 모두가 망국민이 되어 설움을 겪던 시절, 그때 조선인은 모두 하나였다. 우장춘에게 있어선 정말 놀라운 해빙의 순간이었다.

이성을 잃은
시대

　　1936년 12월 12일, 중국 동북군 총사령관 장쉐량張學良이 국민당 정권의 총통 장제스蔣介石를 산시 성의 성도省都 시안西安 화청지에서 납치·구금하는 사건이 벌어졌다. 장쉐량은 원래 만주의 군벌이었으나 1931년 일본이 만주에 괴뢰정권인 만주국을 세우자 고향을 떠나 장제스에 의탁한 인물이었다. 그는 아버지 장쭤린張作霖이 일본군이 폭파한 열차에서 사망하자 일본에 대한 극한적인 적개심을 품었고, 공산당을 토벌하는 것보다 일본에 맞서 싸우는 것이 우선이라는 논리를 폈다. 결국 장제스가 이를 받아들이고 나서야 장쉐량을 석방했다. 시안사건 이후, 장제스는 국공합작에 나섰으며 중국 국민당 정부 안에 있던 친일파 관료들의 숙청이 이루어졌다. 이에 일본은 7월 7일 노구교사건을 일으켜 대륙 침략을 단행했다. 그것이 바로 1945년 8월 15일 일본이 패망할 때까지 무려 8년간 이어진 중일전쟁의 시작이었다. 중일전쟁은 20세기 아시아에서의 최대 규모의 전쟁이었으며, 일본은 중국에 대한 미국의 지원을 끊기 위해 태평양전쟁까지 일으켜 패망의 길에 들어서게 된다.

　　중일전쟁 발발 두 달 후인 1937년 8월 26일, 우장춘은 농사시험장을 사직했다. 그리고 그 하루 전날, 그에 대한 마지막 선물로 기사 승진이 이루어졌다. 단 하루뿐이었지만, 어찌 됐건 우장춘은 기사로서 농사시험장을 떠날 수 있었다. 그리고 같은 해 9월 7일에는 메이지 훈장을 받았는데 훈6등에 올랐고, 연금으로 매년 634엔을 받을 수 있게 되었다.

1937년 9월 11일, 그는 다키이 종묘주식회사 기사장에 취임했다. 그의 연봉은 3000엔, 월급으로 따지면 대략 250엔 정도였다. 당시 백미 10kg의 가격이 2엔 15전, 교원의 초임이 50엔이던 시절이니 상당한 고연봉자였던 셈이다. 게다가 다키이 종묘회사는 우장춘에게 25엔이라는 집세를 지불해 넓은 사택을 제공해주기까지 했다. 여러모로 대접을 잘 받은 셈이다.

중일전쟁 초기, 일본군은 순식간에 베이징, 텐진을 점령하며 압도적인 우위를 보였다. 그러나 8월 상하이 공략에 나선 일본은 무려 3개월간 고전을 펼치며 많은 피해를 입고 말았다. 1930년대 초 중국 내 독일 군사고문으로 파견된 팔켄하우젠 장군과 젝트 장군이 상하이에 강력한 벙커밭을 조성해놓은 데다 그곳에 장제스 정예부대가 버티고 있었기 때문이었다. 일본은 상하이 점령에 성공했으나 너무 많은 피를 흘리고 말았다. 상처받은 짐승이 된 일본군은 난징으로 진격, 중국 민간인들을 상대로 무차별적인 살육, 방화, 강간 등을 자행했다. 이른바 난징 대학살이었다.

이미 일본은 이성을 잃고 있었다. 1938년 국가 총동원령이 일본, 조선, 대만 등에 내려졌다. 조선에서는 한글 사용을 금지했으며, 신사참배神社參拜, 궁성요배宮城搖拜, 창씨개명創氏改名 등을 강요했다. 그리고 전쟁이 장기화되면서 전쟁 물자와 인력 조달이 어려워지자 조선인에게도 국민징용령國民徵用令을 적용시켜 전쟁에 동원했다.

조선은 말할 것도 없고 일본에서도 전시체제하에서 식량 부족 상태에 빠져들었다. 당장 식량문제 해결에 도움이 될 연구 외에 다른 연구는 사치스러운 것으로 취급받았다. 더욱이 다키이 종묘는 국립 농사시험장과는 달리 사기업이었고, 우장춘은 초대 농장장으로서 농장의 기초를 다져야 했다. 우장춘은 다키이 종묘회사에서 8년간 근무했는데 학자로서의 연구는 그다지 주목할 만한 것을 내놓지 못했다. 하지만 갓 생긴 종묘장의 기초부터 실제까지 모든 것을 총괄했던 경험은 이후 귀국해 불모지와 같던 한국 농업의 기틀을 닦는 데 유용하게 쓰였다.

다키이 시절 우장춘이 했던 일들은 훗날 대한민국으로 돌아와 이룩한 그의 업적과 겹친다.

우장춘은 '김치의 은인'이라고도 불리는데 이는 그가 귀국 후 재래종 배추와 무의 품질을 개량, 오늘날 우리가 먹는 배추와 무 종자를 만들어냈기 때문이다. 그런데 무와 배추 등에 대한 연구는 우장춘이 다키이 농장장 시절 어느 정도 완성을 본 것들이었다. 훗날 귀국을 전제로 한 연구가 아닐지라도 조선 현실에 맞는 채소 종자를 개발해 조국에 기여하려는 의도는 분명 있었던 것이 아닌가 싶다. 앞서 언급했듯 한국에 돌아가 보성전문학교 농장 기사로 근무하던 김종은 한국과 만주를 시찰한 후 이들 지역의 채소 및 과수재배에 관한 책들을 썼고 그에 대해 우장춘은 감수를 해준 바 있었다.

다키이 농장에는 5, 6명의 조선인 견습생이 있었다. 당시 다키이 농장 견습생의 정원은 15명에 불과했으니 조선인들의 비중이 상당히 높았던 셈이다. 우장춘은 일주일에 한 번, 이들 조선인 청년들만을 상대로 강의를 하는 등 큰 애정을 토했고, 태평양전쟁이 격화되던 시기에 이 모임은 격론을 나누는 매우 톷온한(?) 성격으로 변모해갔다고 한다.

1941년 12월 일본은 하와이 진주만을 공습, 미국의 태평양 주력 함대를 파괴하였다. 이제 전쟁은 아시아를 넘어 태평양으로 확대되었다. 일본은 홍콩, 마닐라, 싱가포르를 점령하고 인도네시아에 진출, 남태평양의 광대한 지역을 점령해 군정을 실시하였다. 일본은 이 전쟁의 목적이 구미 열강의 지배에서 아시아를 해방시키고 '대동아공영권大東亞共榮圈'을 건설하는 것이라고 선전하였다.

전쟁은 사상전의 양상으로 번져갔고, 인종주의와 우생학이 기승을 부리기 시작했다. 우생학은 인간을 유전적으로 개량하는 것을 목표로 과학적으로 연구하는 학문으로 이미 일본에서는 이에 관한 논의가 19세기 말부터 있었다. 우생학은 자연생태계의 다른 생물들과 마찬가지로 인간에게도 태생부터 우량자와 열등자가 있다는 사고방식을 전제로 한다. 다윈의 진화론에 따르면 당연히 적자생존의 법칙에 따라 세계는 점차 우량자가 늘어날 것이지만, 우생학자들은 인위적인 방법으로 이 속도를 보다 빠르게 할 수 있다고 보았다. 힘이 세계의 신이요, 진리인 시대에 나온 제국주의적이고 인종주의적인 발상이었다.

가령 세계 대공황기인 1920년대 중반, 일본 우생운동의 중심에 있었던 이케다 시게노리池田林儀는 노동, 실업, 부인 문제 등 사회문제의 원인이 빈곤에 있다고 보았다. 그리고 이 빈곤을 야기하는 주요 원인이 인구문제라고 파악하고 산아제한, 이민 등의 방법을 통해 인구 증가 문제를 해결해야 한다고 주장했다. 더 나아가 인구제한은 단순한 피임이나 낙태가 아니라 열등자를 줄이고 우등자를 늘려 국가 국민의 질을 향상시키는 방향으로 나아가야 한다고 주창했다.

이케다 시게노리는 우생운동에는 '적극적 또는 건설적 운동'과 '소극적 또는 제한적 운동'의 두 종류가 있다고 보았는데, 적극적인 방법으로는 우생자의 결혼율을 증가시키고, 우생자 부부의 출생률을 높이는 것이라고 했다. 또 소극적으로는 열등자의 결혼율을 감소시키고 열등자 부부의 출생률을 줄이는 것이라고 말했다.

이런 우생학은 조선으로 건너가 일찍이 이광수가 후쿠자와 유키치 등의 영향을 받아 '민족개조론'을 주창한 바 있었다. 또 이광수는 1930년대 윤치호, 여운형, 유억겸, 주요한, 최두선, 김성수, 이광수, 현상윤 등과 더불어 조선우생협회를 창립하기도 하였다.

(……) 우생학의 근본적 정신은 이상에 말한바 '스파르타' 민족의 사상 또는 '플라톤'과 '니체'가 주창한바 극단적 인위도태를 반대하는 동시에 미래의 인종을 개량해서 우량한 분자를 증가시키며 장래 사회에 해독을 끼칠 저열한 분자를 될 수 있는 대로 감소케 하자는

데에 있다.

―이갑수, 「세계적 우생운동」, 『우생』 제1호 중에서

그러나 조선의 우생운동은 단지 제한적인 방법만을 써야 한다고 한정지어 일본과의 그것과는 확실하게 선을 그었다.

전쟁과 함께 이 우생학은 놀라울 정도의 맹위를 떨치기 시작했다. 산모 관리와 국민 체육교육 등이 실시됐고, 색맹증, 농아, 맹인, 전간, 백치 등 폐질, 불구자, 악질자뿐 아니라 빈민, 실업자, 불량아 들을 분류해 단종 또는 격리하는 조치가 취해졌다. 조선총독부는 1934년 소록도에 한센인들을 가두고 강제 단종을 실시했으며, 병적인 민족주의에 빠졌던 독일 나치는 1942년 아우슈비츠에서 유대인을 대량 학살했다.

힘의 논리, 약육강식의 논리는 당시 시대사상의 모든 면에서 드러난다. 대동아공영 이데올로기를 강화하기 위한 일본 학계의 총력질주가 시작됐다. 주지하다시피 아시아는 대부분 서구의 식민지가 됐고, 일본 또한 미국에 의해 강제 개항된 나라였다. 서구, 영미에 대한 두려움을 아시아 제국민들에게서 벗겨내야 했던 터라 동양인의 우수성이 강조되기 시작했다. 마루야마 마사오丸山眞男는 미국의 개항에 의해 일본에 근대가 이식된 것이 아니라 이미 오규우 소라이荻生徂徠로부터 근대는 시작됐다는, 우리나라로 치면 영·정조 근대 기점론을 들고 나왔다.

또 우장춘의 상사였던 데라오 히로시는 1941년 농사시험장장에 올랐고, 같은 해 입각해 중앙우생심의회 위원이 되었는데, "작물에 있어

모든 환경, 상황에 대한 우성은 없다. 그 환경에 맞는 적자가 있을 뿐이다"라는 논리로 대동아공영 이데올로기 전파에 앞장섰다.

우장춘은 1942년 7월부터 1944년 7월까지 잡지『원예와 육종』을 발행했는데 전쟁으로 인한 극한 상황에서 이런 학술지를 발행할 수 있었던 것은 육종학계에 어떤 역할이 주어졌기 때문일 것으로 보인다. 그러나 우장춘은 데라오 히로시와는 사상적으로, 학문적으로도 또 민족적으로도 갈 길이 달랐다. 그는 이 잡지의 편집을 만주에서 돌아온 김종에게 맡겼으며, 집단도태에 의한 육종법을 비판하고 체계적 육종을 주창했다.

"채소류에 있어서도 마찬가지로 각각의 종류와 품종의 특성에 따라서 체계를 세운 육종방법에 의하지 않고 다만 재래식 육종가에 비견하는 집단도태법으로는, 오늘날의 품종 등록조차도 하지 않는 이 마당에 등록품종의 일정한 품위를 지닌 종자의 생산이 불가능하다는 점을 밝혀두지 않으면 안 될 때입니다."

이는 우장춘이 1943년 11월 23일 오키즈에 있는 농상무성 원예시험장에서 개최된 일본종묘협회 주최 종묘강습회에 참가하여 강연한 내용으로,『원예와 육종』제2권 제2호에 게재된 것이다. 우장춘은 집단도태법의 대안으로 망실을 활용한 방법을 내놓았다. 망실은 꽃가루의 교잡을 방지하기 위한 것으로서 원종을 넣어서 개화 직전에 망을 씌우고,

원종끼리의 꽃가루의 매개로는 벌을 실내에 넣어서 순백채종을 하는 방식이었다. 우장춘은 당시로서는 진귀했던 망실을 다키이 농장에 설치하고 이 방법을 활용했다.

우생학과 유전학은 밀접한 연관이 있지만, 사실 유전학의 발달은 거꾸로 우생학의 이론적 토대를 비판하는 방향으로 나아갔다. 어떤 열등 형질의 제거는 우생학자들의 생각과는 달리 쉽게 이루어질 수 있는 것이 아니라는 사실이 밝혀졌다. 또 정신지체를 야기하는 유전인자가 존재하리라는 생각 또한 부정되었다. 유전학은 우생학을 낳았지만, 발달된 유전학은 오히려 우생학의 기초를 부인하는 결과를 가져왔다. 결국 1920년에서 1940년 사이 유전학과 우생학은 갈라서게 되었다. 우생학은 더욱 공격적인 인종주의 이데올로기로 무장해갔고, 우장춘 등과 같은 양심적 유전학자들은 매우 소극적인 형태로 자기 연구에만 몰두할 뿐이었다.

당시 일본 안에서도 우장춘과 비슷한 생각을 가진 학자들이 있었다. 그 대표적인 인물이 바로 교토대학의 기하라 히토시木原均 박사였다. 두 사람은 당시 매우 절친한 관계를 유지하며 서로의 연구실을 찾아 담소를 나누는 일이 많았다고 한다. 공교롭게도 두 사람 모두 2차 세계대전에서 일본이 패망할 것이라 예상하기도 했다.

기하라 히토시는 일본 유전학의 기틀을 마련한 인물로, 동시대 일본에서 우장춘과 비슷한 연구를 수행했는데, 우장춘이 개발한 것으로 잘못 알려진 '씨 없는 수박'의 개발자이기도 하다. 우장춘 박사의 트라이앵글 이론과 기하라 히토시의 게놈 분석은 당시 일본 유전학 연구의 금자탑 같은 것이었다. 두 사람의 연구는 앞서거니 뒤서거니 하며 발전해 나갔는데, 기하라의 연구 업적을 보면 우장춘과 유사한 부분이 많다.

생물세포가 분열할 때 핵에 둘러싸인 유전물질 DNA는 염색체로 모습을 바꾼다. 그것은 새롭게 형성되는 두 개의 세포에 DNA가 균등하게 배분되게 하기 위해서이다. 이 염색체는 생물의 종류에 따라 수, 형태, 크기 등이 다르다. 기하라가 연구 재료로 삼았던 소맥(밀) 속은 14체, 28체, 42체 등 몇 개의 종류가 있는데, 기하라의 스승인 사카무라 테츠坂村徹는 그것들 사이에 배수성倍数性이 있다는 것을 발견했다. 사카무라는 이들 염색체수가 다른 종들을 교잡해 잡종을 만들 때 염색체가 어떻게 행동하는지 관심을 가지고 28체의 밀(4배체)과 42체의 밀(6배체)을 교잡한 잡종, 즉 5배체에서 조사할 계획을 세웠다. 기하라는 1919년부터 이것을 이어받아, 이 잡종을 포함해 소맥속屬 잡종이 성숙분열(생식세포를 만들 때의 세포분열) 할 때 염색체가 어떤 행동을 보이는지, 차세대 이후 염색체가 어떻게 전달되는지 등을 연구했다. 이를 통해 그는 밀에는 7체의 염색체가 1조組가 되어 최소한의 유전적 기능을 수행하고 있다는 것을 발견했고, 이 1조의 염색체에 대해 게놈이란 명칭을 부여했다. 이것이 게놈설이다. 게놈설은 1920년 윙클러가 반수성의 염색체 1조를 게놈이란 용어로 사용하기를 제일 처음 제창했는데, 기하라 히토시는 1930년 여기에 기능적 내용을 부여하여 각종 생물이 생존하는 데 꼭 필요한 염색체의 1조를 게놈이라고 규정했다. 게놈설에 의하면 4배체의 밀은 4개의 게놈을, 6배체의 밀은 6개의 게놈을 가지고 있다.

기하라는 게놈설에 기반을 두고 배수성을 가진 식물의 연관관계의 해명에 나섰다. 배수체라도 같은 게놈에 의해 구성돼 있는 것(가령 AA나 AAAA)도 있고, 서로 다른 게놈으로 성립돼 있는 것(가령 AB나 AABB)도 있다고 설명했다. 그리고 전자를 동질배수체, 후자를 이질배수체라고 불렀다. 기하라는 밀의 세포유전학적 연구로 1943년 은사상恩賜賞을 받았다.

기하라는 이런 게놈 분석에 의해 보통 밀의 양친이 마카로니밀과 타르호밀일 것이라고 추정했다. 그리고 이를 확실하게 증명하기 위해 탐색대를 조직해 1955년에 타르호밀을 구하러 아프가니스탄으로 떠났다. 그는 귀국 후 타크호밀과 이립계二粒系 밀을 교배해 일반 밀의 합성에 성공, 밀의 기원을 과학적으로 확인하였다.

우장춘이 재래종 배추와 양배추를 합성해 유채를 만들어 기존 식물들 간의 관계, 기원을 밝혀낸 것과 동일한 연구 성과였다. 기하라와 우장춘은 동시대 일본에서 유전자 연구에서 선구자적 위치에 있었고, 연구 내용 또한 비슷하여 상호간에 의견을 나누고 정보를 공유하는 동반자적 위치에 있었던 것으로 보인다. 훗날 우장춘 박사는 무등산 수박을 재료로 씨 없는 수박을 만들어 홍보물로 삼았는데, 이 때문에 우리나라에서는 우장춘 박사가 이 씨 없는 수박을 만들었다고 알려졌다. 그러나 씨 없는 수박은 기하라가 1943년 만들어 1947년에 발표한 것이었다.

씨 없는 수박은 일반 수박에 콜히친을 처리하여 나타나는 염색체의 배수성을 이용한 것이다. 즉 정상의 2배체 싹에 콜히친 처리를 하여 4배체를 얻고, 이것을 다시 2배체와 교배시키면 3배체의 씨가 생긴다. 이것을 심어서 얻은 열매가 바로 씨 없는 수박이다. 씨 없는 수박을 만들 때 쓰인 이 방식은 우장춘 박사가 유채, 채소류 등의 종자개량에서 썼던 것과 동일한 것으로, 두 사람은 같은 기술을 공유하고 있었다.

물론 우장춘 박사 자신이 씨 없는 수박을 만든 당사자라고 말한 바는 없었다. 단지 우장춘 박사는 사람들에게 종묘학, 유전학을 홍보하기 위해 씨 없는 수박을 만들어 시식회 등을 열었는데, 이 때문에 씨 없는 수박의 개발자로 알려졌을 뿐이다. 우 박사는 자신이 개발자가 아니라고 적극적으로 해명하기도 했으나 교과서에까지 실려 기정사실화되어 버렸다. 그로 인해 아직도 우장춘 하면 '씨 없는 수박'부터 떠올리는 사람이 대부분이다.

우장춘 박사
환국추진위원회

1945년 8월 15일 일본이 무조건 항복을 선언하며 전쟁은 연합군의 승리로 끝났다. 그리고 그 직후 우장춘은 다키이 농장장직을 사임했다.

"확실한 사항은 아닙니다만, 다키이 사장으로부터 조선에 있는 다키이의 부지가 몰수되지 않도록 즉시 현지에 가서 업무를 떠맡아 달라고 부탁받은 것을 아버님께서 거절하신 것 같습니다. 그래서 서먹서먹한 관계에 놓이게 되었기 때문에 회사를 그만두셨다고 들었습니다"라고 차녀 마사코는 그때의 상황을 나에게 설명해주었다.
— 『나의 조국』 중에서

해방을 맞으면서 조선 내 일본인들의 재산에 대한 논란이 빚어졌다. 우리나라 사람들은 일본인의 재산을 모두 국가가 환수해 이를 통해 민족자본을 만들어야 한다고 주장했다. 하지만 미군정은 일본인들의 개인 재산은 인정해야 한다는 입장이었고, 1945년 9월 말 일본의 국공유 재산만 접수했다. 그래서 일본인들은 자신들의 재산을 함께 일했던 조선인 종업원이나 지인들에게 팔고 떠나는 경우가 많았다. 석 달 후인 12월 6일, 미군정은 법령 33호를 발표. 모든 일본인 재산을 접수했다. 이를 '귀속재산'이라고 부르며, 귀속재산은 1948년 이승만 대통령이 민간에 불하했다.

우장춘은 한국에 본적을 두고 있었다. 만일 우장춘이 다키이 부지를 인수하는 형식으로 조선에 갔다면 그 부지는 차명으로나마 다키이의 소유가 될 수 있었던 것이다. 그러나 우장춘은 이를 거부했다. 일본인들은 일제강점기 동안 마음껏 자신들의 특권을 이용해 그들만의 부를 이뤘다. 조선은 이제 해방을 맞았고, 조선인의 것은 조선인의 것이 되어야 했다. 하지만 이런 시시비비 끝에 우장춘은 결국 다키이 농장을 사직했다.

우장춘은 9월 초 다키이 사택에서 나와 장법사長法寺의 별채를 얻어서 가족과 함께 이사했다. 장법사는 오늘날의 교토 남서부 나가오카쿄오長岡京 시에 있는데 서기 910년에 세워진 천태종의 고찰로 규모가 상당히 크다. 우장춘은 이 절의 주인인 사토라는 사람과 친분이 깊었던 덕에 이곳에 집을 얻을 수 있었다고 한다. 사토는 이뿐만 아니라 연구소를 세워주겠다며 연구소 부지를 제공하기도 했다. 그러나 연구소를 세워주기로 했던 누마자키 씨가 파산하는 바람에 연구소 설립 건은 무산됐고, 우장춘은 자작농으로 세월을 보냈다. 취직을 하려면 할 수도 있었을 텐데 그는 별다른 활동을 보이지 않았다.

해방을 맞던 때, 일본에는 대략 200만 명의 재일조선인들이 있었다. 고국행 러시가 이어졌으며 무려 160만 명 정도가 1946년 3월까지 귀국행 배에 몸을 실었다. 그러나 재일조선인들이 돌아가 마주한 한반도의 상황은 결코 좋지 못했다. 극심한 빈곤, 좌우익의 갈등 등으로 사회는 혼란스럽기 그지없었고, 그들 중에는 결국 다시 일본으로 밀항해 되돌아오는 경우도 생겼다.

우장춘은 귀국할 시도는 하지 않았다. 생각해보면 이는 당연한 일이었다. 그는 일본에서 태어나 평생을 일본에서 살았고, 그를 비롯해 그의 가족들은 한국말을 전혀 하지 못했다. 이미 초로에 이른 그가 무리수를 써가며 가족을 이끌고 조선으로 되돌아간다는 것은 여러모로 상상하기 힘든 상황이었다.

그런데 왜 그는 갑자기 귀국하게 됐을까?

당시 조선에는 김종이 있었다. 해방 전 조선에는 제대로 된 종묘장 하나 없었다. 주로 일본에서 공급받았으나 태평양전쟁 중 종자를 선적한 배가 격침당하는 경우가 많아 조선에 대한 종묘 공급은 많은 어려움을 겪었다. 1944년, 조선총독부는 조선 내에서 종자를 개발해야 한다고 보고, 그 계획을 수행할 인물을 추천해달라고 우장춘에게 의뢰했다. 우장춘은 당시 경상남도 농무부장으로 가 있던 김종을 추천했다. 김종은 조선 내 종자 생산을 위해 기구를 조직하기 시작했으나 전쟁에서 일본의 패색이 짙어져 일이 제대로 진행되지 않았다. 그리고 그 상황에서 해방을 맞았다.

일본인 학자와 기술진들이 대거 일본으로 돌아가버리자 조선은 종자 개발을 수행할 인력조차 없는 상황이 벌어졌다. 게다가 일본과 국교를 단절한 터라 일본으로부터 종자를 공급받을 수도 없었다. 당시 대한민국 국민 대부분이 종사하던 농업에 일대 위기가 찾아온 것이었다. 농가에서 재래식으로 얻는 종묘로 농사를 지을 수는 있었으나, 농업 생산성은 현저히 저하되었다. 종묘업자들은 외화를 들여서 일본에서 종자를 밀수입하기도 했다. 하지만 이는 본질적 해법이 될 수 없었다.

김종은 이런 상황에서 '우장춘 박사를 모셔오자'는 의견을 내놓았다. 우장춘 박사가 이 상황에서 종묘 문제를 해결해줄 수 있는 유일한 인물이라고 그는 강변했다. 많은 사람이 이 제안에 동의했으나 동시에 반발도 따랐다. 왜 굳이 우범선의 아들을 데려오려 하느냐는 반론이 쏟아져 나왔다.

하지만 종묘 문제는 점점 더 악화되어갔다. 이는 곧 심각한 식량난이 대두된다는 것을 의미했다. 국내 기술진으로서는 도무지 이 문제를 해결할 수가 없었고, 결국 김종의 의견에 동조하는 사람들이 늘어났다. 이들은 먼저 우장춘 박사 본인의 의향을 확인하기 위해 서신을 발송했다. 당시 대한민국 농업계의 현실을 알리고 환국해줄 수 있는지를 물었다. 우장춘은 이를 수락했다.

우장춘으로부터 승낙 답장을 받은 김종 등은 즉시 '우장춘 박사 환국추진위원회'를 발족했다. 우장춘 박사 환국추진위원회의 핵심은 해방 후 초대 민선의 경남도지사를 지낸 김병규를 비롯하여 이희보, 곽종섭, 윤세병, 그리고 동래원예고등학교 교장 김홍수 등이었다. 이들은 동래 기영회耆英會 회원들이었는데, 동래 기영회는 1846년 한말 동래 지역의 중인들이 만든 조직이었다. 발기 당시에는 뚜렷한 활동을 보이지 않았으나 1876년 강화도 조약을 통해 부산이 개항지가 되자 지역사회의 중심 세력으로 성장했다. 한말 계몽운동에 앞장서 사립 동명학교(오늘날 동래고등학교의 전신) 등을 세웠고, 대한자강회, 국채보상운동 등에 주도적으로 참여하였다. 일제강점기에는 구포은행, 동래은행 등을 세워 경제적 자립을 위한 노력을 하기도 했다.

우장춘 박사 귀국추진위원장 김병규 또한 바로 이 기영회의 회원으로 그의 외삼촌은 동래 지방의 대학자로 명망이 높았던 지전 이광욱이었다. 김병규는 외삼촌을 통해 일찍이 개화사상을 흡수, 동명학교의 전신인 삼락학교에서 교편을 잡았고, 일제강점기에는 동래은행 본점 지배인으로서 금융인으로 활동하기도 했다. 또 그 시기에 경남도의회 의원을 지내 훗날 친일 논란에 휩싸이기도 했던 인물이었다.

기영회는 중인 집단, 그것도 우범선과 같은 무인들이 중심이 된 조직이었고 개화운동에 그 역사의 뿌리를 두고 있어 우범선의 역사적 죄과(?)에 대해 비교적 열린 사고를 할 수 있었다. 이는 새겨볼 부분인데 우장춘의 귀국이 추진될 당시에도 그의 귀국을 환영하는 사람과 환영하지 않는 사람이 어떻게 나뉘었는지 추정해볼 수 있기 때문이다. 다시 말하면 당시 대한민국은 분명 우장춘을 필요로 하고 있었지만, 우장춘의 귀국을 모두가 환영하지는 않았다는 것이다. 그리고 여기엔 안 알려진 내막이 하나 더 있으리라 생각하는데 이는 뒤에 상술하기로 한다.

환국추진위원회는 대대적으로 모금운동에 들어갔는데, 피폐해진 농촌을 살려야 한다는 절박감 덕분에 순식간에 거액이 모아졌다. 귀속재산이 되었던 부산 금정산 기슭 과수원을 불하받아 시험농장 부지를 마련하는 등 계획은 순조롭게 진행되었다. 그 와중에 당시 국회 농림분과 위원장이었던 이주형과 초대 농림부 장관이었던 조봉암 등이 그 기구를 국가기관으로 하는 것이 좋겠다며 이승만 대통령에게 정식 보고해 한국농업과학연구소가 창설되기에 이르렀다. 오늘날 농촌진흥청 산하 국립연구기관인 국립원예특작과학원의 모태가 바로 이 연구소다. 국립원예특작과학원은 연혁에서 1948년 9월 발족했다고 적고 있다. 그런데 초대 원장으로 우장춘이 취임한 것은 1950년 5월의 일이었다. 이는 발족 후 무려 2년여나 우장춘의 귀국을 기다리고 있었다는 이야기가 된다.

한국에서의 준비는 착착 되어갔다. 우장춘은 귀국을 앞두고 가족과 함께 갈 것인지 고심을 많이 했으나 한국의 혼란스러운 상황을 알고 있던 터라 결정은 쉽지 않았다. 이미 나이 일흔을 넘긴 노모, 일곱 살에 불과한 막내아들, 또 시집갈 나이의 딸들이 줄줄이 있었다. 앞서 짚어보았듯 일본에서의 그의 삶은 매우 안정적이었다. 그런데 우장춘 본인조차도 한국어를 하지 못하던 상황인 데다 가족 모두 데리고 귀국하는 것은 여러모로 무리수가 따랐다. 그래도 부인 고하루와는 같이 가는 것이 좋겠다는 주변의 진언이 있었으나 그렇게 되면 남은 식구들이 문제였다. 결국 그는 단신 부임을 결정했다.

일본에 남을 가족들을 위해 쓰라며 환국추진위원회에서 무려 100만

엔의 거금을 보내왔다. 1950년대 대학을 졸업해 일본의 상급 공무원이 되면 월급으로 대달 1만 8000엔에서 2만 엔 정도의 월급을 받았다. 연봉으로 치면 24만 엔, 즉 상급공무원 4, 5년 치의 연봉을 환국준비금으로 받은 것이었다. 그러나 우장춘은 이 돈을 개인적으로 쓰지 않고 육종에 관한 서적, 실험용 기구, 각종 종자 등을 사가지고 한국으로 들어왔다. 그가 귀국했을 때 가지고 온 기자재를 보고 사람들이 놀라자 우장춘은 "가족은 어떻게 해서든지 버텨 나갈 것"이라고 말해 모두를 당혹스럽게 했다.

1950년 귀국하기 직전, 우장춘은 차녀 마사코에게 "내가 농림성에 취직을 할 수 있었던 것은 안도 선생의 덕분"이라고 말했다고 한다. 앞서 언급한 바 있지만 그는 실과 출신이었고 성적도 가히 좋지 않았다. 1919년 3·1운동으로 조선인을 관직에 기용하기 시작했을 때 그를 농사시험장으로 끌어준 것은 은사였던 안도 코타로 교수였다. 1906년 조선 최초의 근대적 농업 연구시설인 권업모범장의 창립 멤버였던 안도 코타로 교수는 그의 취업을 주선하며 훗날 조선에 들어가 조선의 농업을 일으켜 세워야 한다는 메시지를 주지 않았던가 싶다. 우장춘이 귀국을 결심하며 안도 코타로 교수의 이름을 거듭 언급한 것은 농림성에의 취직, 박사학위의 취득, 그리고 안락한 삶의 구축에 이르는 삶의 여정이 처음 어디서 비롯됐는지를 되새기는 의미였을 것이라고 필자는 해석한다. 조선에 돌아가 조선의 농업을 일으키는 것이 자신의 소명이었음을 그는 자각하고 있었다.

우장춘은 일본을 떠나기 전 아버지 우범선의 묘에 가서 참배했다. 어머니 나카는 우범선의 묘를 돌보지 않았다. 이를 보다 못한 스나가 하지메가 자신의 선조 대대의 위패를 모신 묘현사로 옮겼고, 나카는 남겨진 빈 묘지를 팔아 자녀 학비에 보탰다. 나카는 우장춘 형제에게 "가고 싶다면 가도 좋지만 무리해서 갈 필요 없다"며 부친의 묘에 참배할 것을 가르치지 않았다. 훗날 나카가 죽었을 때도, 또 우장춘의 부인 고하루가 죽었을 때도 이 가족은 묘를 만들지 않았다. 우장춘의 동생 홍춘은 스노다 후사코와의 인터뷰에서 "내가 영장을 받고 태평양전쟁에 나갔을 때 나의 장남이 죽었는데 나는 묘를 만들지 않았습니다. 내가 죽더라도 결코 묘지는 만들지 말라고 가족에게 당부해놓았습니다"라고 말한 바 있다. 훗날 한국에서 어머니 나카의 타계 소식을 듣고 며칠을 통곡했다는 우장춘이지만 그는 어머니 나카의 묘를 만들지 않았다. 조의금으로 자유천이라는 우물을 팠을 뿐이다.

유교의 전통을 강하게 이어받은 우리에겐 낯설게 보이지만 '죽음 저 너머엔 아무것도 없다'는 인식을 하고 살아가는 일본인들은 결코 낯선 일이 아니다. 중국과 한국에는 사자死者에게까지 죄를 묻는 부관참시의 역사가 있지만 일본에는 부관참시의 역사가 없다. 할복이란 문화 자체가 그렇다. 죽음으로써 모든 것을 책임지기 때문에 죽음 이후에는 명예가 지켜진다.

일본에서는 야스쿠니 신사가 지어지기 이전까지만 해도 전사자를 아군과 적군으로 나누지 않고 합장하는 문화가 있었다. 그리고 그 전통은 묘하게도 우장춘 가족에게 이어진 것으로 보인다. 죽음 저 너머엔 어떠한 영화도 명예도 없으며, 동시에 죄도 책임도 없다는 이 일가의 태도는 사뭇 의미심장하다.

하지만 우장춘은 귀국하기 전, 아버지 우범선의 묘를 찾았고 고향 구레를 찾아 옛 친구들과 만났다. 그는 다시는 일본으로 돌아오지 못하리라고 생각했던 건지도 몰랐다. 아버지 우범선의 묘 앞에 서서 우장춘은 무슨 생각을 했던 것일까? 죽음 저 너머엔 분명 아무것도 없다고 강변하고 살았지만 그에게 수전된 피의 운명을 끝까지 부정할 수 없었던 것은 아니었을까.

그는 한국에서 자신의 호적등본을 받았다. 그리고 나가사키 오무라에 있는 사세보 인양원호국 하리오 수용소佐世保 引揚援護局 針尾收容所로 향했다. 이 하리오 수용소는 1950년 10월 오무라 수용소로 개칭됐는데, 1950년대 조선인 강제송환으로 한일 간의 외교 마찰을 낳은 곳이기도 하다.

원래 하리오 수용소는 전후 중국, 만주 등으로부터 귀환하는 일본인들의 입국 창구로 개설된 곳으로 중국으로부터 154만 명, 만주로부터 127만 명, 조선으로부터 92만 명의 일본인들이 바로 이곳을 통해 일본으로 되돌아왔다. 동시에 재일외국인 송환업무도 맡아 1950년 오무라 수용소로 바뀔 때까지 조선인 11만 1425명, 중국인 1만 9348명을 송환했다.

한국 호적을 들고 하리오 수용소로 자청해 들어간 우장춘은 한 달

정도 수용소에 머물다 한국으로 들어온 것으로 알려져 있다.

『경향신문』과 『동아일보』 등은 1950년 1월 21일자에 "세계적인 유전육종으로 유명한 우장춘 박사가 1월 말경 귀국할 것"이라고 보도했다. 그리고 『동아일보』 1월 22일자에는 우장춘 박사의 생애에 대한 기사가 실렸다.

……한말의 풍운이 급을 고하여 나라의 운명이 풍전등화와 같이 기울어지던 을미년 저문 해 혁명지사 우범선 씨는 오세창, 권동진, 박영효, 정난교 제씨와 함께 수륙의 험로를 넘고 건너 일본으로 망명을 하게 되었던 것이다. 이국의 하늘 밑에 의탁할 곳 없는 망명객의 신세는 풀 위에 맺힌 이슬과도 같아 정처 없이 흐르는 동안 히로시마 구레 항에 몸을 붙여 얼마 동안은 거하게 되었다. 그곳에서 우연한 인연으로 기구한 운명 속에서 4231년 4월 15일 세기의 과학자 우장춘 박사는 왜인 어머니의 몸을 빌려 고고히 세상에 첫소리를 울리게 되었던 것이다.

물론 망명객의 유아로서 따뜻한 보금자리가 있을 리 없어 모진 세파 속에서 아버지 품에 안겨 여섯 살이 되던 해, 우범선 씨는 비참하게도 이역에서 자객의 손에 암살을 당하여 세상을 떠나니 이때부터 우 소년의 신세에 닥쳐오는 운명이야말로 억센 파도에 몸을 실은 조각배 그것이었다. 몸 붙일 곳 없는 우 소년은 도쿄 고이시가와 구에 있는 절의 고아로 수용되어 일인의 고아들 틈에 끼어 망국의 고아로 설움과 학대, 이야말로 눈물 없이는 볼 수 없는 가련한 정상情狀이었다. 이러한 학대 속에서 우 소년은 "그렇다. 나는 조선 사람이다. 망국 민족이다. 두고 보자, 너희 놈들이 내 앞에서 머리를 숙일 날이 있을 것이다" 하는 결의와 분노와 설원심에 우 소년의 가슴은 항상 불타고 있었던 것이다.

이런 역경 속에서도 우 소년은 소학교를 졸업하고 아버지 친지들의 실낱같은 동정과 원호로서 기구한 운명의 연속선상에서 구레 중학을 마치고 도쿄제대 농과를 졸업한 후 22세 되는 가을 당시 농림성 농사시험장의 고원으로 채용되어 처음으로 자립자존의 첫발을 내딛게 되었던 것이다. 여기서부터 과학자의 길을 개척하려는 만만한 투지와 결의로서 박사의 젊은 피는 끓고 있었다.

박사가 언제나 말하는 '짓밟히면서도 피는 길가의 민들레꽃', 이것은 그의 성격과 투지를 표현한 생활 목표이었던 것이다. 박사는 수도육종에서부터 시작하여 유채를 비롯한 십자화과 채소 전반의 육종생활을 계속하는 동안 화훼에 있어서 세계를 놀라게 한 더블 피튜니아를 비롯하여 채송화, 금잔화, 판지, 금어초, 스토크, 핑카, 로세아, 엽목단 등 다수의 꽃 품종을 개량하여 세계 육종계에 있어 미국에는 루더 버뱅크가 있었고, 소련에는 이반 미출련이 있었거니 동양에 있어서는 우 박사가 최고의 실력과 지위를 가지고 있던 것이다.

단기 4269년 박사가 발표한 신학설 '종의 합성'(박사의 학위논문)은 유전육종학계의 신영역을 개척하는 동시에 다윈의 생물진화론에 일대 수정을 가하여 세계 학계를 경도시켰으며, 따라서 박사의 이름은 세계적으로 비약하게 되었던 것이다. 박사는 18년 동안 근속한 농림성 농사시험장을 그만두고 교토 다키이 농업연구소 소장으로 10년간 근속하다 해방과 더불어 조국으로 돌아올 기회를 여직 기다리고 있던 중 조국의 부르심을 받고 이번에 돌아오게 되었다 한다. 그런데 4282년 1월 서전에서 개최되었던 세계유전육종학자대회로부터 특히 영예의 초청을 받았으나 맥 사령부와 일본에서 보내줄 리 없어 참석치 못하였다 한다. 그런데 이번 귀국 편에는 귀중한 많은 서적과 종자를 가지고 이달 하순에 귀국하리라 하는데 앞으로 씨의 활약이 크게 기대되는 바이다.

그러나 우장춘은 1월 말에 입국하지 못했다. 그리고 2월 하순에는 "우장춘 박사가 사세보를 떠나 2월 26일 귀국할 것"이란 보도가 있었으나 이때 또한 오지 못했다. 이는 아마 일본에서의 처리가 지연됐던 탓인 듯하다.

우장춘 박사가 귀국한 것은 3월 8일이었다. 당시 『경향신문』은 우장춘 박사가 한일 교환선 신코마루호를 타고 일반 귀국자 435명, 강제송환자 141명 등과 함께 부산에 도착했다고 전했다.

전하는 바에 따르면 신코마루호의 승무원은 우장춘이 농학 박사라는 직함을 갖고 있는 것을 알고 한국의 불안정한 현실을 귀띔하면서 한국에 갈 것을 만류했다고 한다. 그렇지만 우장춘은 호적등본을 보여주며 "나는 한국인입니다"라고 말하고 배에 올랐다고 전해진다.

3부

피를 피로 씻어내는
역사를 넘어

'조국'이 아닌
'아버지의 나라'

1950년 3월 8일, 우장춘은 부산에 도착했다. '환영 우장춘 박사 환국'이라고 쓴 플랜카드를 들고 수십 명의 사람들이 그의 귀환을 환영했다. 이승만 대통령까지 '환국을 환영한다'는 축전을 보내왔다. 우장춘은 귀국 전 대한원예협회장 김태홍 씨 앞으로 보낸 편지에서 자신의 결심을 다음과 같이 밝혔다.

환국의 날을 앞두고 나는 마치 시집가는 색시의 결혼 전야와도 같은 기쁨과 초조와 강개로 얽힌 감정을 금할 수 없습니다. 해방과 동시에 근 30년 동안 연구하여 일해오던 일본의 직장을 사임하고 교토 교외 사원의 한구석에 칩거한 지 어언 4년 유반재有半재, 그동안 나는 고국의 하늘을 바라보며 얼마나 한숨과 눈물을 흘렸는지 모릅니다. 내 일편단심은 언제나 한국에 농업을 연구하는 기관이 생겨서 내가 목숨을 바쳐 일할 날이 올 것인가 함이었습니다.

그러나 귀국 후 그의 태도는 돌변했다. 귀국 전 한껏 감상에 젖어 목숨을 바쳐 조국을 위해 일하고 싶다던 우장춘은 막상 귀국하게 되자 대한민국을 '아버지의 나라'라고 불렀다. 이는 자신이 한국과 일본의 혼혈이라는 것을 강조한 말이었고, 동시에 자신은 어느 한쪽에 속한 존재가 아니라는, 즉 자신은 한국인이 아니라는 의미이기도 했다. 왜 그는 갑자기 이렇게 스스로 '중간자'를 자처했던 것일까?

귀국 열흘 후인 3월 18일, 동래원예고등학교에서 그의 공식 환영식이 열렸다. 그의 귀국 일성一聲은 바로 이때 나온다. 대통령 이승만을 위시한 각계각층 인사의 환영 축전 낭독이 끝나고 경남도지사이자 환국추진위원회장이던 김병규가 단상에 올라 "우리는 우장춘을 대마도와도 바꾸지 않을 것"이라고 요란한 찬사를 퍼부었다. 그리고 박수와 환호 속에 드디어 우장춘이 단상에 올랐다.

"저는 지금까지 어머니의 나라인 일본을 위해서 일본인에게 뒤떨어지지 않을 정도로 노력해왔습니다. 그러나 지금부터는 아버지의 나라인 한국을 위해서 최선을 다할 각오입니다."

열렬한 환영으로 그를 맞이한 조국에서 그가 처음 한 말은 바로 이것이었다. 대한민국을 '조국'이 아닌 '아버지의 나라'라고 불렀다는 것은 의미심장한 대목이다. 그리고 3월 21일 서울로 올라와 이승만 대통령 등을 만났다. 당시 그의 인터뷰 내용이 『동아일보』 3월 22일자에 실려 있다.

세계적 과학자인 우장춘 박사는 지난 8일 그리운 고국에 돌아와

21일 하오 6시 반 주석균 농림차관을 위시하여 김 대한원예협회 이사 등 농림 관계자 다수의 환영을 받으며 삼천리호로 서울역에 도착하였다. 차에서 내린 우장춘 박사는 어색한 차림의 두루마기를 입은 50 전후의 중년신사 타입이었다. 박사는 겸손하고도 침착한 어조로 마중 나간 기자들에게 "나는 불행히도 한국인이면서도 일본에 오랫동안 있었기 때문에 우리나라 말을 잘 모른다"라고 말한 다음 "나는 해방 전부터 우리나라에 돌아와 일하고 싶었다. 우리나라에 있어 농업 문제, 특히 종자 문제를 굳은 신념과 나의 온갖 정성으로 해결하겠다"라고 일성을 던지는 동시에 기자와 다음과 같은 일문일답을 하였다.

— 본국에는 몇 년 만이며 그리고 첫인상은?
"지금으로부터 8년 전에 한 번 온 일은 있었다. 그러나 8년 전과 지금의 우리나라는 외형적으로 그리 변함이 없는 것 같다."

— 부산서부터 서울 사이의 농촌 풍경을 어떻게 생각하였나?
"가장 절실하게 느낀 것은 산에 나무가 없는 붉은 산을 많이 보았는데 이것은 시급히 해결되어야 할 문제의 하나라고 보았다. 그리고 나는 우리나라에 도착한 후 여러 사람의 말을 많이 들었으나 다만 말없이 묵묵히 일할 것을 결심했다."

— 앞으로의 사업 계획은 무엇인지?
"여러 가지 종류의 육종에 힘쓸 작정이다."

― 일본에 있는 동안 우리의 농정을 어떻게 보았나?

"농업의 기술적인 면이라면 말할 수 있으나 농업정책은 잘 모르겠다. 앞으로도 기술면을 동원해서 일할 생각밖에는 없다."

― 일본의 최근 식량 사정은 어떠한가?

"최근 많이 좋아졌다. 쌀, 보리 외에는 모든 통제가 해제되었으며 자유로이 매매되고 있다."

― 일본의 부흥 상태는 어느 정도 이루어졌는지?

"표면으로 봐서, 특히 가옥의 재건 상태로 본다면 피해의 4할 정도 부활됐다고 볼 수 있을 것이다."

― 박사의 가족은 몇 분이나 되는지?

"아내와 딸 넷, 아들 둘이 지금 교토에 남아 있다."

― 한복은 일본서 만든 것인가?

"아니다 (웃으면서) 부산서 만들었다. 그러나 앞으로는 한복을 계속해 입고 우리나라의 일꾼으로 과학의 길을 걸을 따름이다."

이 인터뷰는 아주 많은 것을 시사한다. 우장춘은 "우리나라에 도착한 후 여러 사람의 말을 많이 들었으나 다만 말없이 묵묵히 일할 것을 결심했다"고, 또 "기술면을 동원해서 일할 생각밖에 없다"고 말했다.

우장춘은 화투와 바둑 등 내기를 좋아하는 호승심 강한 인물이었다. 쾌활하고 타고난 재치로 좌중을 웃길 줄 아는 외향적 성격을 가진 인물이기도 했다. 그러나 어린 나이에 아버지를 잃은 데다 일본에서 조선인으로 성장한 탓인지 그의 언행과 태도에는 본능적인 경계심 또는 신중함이 서려 있었다. 그는 일본에서 많은 차별을 당했으나 주변 사람들에게 단 한 번도 불평을 하지 않았다. 귀국해서도 가까운 동년배 지인들에게는 일본에서 겪은 차별의 고통을 토로하기도 했으나 제자들 앞에서나 대중 앞에서는 일언반구 이런 말을 비치지 않았다. 그의 말 한마디, 한마디는 모두 묵직한 의미를 담고 있는 것이다.

우리나라에 도착한 후 들은 여러 사람의 말은 도대체 어떤 것일까? 귀국 후 공식 환영행사가 열릴 때까지 열흘 동안 그는 동래 온천에서 묵었다. 이 기간에 그는 어떤 사람을 만났고, 도대체 어떤 이야기를 들었던 것일까? 왜 고국은 갑자기 '아버지의 나라'가 된 것이고, '다만 묵묵히', '기술적인 면으로만' 일할 것이라고 강조해야 했던 것일까?

우범선과 구연수,
우장춘과 구용서

우장춘 환국추진위원회는 우장춘에게 숨긴 것이 하나 있었을 것이라 필자는 생각한다. 한국에는 우범선이 한국에 남겨둔 이복 누나들 외에 우장춘의 친척이 또 있었다. 우범선이 사카이 나카와 결혼했을 때, 또 하나의 국제결혼이 있었다. 도야마 사관학교 생도로 을미사변에 가담했던 여덟 명 중 한 명인 구연수가 사카이 나카의 여동생 사카이 와키와 결혼했던 것이다.

구연수가 누구인가? 스나가 문고에 남겨진 '의문의 노트'에 그의 이름이 등장하는데, 그는 우범선의 지시로 명성황후 시신을 불태운 것으로 기록돼 있다. 필자는 그 스나가의 노트는 앞서 언급했듯 별로 신뢰할 만한 자료가 아니라고 생각한다. 하지만 구연수 또한 을미사변 가담자인 것은 분명하다. 그는 국내 친일파의 거두 송병준의 딸과 결혼했으나 일본으로 망명했을 때 우범선과 마찬가지로 또 한 명의 부인을 뒀다. 구연수와 송병준의 딸 사이에서는 아이가 없었다. 사카이 와키와의 사이에 구용서具鎔書가 태어났는데 우장춘과는 이종사촌인 셈이다. 흔히 구용서를 송병준의 외손자라고 하지만, 사실 그는 송병준과는 직접적 혈연관계가 없는 셈이다. 혹자는 구용서가 송병준의 외손자가 아니라 송병준의 손녀사위라는 말을 하기도 하는데 이는 추후 더 조사해볼 일이다.

우범선은 암살돼 1903년 이국 타향에서 목숨을 잃었지만, 구연수는 훗날 귀국해 출세가도를 달렸다. 통감부 경시, 조선총독부 경무관, 경무국 칙임사무관에 차례로 임명되었다. 경찰 최고 직급인 경무관에 임명된 조선인은 구연수 외에 아직까지 알려진 인물이 없을 정도로 일제의 두터운 신임을 얻었다.

구연수는 동래의 중인 무관 집안 출신이었고, 동래 기영회의 멤버였다. 구연수는 1916년 경무사로 발탁되며 가족을 이끌고 상경했지만 동래와의 연고, 유대는 그 이후에도 굳건했다. 아들 구용서 또한 동래보통학교를 졸업한 뒤 서울로 올라갔다. 그는 일본인 자녀를 위해 설립된 학교인 경성부 경성중학교를 졸업했는데, 당시 이 학교의 조선인 졸업생은 불과 두 명에 불과했다고 전하니 상당히 특별대접을 받은 셈이었다. 이후 그는 일본 도쿄상과대학(현재의 히토쓰바시대학)으로 진학했고, 1925년부터 조선은행의 도쿄 지점에서 근무를 시작하여 조선인으로는 드물게 고위직에 올랐다. 해방 후 한국은행설립위원회 부위원장을 맡았고, 1950년 6월 한국은행 초대 총재에 취임했다. 이후 대한석탄공사 총재, 산은 총재 등을 역임했다.

동래 기영회는 왜 우장춘 귀국 추진을 맡았을까? 교육자이자 금융인이었던 김병규는 왜 환국추진위원장을 맡은 것일까? 우장춘 귀국 추진은 김종에 의해 처음 제기됐다. 그러나 과연 김종의 주장만으로 경남도지사가 나서고, 부통령이 100만 원의 성금을 냈을까? 이 모든 것은 구용서의 주도로 이루어졌을 가능성이 크다.

우장춘의 동생 홍춘은 스노다 후사코에게 구용서를 잘 모른다고 이야기한 바 있다. 필자는 이것이 홍춘의 거짓말이었을 것이라고 생각한다. 구용서는 1925년 도쿄 상대를 졸업해 조선은행 도쿄 지점에 입행했고 해방을 맞을 때까지 도쿄에서 일했다. 별다른 원한을 진 것도 아니고 구용서가 같은 도쿄에 있는 이모를, 또 이종사촌을 한 번도 찾아가지 않았다는 것은 이해하기 힘들다. 분명 어머니 나카는 자신의 여동생 와키와 교류하고 있었다. 홍춘은 같은 금융계 종사자였고 1940년대에는 서울에서 근무하기도 했다. 이종사촌간인 두 사람이 서로 몰랐다는 말은 전혀 설득력이 없다. 전북대 김근배 교수 또한 "일본에 유학 중인 이모의 한국인 아들을 한동안 자신의 집에 데리고 있기도 하였다"라고 기술하고 있다. 우장춘의 한국인 이종사촌은 딱 한 명, 구용서뿐이다.

근데 홍춘은 왜 이런 거짓말을 했을까? 홍춘은 심지어 스노다 후사코와의 인터뷰에서 자신의 이름을 익명으로 처리해줄 것을 요구하기도 했는데, 형 우장춘과는 달리 일본 사람으로서 살아왔기 때문에 여러 가지 걸리는 것이 많았던 듯이였다. 하지만 구용서와의 관계를 부정한 것은 자신 때문이 아니라 오히려 구용서 때문이었을 가능성이 크다.

구용서는 아버지 구연수의 과거를 철저히 숨겼다. 구연수는 을미사변에 참가했던 일본 도야마 사관학교 출신 여덟 명 중 하나였다. 그런데 구용서는 항상 "아버지 구연수는 광산 기사였다"고 이야기했다.

그는 11세 때 동래보통학교에 입학, 서울로 이사한 14세 때까지 그
곳에서 살았다. 동래는 임진 때 왜적들로부터 워낙 큰 해를 입어 그
때 사무친 감정이 조상 대대로 물려 이어져온 곳. 그래서 구씨는 어
려서부터 일제에 대한 적개심을 가슴 가득히 안고 울분 속에서 자랐
다고 말한다. 선친 구연수 씨는 그때 벌써 일본 추전광업전문학교에
유학, 한말의 농상공부 소속 광업 기사로 일하면서 우리의 살길은
우리가 찾아야 한다. 경제부흥이 부강의 첩경이라고 외친 개화 인사
였다고 한다. 이러한 부친 밑에서 그는 독자였으나 매우 준엄한 스
파르타식 교육을 받았다고 말한다.

─『경향신문』 1975년 5월 12일자

홍춘은 우장춘의 생애를 조명하는 일에 굳이 구용서를 끌어들여 그 후손들을 곤혹스럽게 하고 싶지 않았을 것이다. 우범선이 드러나면 구연수의 이야기도 나올 것이고, 더불어 구용서의 거짓말도 드러날 테니까.

그런데 만일 우장춘 귀국의 배후에 구용서가 있었다면, 구용서는 왜 굳이 우장춘을 불러들여야 했을까? 그의 목적은 무엇이었을까? 조선은행 오사카 지점 지배인이었던 구용서는 해방을 맞자마자 이틀 만에 비행기를 타고 귀국했다. 그는 1950년 한국은행 설립까지 국가 금융 시스템 재건의 핵심에 위치했으며, 이승만을 대통령으로 추대하는 데 큰 기여를 한 이른바 자유당 정권 실세였다.

1945년 해방부터 1948년 대한민국 정부 수립 전까지 남북한은 미

소의 신탁통치를 받았다. 이때 남한을 통치한 인물은 존 하지John Reed Hodge 중장이었다. 김구, 이승만 등 임시정부 요인들은 이 하지 중장과 심한 갈등을 겪었는데, 특히 이승만은 미국에서 귀국하기 전부터 "한국민을 무시하는 하지를 내가 직접 혼내주겠다"고 이를 갈았을 정도로 하지와 사이가 좋지 못했다.

1946년 하지 중장은 미군정 산하에 한국인 입법부인 과도입법의원을 설치하고 좌우합작을 권유했다. 과도입법의원은 선거를 통해 45명을 뽑고, 미군정이 45명을 임명해 총 90명으로 꾸려졌다. 좌익계열은 이 선거에서 참패했다. 김구, 이승만 측 당선자는 총 45명 중 43명을 석권 압승했다. 하지만 하지 중장은 균형을 맞추기 위해 자신이 임명할 수 있는 45명에 여운형계 등 좌익을 대거 기용했다. 이에 이승만은 극렬하게 저항했다. 신탁통치 자체를 거부했던 이승만은 과도입법의원 따위는 필요 없고 전 국민이 참여하는 총투표를 통해 삼권분립의 민주정부를 세워야 한다고 주장했다. 그는 미국으로 직접 날아가 미국 국민에 호소, 자신의 의견을 관철할 계획을 세웠다. 이승만의 도미를 지지하는 민족대표외교사절위원회가 세워졌고 구용서는 바로 이 위원회에 참가하며 이승만의 최측근으로 부상했다. 그리고 1947년 구용서는 조선은행 부총재로 승진했다.

구용서는 국책은행인 조선은행 부총재를 맡으며 산업과 금융의 동반 발전을 강조했는데, 당시 우리나라의 주력 산업은 국민의 70% 이상이 종사하던 농업이었다. 구용서는 농자금 대출 등을 담당하며 농정에

깊게 관여했는데 이때 우장춘 영입의 총대를 메게 됐을 가능성이 높다.

또 구용서 개인적인 이유도 작용했을 것이다. 구용서는 친일 전력 문제가 있었다.

사실 해방 이후, 한국 사회에서 제일 먼저 나온 목소리가 친일 청산이었다. 그러나 어떤 행위까지, 또 누구까지를 친일로 규정해 처벌할지가 문제였다. 일본이 국민 총동원령을 내린 것은 1938년이었고 해방까지 7년이라는 시간을 보내는 동안 전시체제하에서 일제의 부역 등에 나서지 않은 사람은 거의 없다고 해도 과언이 아니었다. 전쟁에 직접 동원된 인원만 군인 23만 2명, 군속 38만 4514명으로 모두 61만 4516명에 이르렀고(한국정신문화연구원, 「일제하 강제동원에 관한 실태조사 연구」, 2003 참조), 노무자로 동원된 인원은 500만 명 정도로 추정된다.

이 협력이 자발적이었는지, 강압에 의한 것인지 구분해내는 것은 의외로 쉬운 일이 아니었다. 대부분, 아니 거의 모든 조선인이 '나는 어쩔 수 없이 했다'고 주장했다. 가령 구용서의 경우도 마찬가지다. 그는 일제 강점기 그 누구보다 큰 부귀영화를 누렸고, 조선인임에도 승승장구 승진을 거듭했다. 그는 외형으로 보면 누구보다 우대받은 조선인이었다. 그러나 그는 항일정신을 평생 품고 살아왔다고 주장했다. 구용서 같은 인물까지 '억지로' '강압에 의해' 일제에 봉사했다고 주장하는 것은 납득하기 힘든 일이나 단지 출세를 했다고 해서 단죄하는 것도 분명 논리적 결함이 있었다. 생업 때문이건 뭐였건 누구나 출세는 꿈꿨을 테니, 출세를 했다고 해서 친일이고 출세를 못했다고 친일이 아닐 수는 없다. 즉,

친일의 동기를 놓고 보면 기본적으로 '양심'에 속하는 문제이기 때문에 객관화하는 데 한계가 있었다. 때문에 친일 청산 논의에 앞장섰던 벽초 홍명희는 그 한계를 인식하고 "이 정도 되면 저주받은 민족"이라며 탄식하기까지 했다.

　벽초 홍명희조차도 사실 엄격한 잣대를 들이대면 친일 논란에서 자유로울 수 없는 문제가 있었다. 일제 말기, 강압에 의해서였지만 그 또한 친일 성향의 글을 쓴 적이 있었다. 그뿐인가? 그 또한 어떤 의미에선 친일파의 후손이기도 했다. 잘 알려져 있다시피 홍명희의 부친 홍범식은 한일병합이 체결될 때 울분에 차 자결했던 우국지사였다. 홍명희 또한 평생을 거쳐 항일투쟁의 선봉에 섰다. 그런데 아이로니컬하게도 그의 조부는 친일파였다. 고종 대 참판을 지낸 조부 홍승목은 한일병합 당시 일본에 의해 작위를 수여받았고 일제에 협력해 조선총독부의 자문기구인 중추원 찬의까지 역임했다. 일제 치하에서 35년을 보낸 우리나라에 있어 친일 문제란 것은 이토록 복잡한 양상을 띠고 있다.

　법적, 제도적으로 친일을 청산하려 한 첫 시도는 미 군정청이 설립한 남조선 과도입법의원에 의해 나왔다. 과도입법의원은 1947년 7월 2일 '민족반역자·부일협력자·전범·간상배에 대한 특별조례법률'을 제정했는데, 친일의 기준을 당시의 직급으로 삼았다. 즉 행정관리의 경우 주임관(현 행정고시급) 이상, 군인은 판임관(위관급 장교) 이상, 경찰은 고등계(정치사상범 담당부서)에 재직한 자까지 친일로 본다는 것이었다. 그러나 '출세=친일'이란 논리는 그 자체가 모순적인 데가 있었고, 당시 미 군정청이 일제강점기의 경찰·관료 출신들을 대거 고용하고 있었기 때문에 이 법안은 인준되지 않았다.

하지만 친일 단죄 논란은 이어졌고, 구용서는 친일 논란에서 자유로울 수 없었다. 1948년 8월 15일 이승만을 대통령으로 한 대한민국 정부가 수립되었다. 이때 구용서에게 날벼락 같은 일이 벌어졌다. 이승만 정권은 초대 내각을 구성할 때 적어도 그 수장을 고를 때는 친일 시비에서 자유로운 인물만을 기용했다. 탓에 부총재 구용서를 제치고 일개 이사에 불과하던 최순주가 조선은행 총재로 부임한 것이다. 자신의 부하직원이 총재로 부임하자 구용서는 강하게 반발, 사표까지 냈던 것으로 알려졌다. 물론 주변의 만류로 구용서는 부총재 자리에 남았지만, 이후까지 이에 심한 불만을 품었던 듯하다.

우장춘을 끌어들인 것은 크게 두 가지 이유가 있었을 것으로 생각되는데 첫째, 정권 안에 자신의 세력을 하나라도 더 심으려는 생각을 품었으리라 짐작된다. 둘째, 구용서는 자신에게 제기되는 친일 논란을 희석할 수 있는 방패로서 우장춘을 활용하고자 했던 것 같다. 우장춘과 구용서의 친분관계가 어느 정도였는지는 확실치 않다. 하지만 두 사람은 태생부터 생의 이력까지 비슷한 데가 많았다. 다만 차이가 있다면 우장춘은 민족의 영웅이었고, 구용서는 그렇지 못했다는 점이다.

친일파 청산 논의는 1948년 5월 10일 총선을 통해 구성된 제헌국회에서 다시 일어났다. 국회는 반민족행위처벌특별법(약칭 반민법)을 마련, 9월 7일 찬성 103명, 반대 6명의 압도적인 지지로 통과시켰다. 이

법은 일본 정부와 통모하여 한일병합에 적극 협력한 자, 일본 정부로부터 작을 수한 자 또는 일본제국의회의 의원이 되었던 자, 일본 치하 독립운동자나 그 가족을 악의로 살상 박해한 자 등 처벌의 대상이 되는 친일 행위를 구체적으로 명시해 나름의 명확한 법적 기준을 제시했다.

반민특위는 1949년 1월 5일 중앙청에 사무실을 차린 뒤 본격적인 활동을 시작, 총 688명을 체포했다. 구용서 또한 당연히 반민특위의 타깃이 됐다. 그는 부산 경남 지역의 친일 금융인으로 조사를 받았던 것으로 알려져 있다.

그런데 반민특위는 의외의 반격을 받았다. 한일병합에 적극 협력했거나 일본 정부로부터 작위를 받은 사람들은 이미 대부분 죽고 없었다. 그런데 '일본 치하에서 독립운동자나 그 가족을 악의로 살상, 박해한 자'를 처벌한다는 조항 때문이 일제강점기에 경찰이었던 자들 중 상당수가 체포됐다. 당시 체포된 사람 중 40%가 경찰 출신이었다. 초대 정부가 중용하고 있던 경찰 간부들이 대거 검거되자 이승만은 당황했다. 경찰들 또한 조직적으로 반발했다. 경찰이 이렇게 대거 체포된 것은 예견 가능한 일이긴 했으나 여기에는 분명 논란의 여지가 있었다.

첫째, 일제강점기 조선인 형사, 순사 중에는 분명 악질적인 행각을 보인 이가 적지 않았지만, 경찰들은 "우리 또한 시켜서 했을 뿐"이라며 반발했다. 반민법에는 '악의로 살상, 박해한 자'로 규정하고 있는데 이 '악의'를 과연 어떻게 증명할 수 있을 것인가?

둘째, 미국은 대한민국 군대의 육성을 의도적으로 막고, 대신 경찰을 육성했다. 이 때문에 경찰은 당시 대한민국 정부의 핵심 무장세력이었다. 분단 상황에서 이 경찰조직마저 무너지면 대한민국 정부는 기댈 곳이 없었다. 이승만은 이를 용납할 수 없었다. 게다가 이승만은 친일 청산에 대해 다른 판단을 하고 있었다. 일제에 협력하라고 국민들을 선동한 이데올로그들은 처벌하되, 테크노크라트(기술 관료)는 처벌하지 않아도 된다는 생각이었다. 건국 대통령으로서 가뜩이나 교육이나 훈련받은 인력의 부족으로 어려움을 겪던 그는 이들 경찰인력을 잃을 수 없었다.

이승만 대통령은 자신의 심복이던 노덕술 등 경찰 간부들이 반민특위에 체포되자, 직접 반민특위 해체에 발 벗고 나섰다. 1949년 6월 6일 윤기병 서울 중부경찰서장의 지휘로 시내 각 경찰서에서 차출된 경찰관 80여 명이 반민특위 청사를 습격했고, 그날 오후에는 서울시 경찰국 사찰과 소속 경찰 440명이 반민특위 간부 교체, 특별경찰대 해산, 경찰의 신분 보장 등을 요구하며 집단사표를 제출했다. 국회는 책임자 처벌과 반민특위 원상복귀를 정부에 요구했으나, 이 대통령은 국회 요구를 거절했다. 이후 반민특위 활동은 급속도로 위축됐고, 마침내 1949년 8월 22일 반민특위 폐지안이 국회에서 통과됐다.

반민특위는 해체됐다. 하지만 그 여진은 계속됐다. 우장춘 귀국설이 언론에 보도된 것은 바로 이 반민특위가 해체된 직후였다. 우장춘은 귀국 전 국내에서 벌어지고 있는 친일 청산 논의를 몰랐던 것이 아닌가 싶다. 또 그는 환국추진위원회가 구용서, 그리고 동래 기영회의 주도로 이루어졌다는 것도 몰랐던 게 아닌가 싶다. 우장춘은 다만 조국의 뜻있는 사람들이 모여 '조국을 위해 일해 달라'고 자신을 초청한 것으로 이해하지 않았을까 싶다.

그러나 우장춘은 동래에 와서 그 내막을 알게 됐을 것이다. 우장춘이 동래에 머물 때 누구를 만나 어떤 이야기를 들었는지는 모른다. 다만 그는 그때 어떤 결심을 한 것으로 보인다. 그는 대한민국을 '아버지의 나라'로 규정하고 일본어만 사용함으로써 훗날 닥칠지도 모를 논란에서 벗어나려 했을 것이라 필자는 추정한다. 서울대학교 총장, 농림부 장관 등의 직책을 제안받기도 했으나 우장춘은 오직 연구직만을 고집했다. 그는 어디까지나 테크노크라트로서만 존재하려고 했던 것이다. 그리고 이는 아마 구용서의 애초 의도와는 다른 것이었으리라 판단된다.

만일 우장춘을 조선인으로 규정하면 문제가 복잡해진다. 그는 단 하루뿐이었지만 농사시험장 기사로 퇴직했다. 기수는 농림성 판임관이었으나 농사시험장 기사는 고등관이었다. 과도입법의원이 마련했던 친일 처벌기준을 준용하면 우장춘 또한 처벌 대상이 된다. 그러나 반민법은 빗겨갈 수 있었다. 반민법은 제5조에 '일본 치하에 고등관 3등급 이상, 훈 5등급 이상을 받은 관공리 또는 헌병, 헌병보, 고등경찰의 직에 있던 자는 본법의 공소 시효 경과 전에는 공무원에 임명될 수 없다'고 규정했으나 '단 기술관은 제외된다'고 예외 규정을 달았기 때문이다. 기술관은 제외되기 때문에 우장춘이 직접 저촉을 받진 않았겠지만, 우장춘 자신이 조선인임을 인정하면 훗날 다시 불거질 친일 청산 논의에서 벗어날 길이 없었다. 아버지 우범선의 문제도 있었지만, 당시의 기준으로 보면 우장춘 또한 친일 논란에서 자유로울 수 없었다. 바로 그것이 우장춘이 귀국 직후 '중간자'를 자처하게 된 계기가 되었으리라 필자는 생각한다.

서울에 올라온 우장춘은 대통령 이승만과 만났다. 이승만은 "네가 우범선의 아들이냐"며 우장춘의 손을 잡았다. 국운이 저물어가던 구한말, 이승만은 근대화를 통한 자강自强만이 나라를 구할 길이라며 입헌군주제를 주장하다 무려 5년 반 동안이나 감옥생활을 했으며 옥사할 위기를 겪기도 했다. 나라의 존망이 위태롭던 그 순간, 자신의 목숨을 내놓고 시대와 한판 승부를 벌였던 선각자들. 그중 많은 사람이 죽었고, 또 많은 사람이 한말의 격변 속에 비참한 말로를 겪었다. 이승만 자신 또한 고국을 떠나 수십여 년 동안 이국을 떠돌며 살아야 했던 인물이었다.

조선 왕실을 적으로 삼았던 이승만에게 있어 우범선의 죄는 죄가 아니었다. 우범선은 일본에서 결국 객사하고 만 그의 옛 동지였으며, 우장춘은 아버지 없이 고아원에서 커야 했던 동지의 아들이었다. 그 아들이 훌륭히 장성해 세계적인 농학자가 되고, 또 고국을 위해 일하겠다며 돌아왔을 때 이승만이 느꼈을 감회는 익히 짐작할 만하다. 이승만은 우장춘의 손을 잡고 큰 호감을 표했으며, 그의 후원자가 되어줄 것을 약속했다. 항간에는 이승만이 농림부 장관을 약속했다는 말도 있고, 서울대 총장직을 약속했다는 말도 있으나 이미 우장춘의 결심이 굳어진 뒤였다. 그것은 묵묵히 기술적인 면으로만 일하겠다는 결심이었다.

이후 우장춘은 김호식 서울대 농대 교수와 함께 전국 각지의 농업시험장과 연구소, 그리고 농촌을 두루 시찰했다. 전국 시찰을 끝마치고 돌아온 그는 "이대로는 국민의 식생활을 지탱할 수 없다"고 비관적인 결론을 내렸다. 하지만 이는 자신의 할 일이 그만큼 많다는 뜻이기도 했다. 그는 바로 동래로 내려가 연구에 박차를 가했다.

한편 구용서는 우장춘 귀국 한 달 후인, 1950년 4월 드디어 조선은행 총재에 올랐다. 구용서와 우장춘은 태생, 행적 등에서 일견 비슷해 보이지만 사실 그들의 인생 이력을 들여다보면 많이 다르다. 구용서는 아주 많은 것을 누리고 살았고, 대학 졸업 후 취직할 때조차 "기왕이면 조선은행으로 보내달라"고 일본인 은사에게 당당하게 요구했던 인물이었다. 그리고 승승장구를 거듭, 조선은행의 고위직까지 올랐다. 그런데 해방 이후 구용서는 자신의 인생 이력에 대해, 자신의 태생에 대해 거짓말로 일관했다. 하지만 우장춘은 전혀 달랐다. 그는 아버지에 대한 이야기를 아예 하지 않았다. 침묵으로 모든 것을 대신했을 뿐이다.

처신 또한 구용서와는 극과 극의 대비를 이룬다. 구용서는 "나는 일본에 대해 한없는 적개심을 가지고 있었다"고 인터뷰 등에서 거듭 밝히며 친일 시비와 거리를 두려 했다. 하지만 우장춘은 일본에서 받은 차별의 기억조차 극히 일부의 사람들과 공유했을 뿐, 제자들이나 대중 앞에서 이야기한 바 없었다. 그는 침묵의 섬이었다.

우장춘은 출세와도 명확히 선을 그었다. 출세를 향해 일로정진 했던 구용서와는 이런 면에서 극단적인 대조를 이뤘다. 우장춘은 검약했고 개인의 이익을 추구하지 않았지만, 구용서는 끊임없이 비위설 등에 휘말렸다. 우장춘은 죽기 전 대한민국의 문화포장을 받고 명예롭게 죽었지만, 구용서는 자유당 정권 몰락 이후 비리 혐의로 구속됐다.

    어디까지를 친일로 규정할지 대해서는 앞으로도 논란이 많을 것 같다. 하지만 만일 양심의 문제라는 입장에서 본다면 우장춘을 친일 인사로 분류할 수는 없다. 그러나 구용서의 경우는 아버지에 대해서까지 거짓말로 일관한 것으로 볼 때, 아무래도 친일의 혐의가 짙어 보인다.

일본은 의도적으로
조선의 농업 발전을 막았다

1950년 5월 10일 우장춘은 한국농업과학연구소의 소장으로 취임했다. 직원은 12경에 불과했고, 시험농장은 고작 2만 평 규모, 연구 기자재라고는 우장춘이 일본에서 가지고 온 것들이 전부였다. 그러나 부산 동래의 이 작은 연구소를 통해 오늘날 우리가 먹고 있는 배추와 무의 종자가 보급되고, 제주도에서는 귤 농사가 시작됐으며, 강원도에서는 바이러스에 강한 씨감자가 보급됐다. 또한 이 연구소는 수많은 농학도를 길러내며 대한민국 농학의 거점, 한국 현대 원예농업의 시발점이 됐다. 그리고 그 정점에는 바로 우장춘이 있었다.

"이 연구소는 본래 농업 전반의 연구가 목적이지만 지금 그것을 한꺼번에 시도한다고 해도 불가능하다. 우선 국민들에게 가장 필요한 배추, 무의 종자를 만드는 것부터 시작한다. 그에 따른 구체적인 계획안도 거의 완료되었기 때문에 조만간에 상세히 발표하겠지만, 한국에서도 어서 빨리 훌륭한 종묘회사가 생겨서 사람들이 그곳에 가기만 하면 우량한 종자를 충분히 제공받을 수 있도록 하지 않으면 안 되며, 그렇게 하기 위해서는 우리 모두 그에 따른 기초적인 연구에 몰두해야겠고……."
―『나의 조국』 중에서

우장춘은 맨 처음 배추와 무의 종자를 만드는 것부터 시작했다. 일제 전시체제하에선 모든 농업계획이 식량증산에 맞춰져 있어 채소류에 대한 연구나 투자는 거의 이루어지지 않았다. 귀국 직전 고향 구레를 찾아 옛 친구들과 만났던 우장춘은 "일본은 의도적으로 조선의 농업 발전을 막았다"며 비판했었다고 한다. 그는 이제 일본이 막았던 조선의 농업을 자신의 손으로 발전시킬 생각이었다. 그리고 그 시작은 김치의 핵심 재료인 배추와 무의 품질 개량이었다.

물론 주식인 쌀과 보리, 밀 등의 문제가 더 시급했지만 우장춘은 육종학에 있어선 채소류 전문이었다. 일본의 국립 농사시험장에서도 그는 채소류를 연구했었고, 다키이 농장장 시절에도 관련 연구를 이어갔다. 우장춘이 근무할 당시 일본의 국립 농사시험장은 크게 네 개 파트로 나누어져 있었다. 재배, 밀, 벼 그리고 채종 파트였다. 재배, 밀, 벼 세 개 파트는 기사가 주임을 담당했고, 오직 채종만을 기수인 우장춘이 담당했다. 식량자원 중에 어느 것이 더 중요하다고 말하기는 힘들 것이나 밀과 벼 같은 핵심 식량 연구에 더 중점을 두었을 것임은 명확하다.

우장춘이 귀국 후 마주한 연구 환경은 극히 열악했다. 작은 예산, 조잡한 연구시설, 그리고 전문 인력의 부재라는 삼중고가 앞을 가로막았다. 때문에 자신의 역량으로 충분히 커버할 수 있는 채소류 연구에서 시작해 점점 농업 전반으로 연구 대상을 확대해가기로 했다. 게다가 해방 당시 한국 배추와 무의 품질은 거의 최악에 가까웠다. 우장춘은 일단 이 문제를 해결하고자 했다.

그는 먼저 1단계로 채소의 우량한 고정품종을 만들어 그 종자를 대량생산해서 일반 농민의 손에 쥐어주는 것을 목표로 했다. 그러기 위해서는 외국에서 도입한 무는 물론이고 국내 각지의 무를 비교해 우량한 개체를 선발하고, 인공교배에 의한 계통분리를 해야 했다. 또한 자가증식, 계통 내 계통간 교배를 거쳐 우수한 조합을 골라내 원원종原原種을 만들고, 이 원원종을 원종으로 증식, 대량생산을 해야 했다. 여기에 대략 5년의 시간이 걸릴 것이라고 그는 예상했다. 그리고 2단계로 무, 배추의 순수한 계통의 품종간 교배를 통하여 잡종 강세가 뚜렷하게 나타나는 잡종 제1대를 육성하고자 했다.

한국에서 재배되고 있는 수많은 품종 가운데서 최상의 것을 골라내기 위해 엄밀한 선별이 이루어졌다. 처음 그 대상이 되는 품종을 골라낼 때 그는 세간의 평판들을 크게 참조했다. 가령 10월 초가을, 단단하고 야문 울산 무로 담그는 김치는 오래 두고 먹어도 무르지 않는 것으로 정평 나 있었는데, 우장춘은 울산 무 중에서 우량종을 골라서 교배용으로 선택했다.

그러나 연구소의 운영은 처음부터 큰 난관에 봉착했다. 본격적으로 일을 시작한 지 채 두 달이 되기 전에 6·25, 즉 한국전쟁이 터진 것이다. 1950년 6월 25일 새벽 4시, 북한의 기습적인 남침이 시작됐다. 소련에 의해 탱크 등으로 무장한 북한군은 맨손에 가까웠던 남한군을 제압하고 파죽지세로 내려왔다. 북한군은 전쟁 개시 사흘 만에 서울을 점령했고, 7월 20일에는 금강 저지선을 돌파했다. 전선은 순식간에 남한 끝자락 낙동강까지 밀려와 대한민국의 운명은 백척간두에 있었다. 부산은 임시 수도가 됐고, 부산 인구는 40만에서 순식간에 200만 명으로 늘어났다. UN군이 파견된다고 하나 부산까지 언제 어떻게 될지 모르는 불안한 상황이었다. 실제 이승만 정권은 당시 임시정부를 일본 야마구치로 옮길 것까지 검토했다.

우장춘은 평생 전쟁을 곁에서 느끼며 살아왔다. 그런데 해방된 조국으로 돌아오자마자 또 전쟁이 시작된 것이다. 그러나 우장춘은 의연했다. 그는 도망갈 생각을 전혀 하지 않았다. 부산에 있었으니 피난 갈 필요가 없었을 것이라 생각하지만 사실은 그렇지 않다. 당시 부유층이나 사회지도층 인사들, 또 일본에 연고가 있거나 배편을 마련할 수 있던 사람들은 실제 해외 도피를 했다. 가령 훗날 비디오 아티스트로 세계적인 명성을 떨친 백남준은 당시 서울에서 섬유업을 하던 아버지를 따라 1950년 7월 27일 부산을 거쳐 일본 고베로 피난을 갔다. 민주당 최고의원을 지냈던 정치인 김준연金俊淵의 회고 등을 보면, "'빨리 서울역에 나가서서 7시발 부산행 차를 타십시오. 그러면 거기 일본 가는 배가 있을 겁니다. 그것을 타십시오.' 하였다. (……) 부산에 도착한 우리들은 일본 가는 배를 찾기에 바빴다"(「나의 편력」, 『매일경제』 1969년 4월 30일자) 등의 기술이 나온다.

당시 일본으로의 피난길은 열려 있었다. 실제 얼마나 많은 수가 일본으로 피난 갔는지는 모를 일이나 우장춘도 마음만 먹었다면 일본으로 피난을 가거나, 아니면 아예 돌아가버릴 수도 있었을 것이다. 그러나 우장춘은 그러지 않았다. 우장춘은 직원들에게 동요되지 말고 업무에 충실할 것을 요구했으며 묵묵히 자기 할 일을 계속했다.

그러나 전쟁의 소용돌이마저 빗겨갈 수는 없었다. 연구소 직원들에게까지 입영 명령이 떨어지기 시작한 것이다. 연구소 직원은 고작 12명이었고, 이들 중 한 사람이라도 전쟁터에 내보내면 큰 차질이 불가피했다. 우장춘은 군 책임자를 만나 "지금 수행 중에 있는 연구를 계속하는 쪽이 국가를 위해 훨씬 더 바람직한 일"이라고 설득했다. 군 간부들은 우장춘이 이승만 대통령의 후원을 받는 인물이란 걸 잘 알고 있었던 터라 입대 연기는 큰 무리 없이 받아들여졌다.

한편, 피난민 중에는 우장춘의 이복 누나 우희명도 있었다. 당시 우장춘은 과거에 일본인 소유였던 집을 수리한 사택에서 부소장 김종 부부와 살고 있었는데, 김종 부부를 다른 곳으로 옮기게 하고 우희명의 가족들을 받아들였다. 우장춘은 일단 연기된 적이 있는 직원에게 또다시 입대 영장이 나와서 그때마다 연기를 부탁하러 군 관계자들을 찾아다녀야 했다. 그런데 우희명의 아들에게도 영장이 나왔다. 누나 우희명은 우장춘이 당연히 즈카를 위해 손을 써줄 것이라고 생각했다. 하지만 우장춘은 이를 한마디로 거절했다.

"누님의 아들은 지금 이 연구소에서 일하고 있지만 연구소 직원이 아닙니다. 소집영장이 나왔다면 국민의 의무이니까 당연히 가야 합니다."

이에 분노한 우희명은 한동안 우장춘과 이야기도 나누지 않았다고 한다. 공과 사를 엄격히 구분하는 우장춘의 면모를 되새겨볼 수 있는 일화이다.

전쟁 초기 한반도 끝자락, 낙동강을 마지노선으로 버티는 듯했으나 9월 15일 인천상륙작전이 성공하며 전세는 순식간에 뒤집혔다. 미군을 중심으로 한 UN군은 곧 서울을 수복했고, 국군과 함께 38선 이북까지 진격해 평양을 점령했다. 전쟁은 곧 끝날 것만 같았다. 그러나 UN군이 압록강을 향해 전진하는 순간, 중국 인민군들이 인해전술을 펼치며 밀고 내려왔다. 중국의 개입을 예상치 못했던 UN군은 추위 속에서 엄청난 수의 인민군들을 만나자 당황했다.

또다시 전세는 급변했다. 11월 말, 인민군은 UN지휘본부를 북동부 북한에서 38선 이남까지 밀어내었다. UN군은 북한 동부 해안에 위치한 흥남에서 이른바 '흥남 철수'라 불리는 대규모 탈출을 해야 했다. 1950년 12월, 193척 분량의 UN군과 물자가 부산으로 철수하였고, 1950년 12월 16일, 트루먼 대통령은 1, 2차 세계대전 때도 하지 않았던 국가비상사태를 선포했다. 트루먼 대통령은 물가와 임금의 통제, 그리고 500억 달러 규모의 국방 예산 편성을 선언했다. 이 예산 규모는 연초에 책정된 예산의 네 배였다. 미국이 한국전을 계기로 공산권을 상대로 한 본격적인 냉전에 들어간 것이었다.

승리를 목전에 두고 다시 밀려난 UN군의 사기는 땅에 떨어졌고, 암울한 크리스마스를 맞았다. 이때 우장춘은 갑자기 제자들에게 느닷없이 말했다.

"잠시 일본에 다녀오겠다."

왜 가는지 언제 돌아오는지 아무 설명도 없이 그는 그렇게 일본으로 훌쩍 떠났다. 제자들 중 혹자는 우장춘이 결국 일본으로 도망가는 것이 아닌가 생각하는 사람도 분명 있었을 것이다. 우장춘은 딸의 결혼식에 갈 생각이었다. 일본을 떠날 때 제일 신경 쓰였던 건 이제 결혼 적령기가 된 딸들이었다. 특히 둘째 딸 마사코는 딱 결혼 적령기였다. 탓에 그는 귀국하기 전, 평소 알고 지냈던 농학도 니이제키에게 불쑥 물었다.

"나와 아내는 매우 좋은 사람일세. 마사코도 내 아내가 공들여 키운 딸이라서 역시 좋은 사람이라고 생각하네. 아내로 맞이할 생각이 없나?"

니이제키는 도쿄대학의 실과를 거쳐 교토대학 농학부를 졸업하고, 그 당시는 고노스 국립 농사시험장에 근무하고 있었다. 니이제키는 반갑게 혼담을 받아들였고, 그와 차녀 마사코는 우장춘의 귀국 전 약혼식을 치렀다. 그리고 12월 24일, 크리스마스이브에 두 사람은 결혼했다. 우장춘은 결혼에 맞춰 일본행 배에 올랐으나 안타깝게도 딸의 결혼식에는 참석하지 못했다.

결혼 다음 날인 12월 25일 차녀 마사코는 깜짝 놀랄 전화를 받았다. 일본에 도착한 우장춘이 "늦어져 결혼식에 못 갔다. 미안하다"며 전화를 해온 것이었다. 당시 UN군은 전쟁 물자를 일본을 통해 공급받고 있었던 터라 한일을 오가는 배편은 많았다. 아마 정부 당국자의 배려로 우장춘은 일본으로 갈 수 있었을 것이나 날짜까지는 맞추지 못했던 것 같다.

그리고 1월 3일, 밀려드는 중국 인민군에 밀려 대한민국 정부는 또 한 번 부산으로 피난했다. 서울은 1월 4일, 다시 한 번 함락됐다. 이른바 1·4후퇴였다. 전쟁은 다시 한 치 앞을 내다보지 못할 상황으로 치달았다.

하지만 우장춘은 돌아왔다. 그리고 평상시처럼 연구에 몰두했다. 마음만 먹었다면 그냥 일본에 눌러앉았을 수도 있었을 터인데, 그는 그러지 않았다. 그는 귀국 직후 환영식에서 약속한 바 있었다. "이제 이 땅에 뼈를 묻겠다"고. 조국을 조국이라 부르지 못하고 '아버지의 나라'라고 불러야 하는 상황에서도 그는 그 약속을 지킬 생각이었다.

제주도를
밀감 재배지로

UN군의 반격이 시작되어 서울이 다시 수복되었고, 전선은 1951년 3월 38선을 중심으로 고착되었다. 미국의 트루먼 대통령과 맥아더 총사령관 사이에 갈등이 커져갔다. 맥아더는 중국을 공격하지 않고는 전쟁을 끝낼 수 없다는 입장이었으나 트루먼은 전쟁이 확대되는 것을 원하지 않았다. 결국 1951년 4월, 맥아더가 해임되고 리지웨이Matthew Bunker Ridgway가 총사령관으로 부임했다. 1951년 7월엔 휴전 회담이 시작되었으나 서로가 이긴 전쟁이라고 주장한 탓에 지리한 공방이 이어졌다.

전선은 여전히 치열한 전투를 거듭하고 있었지만 후방 지역은 비교적 안정을 찾아갔다. 우장춘은 종자 생산을 본격화하기 시작했다. 배추와 무의 우량종들을 수집한 우장춘은 채소원종을 생산하고 종자를 대량 생산할 적지를 찾아야 했다. 소량의 다품종을 격리시켜 원종채종을 해야 했기에 그 후보지는 섬 중에서 고를 생각이었다.

1951년 10월 우장춘은 제주도를 찾았다. 당시 부산에서 제주도까지는 배로 21시간이나 걸렸는데, 가는 길에 거문도 부근에서 배가 고장나 3시간이 더 걸려 꼬박 24시간 만에 도착했다. 우장춘이 제주도를 방문했을 때, 부두에는 최승만崔承萬 도지사를 비롯하여 많은 사람이 마중 나왔으며 고등학생들의 관악 밴드부가 환영 연주를 하기도 했다. 우장춘은 그것이 자신을 환영하기 위한 행사라는 것을 알지 못하고 있다가 "저게 뭐냐"고 당황했다고 한다.

당시 제주도지사는 연희대 교수 재직 중 제주로 피난 온 최승만이었다. 최승만은 1919년 2월에 일본에 유학 중인 문학가들이 도쿄에서 창간한 한국 최초의 순문예 동인지 『창조』의 동인이었고, 2·8 독립선언의 주역이기도 했다. 1919년경 우장춘은 도쿄제국대학 농과대학 실과에, 그리고 최승만은 도쿄 외국어대학에 재학 중이었다. 당시 도쿄의 유학생 수가 많지 않았던 데다 『학지광』이라는 유학생 학우회 기관지를 낼 정도로 서로 잘 뭉쳤다고 한다. 그렇다면 두 사람은 구면일 수도 있었으리라 생각했으나 최승만의 회고록 등에는 제주에서의 이 만남에 대한 기록도 없다. 같은 시기, 일본 도쿄에 있었으나 당시 우장춘은 조선 유학생들과 거리를 두고 지냈던 탓에 서로 알지 못했던 듯하다. 반면 우장춘 쪽에선 최승만을 알고 있었을 가능성이 높다.

다른 조선인 유학생들이 독립선언을 하고 일제에 저항할 때 애써 외면해야 했던 우장춘에게 있어 귀국 후 최승만과의 만남은 어떤 느낌이었을까? 확실히는 알 수 없으나 여러모로 겸연쩍은 부분이 있지 않았을까 싶다.

우장춘은 제주도를 둘러본 뒤 채소 종자 생산지로서는 부적격이라는 결론을 내렸다. 제주도는 기후는 온화했지만 장가가 빠르기 때문에 개화 결실기와 겹치고, 곤충에 의한 교배가 많아 다품종을 격리해 원종 채종을 하기엔 부적합했다. 그런데 우장춘의 제주 방문은 의외의 결과를 낳았다. 우장춘은 지프차를 타고 제주도 해안선을 따라 시찰했는데, 남부 홍리 일대에 여기저기 귤나무가 산재해 있는 것을 보게 됐다. 특히 예전에 일본인 소유였다는 동양농원이란 곳에는 귤나무가 상당히 많이 심어져 있었는다, 귤나무의 수령은 대략 30여 년 이상이었다. 비료도 주지 않고 방치된 데다 과일 껍질은 창가병으로 황폐했고 잎에는 패각충이 더덕더덕 붙어 있었으나, 이는 재배를 잘하기만 한다면 제주는 훌륭한 귤 재배지가 될 수 있다는 증거였다.

사실 제주는 아주 오래전부터 귤의 산지로 유명했다. 제주도에서 감귤을 재배하기 시작한 것이 언제인지 단정할 수는 없으나, 감귤에 관한 문헌상의 기록을 보면 1052년(고려 문종 6)에 '세공 귤자를 100포로 정한다'고 하였으니, 이미 11세기부터 제주도에서 감귤을 진상하고 있었던 것으로 보인다. 그러나 감귤의 생산량은 미미하여 귤은 극히 귀한 과일이었다. 조선시대에는 매년 동짓달 제주에서 귤과 유자가 진상되면 종묘에 바쳐 제사를 지내고 측근 신하들에게 나누어주었다고 한다. 감귤이 얼마나 중시되었는지 감귤에 따른 과거, 이른바 황감제도 있었다. 1564년 명종 때 처음 시행된 황감제는 매년 제주도의 특산물인 감귤이 진상되어 오면 이를 치하하기 위해 성균관의 명륜당에 유생들을 모아놓고 감귤을 나누어준 뒤 시제詩題를 내려 시험을 치르게 한 제도다.

그러나 귤이 귀한 대접을 받은 만큼 제주 사람들의 고충도 컸다. 재배관리도 여간 엄격하지 않아 생산량을 채우기 위해 어떤 수령은 일일이 개수를 파악하고는 열매마다 꼬리표를 달게 했다고도 한다. 1894년 갑오개혁으로 공물제도가 없어지자 제주 사람들은 자신들을 지긋지긋하게 괴롭히던 감귤나무를 버렸다. 그때까지 제주에서 재배되었던 감귤은 동정귤, 금귤, 청귤, 병귤, 당유자, 진귤 등이었다고 전하는데, 재배하기 힘들었고 생산량도 적었던 이 재래 감귤은 상업적 가치가 없어 현재는 재배되지 않는다.

1951년, 우장춘은 제주에 온주밀감을 심을 것을 조언했다. 그리고 밀감 재배를 위해 방풍림을 조성하고 농민들에게 적절한 재배방법을 교육해야 한다고 정부 당국자에게 주장했다.

"선생이 제주도에 가셨을 때를 저는 생생하게 기억하고 있습니다. 돌아와서 저에게 귤에 대한 이야기를 해주셨으니까요. 선생은 '지금은 국민들에게 배불리 먹을 수 있는 여건이 급선무라고 생각하고 있으나 점차 식생활이 향상되고 귤과 같이 비타민이 풍부한 과일을 대중이 싸게 사먹을 수 있게 된다면 건강증진에 기여하게 될 것이다'라고 말씀하셨습니다. 저는 무어라 형언할 수 없는 고마움을 느끼며 그 말을 들었죠. 저도 원예학교에 근무하고 있었습니다만 국민의 영양 상태를 증진시키기 위해서는 귤 재배도 한몫을 할 것이라는 이야기를 들은 적이 없었기 때문에 그러한 고마운 착상에 황송스러울 정도로 감격했습니다."

—『나의 조국』중에서

사실 일본에서 귤은 남서부 기슈紀州(현재의 와카야마 현) 지방에서 주로 재배되다 메이지유신 이후, 재배기술이 발달하면서 시즈오카 등까지 재배지가 확대됐다. 우장춘이 일본에 살던 시기, 귤은 일본에서 그다지 귀한 과일이 아니었다. 물론 일본 또한 2차 세계대전 중 식량증산에 집중하느라 귤 경작면적이 줄었었다. 하지만 1950년대에 들어 다시 귤 재배가 급속히 회복되는 양상을 보이고 있었다.

우장춘은 이런 사정을 잘 알고 있었다. 게다가 그는 중국 원저우 원산의 온주밀감 재배기술에 대해서도 어느 정도 알고 있었을 것이라 짐작되는데, 우장춘은 일본 온주밀감 연구의 권위자인 다나카 츄우자부로田中長三郎와 학맥에서 많은 부분 겹치기 때문이다. 다나카 츄우자부로는 1910년 도쿄제국대학 농학부를 졸업해 1932년 도쿄제국대학에서 박사학위를 받은 농학자다. 그는 일본 원예학회 이사이기도 했는데, 온주밀감에 대한 연구를 주로 했다.

그런데 묘한 것은 제주도에 온주밀감을 심은 최초의 인물로 거론되는 것이 박영효라는 점이다. 박영효는 1907년 귀국해 이완용과 대립각을 세우다 제주도로 귀향 가서 3년여를 그곳에서 살았는데, 이때 일본에서 들여온 온주밀감을 제주시 구남천에 심었다는 이야기가 전해지고 있다. 물론 이 귤나무는 현재 전하지 않으므로 이것이 사실인지 아닌지는 알 수 없다.

기록상으로는 일제강점기, 1911년 프랑스 선교사 타케가 일본으로부터 온주밀감 묘목을 들여와 11그루를 심었고, 이를 지켜본 일본인 미네가 밀감농장을 일군 것이 기원이라고 한다. 하지만 미네의 밀감 재배는 결국 상업적으로는 실패하고 말았는데, 이 밀감나무가 열매를 맺을 무렵이었던 1920~1930년대 일본산 밀감이 싼 값에 조선으로 수입됐기 때문이었다.

그런데 1950년대에는 상황이 전혀 달랐다. 일본과의 국교 단절로 일본에서의 밀감 수입이 끊겼고, 우리나라에서 직접 자급자족해야 할 필요가 있었다. 물론 1951년 당시엔 우장춘이 밀감 재배까지 신경 쓸 여력이 없었다. 그가 밀감 연구에 나선 것은 1953년부터였다. 1953년 5월 20일 한국농업과학연구소는 중앙원예기술원으로 개칭되었고, 이때부터 연구소는 정식으로 국립시험장이 됐다. 이를 계기로 당시까지 수원의 중앙농업기술원 산하에 있던 김해과수육묘장도 우장춘의 관할하에 편입되었다. 우장춘은 여기에서 과수의 육묘사업과 남부 지역의 과수, 특히 귤 재배에 관한 기초조사를 본격적으로 시작했다.

우장춘은 일본의 오키츠 시험장과 북규슈 지방의 귤 재배 중심지에서 신품종을 도입해 시험재배를 했다. 그리고 남부 해안지대와 섬의 기후 조사를 끝낸 후 이들 품종을 심어 생육 과정 등을 관찰했다. 그는 일본에 갈 때마다 자기가 선정한 귤의 묘목을 가지고 와 최적의 묘목을 골라냈다. 그리고 제주도의 서귀포 동홍리에 1500평의 시험장을 설치하고 품종재배 연구를 진행했다. 이 동홍리는 화로처럼 움푹 들어간 지형을 가진 동네라 비교적 풍해를 겪지 않는 곳이었다. 이런 과정 등을 거쳐 제주도의 귤 재배기술은 우장춘에 의해 체계화되었으며, 이 연구는 경남과 전남 남해안 도서지역이 귤 생산지가 되는 데 커다란 역할을 했다.

물론 제주도가 지금과 같은 감귤 재배지가 된 것은 박정희 대통령의 공이 컸다. 박정희 대통령은 1964년 초도순시로 제주도를 방문했을 때, "여건이 다르므로 제주도는 식량 증산은 염두에 두지 말고 수익성이 높은 밀감 생산에 주력하라"며 정부 지원을 시작, 오늘날의 제주밀감 시대를 열었다. 그런데 이는 우장춘이 묘목 재배를 하지 않았다면 가능하지 않은 일이었다. 밀감나무는 10년에서 15년 정도 키워야 수확을 거둘 수 있는데, 박정희 대통령이 방문했을 때 제주 사람들은 이 밀감나무에서 풍성한 수확을 갓 거두기 시작했던 것이다.

채소원종을 생산하고 종자를 대량생산할 적지로는 결국 진도가 선정됐다. 1952년 6월 우장춘은 진도를 둘러봤는데 기후는 겨울에도 온난했고, 개화결실기에 일조시간도 길었다. 토질은 비옥하고 배수가 잘 되며 곤충에 의한 교잡도 방지하기 쉬워 진도는 여러 면에서 적합했다.

1952년 10월 우장춘은 진도에 시험채종을 위탁했다. 진도 원예조합장을 맡고 있던 이길성은 진도에서 열성을 다해 종자를 키워냈고, 이는 매우 흡족한 결과를 맺었다. 1953년 6월 우장춘은 다시 진도에 가서 생산 상태를 확인한 후에 이 섬을 원종채종 지역으로 결정했다.

단 한 번의
분노

"피를 피로 씻어내는 역사, 나는 평화로운 일을 할 수 있어서 다행이다."

전쟁이 한창이던 어느 날 밤 자택에서, 종종 우장춘과 같이 이야기를 나누기도 했던 제자 현영주는 우장춘 박사가 이렇게 말하는 것을 들은 적이 있다고 했다. 유년 시절 아버지가 자객 고영근의 칼에 목숨을 잃었다. 그리고 그 몇 년 후 그는 조국을 잃었다. 그런데 길고도 길었던 2차 세계대전이 끝난 지 불과 몇 년도 안 돼 그는 다시 또 민족상잔의 전쟁을 맞았다.

19세기부터 20세기까지 힘이 세계의 신이라고, 강한 것이 아름답다고 믿었던 사람들이 역사를 흔들어왔다. 때문에 사람들은 끊임없이 충돌하고, 끊임없이 싸웠다. 칼을 칼로 갚고, 피를 피로 씻어내는 역사가 이어졌다. 그의 아버지는 바로 그 피의 역사 한가운데에 있었다. 그러나 우장춘의 삶은 달랐다. 전쟁의 포화 속에서도 그는 일어나면 땅을 밟고 서서 씨앗을 심었고, 물을 줬고, 햇볕과 바람이 키운 땅의 선물을 거둬 저녁 밥상에 놓았다. 그는 '강한 자가 살아남는다'는 피 냄새나는 세상에서 생물종 다양성의 중요성을 설파하고 '서로가 있어야만 앞으로 나아갈 수 있다'는 땅의 진실, 상생의 섭리를 전달했다.

삶의 고비 고비마다 수많은 고난과 차별을 감내해야 했지만 그는 단 한 번도 소리 내어 '아프다'고 말하지 않았다. 그는 일본에선 수많은 차별을 겪어야 했고, 조선에선 친일파의 자손이라고 손가락질을 받아야 했다. 그러나 그는 일본에 있을 때도, 한국에 있을 때도 단 한 번 누군가에게 대들어 따지거나 소리 내어 불평하지 않았다. 평생 땅을 딛고 살아온 사람답게, 바위처럼 침묵으로 모든 것을 삼킬 뿐이었다. 밟아도 밟아도 꽃을 피우는 민들레처럼 언젠가 자신의 진심이 사람들에게 가 닿을 것이라 믿으며 살았다.

그러나 단 한 번, 그 도한 격정에 사로잡혀 분노를 터트린 적이 있었다. 1953년 7월 27일 드디어 정전협정이 맺어졌다. 전쟁은 많은 상흔을 남긴 채 남과 북을 다시 후전선으로 갈라놓았다. 왜 그토록 수많은 피를 흘려야 했는지 알 수 없는 전쟁이었다. 이데올로기에 취해 소련제 무기를 들고 내려와 수많은 동포를 죽음으로 내몰았던 김일성도 미쳤고, 그 복수를 위해 북진을 외쳤던 이승만도 미쳤다. 하지만 결국 수많은 주검과 피 위에 우리 민족에게 남겨진 것은 휴전선의 철책뿐이었다.

전쟁이 갓 끝났을 무렵, 우장춘은 연구소에서 채소 종자 연구에 박차를 가하고 있었다. 그때 '모친 중태'라는 전보를 받았다. 전쟁도 끝났고, 그는 당연히 일본으로 갈 수 있으리라 믿었다. 우장춘은 출국 수속을 밟았으나 어쩐 일인지 출국 허가는 좀처럼 나오지 않았다. 아는 인맥을 다 동원하고 심지어 이승만 대통령에게까지 부탁했으나 답이 오지 않았다.

"이것이 모든 것을 버리고 한국을 위해서 봉사해온 나에 대한 대우란 말인가!"

우장춘은 분노했다. 제자들은 우장춘이 분노하는 모습을 그때 처음 보았다고 한다.

우장춘에게는 정말 괴로운 시간이었을 게 분명했다. 아버지 우범선이 비명에 횡사한 후 혼자 몸으로 우장춘 형제를 키워온 어머니 나카였다. 우장춘은 고아원에 있을 때 잘 못 먹었던 탓인지 동생 홍춘과는 달리 몸이 약했고 자주 아팠다. 그때마다 어머니 나카는 장춘을 업고 구레 해군병원까지 달려가곤 했다. 팔순을 바라보는 나이의 노모를 일본에 두고 홀로 귀국하면서 그 또한 나름 각오한 것이 있었을 테지만 막상 일이 닥치자 우장춘은 안절부절못했다.

결국 1953년 8월 18일 '모친 사망'이라는 전보가 도착했다. 제자들의 증언에 의하면 우장춘은 책상 앞에 정좌하고 앉아 눈물을 흘렸다고 한다. 임종을 지키지 못한 것은 물론이고 장례식 또한 참석할 수 없었다. 왜 우장춘은 일본에 돌아갈 수 없었던 것일까?

우장춘은 한국에 돌아와 박봉과 열악한 근무환경, 그리고 전쟁으로 인한 궁핍 속에서 고전을 면치 못했다. 때문에 우장춘이 일단 일본으로 돌아가면 다시 오지 않을 것이라고 걱정한 이승만 대통령이 출국 허가를 내주지 않았다는 설이 전한다.

하지만 꼭 그 때문만은 아니었을 것이다. 우장춘에 대한 이승만의 애정은 각별한 것이었다. 휴전 교섭이 이어지던 1952년, 어느 날 이승만 대통령은 예고도 없이 동래의 연구소를 방문해 "전쟁 중에 있기 때문에 예산도 넉넉히 대주지 못해서 마음 아프게 생각하고 있다"고 말하며 특별예비비에서 8000만 엔을 제공한 바도 있었다.

이 돈은 모두 연구시설을 확충하는 데 쓰였다. 먼저 교배온실을 수리했고, 무려 54동에 달하는 원종생산용 망실을 신설됐다. 한 동이 12평으로 벌과 나비가 꽃에 닿지 않도록 유리 지붕에 철망 벽을 댄 구조였다. 또한 실험용 채버밭이 12헥타르나 신설되었다. 우장춘은 직원들의 급여나 복지 향상 등에는 거의 돈을 쓰지 않았다. 하지만 이에 대한 불만은 거의 나오지 않았다. 전쟁 중이기도 했고, 일단 우장춘 자신이 극히 검소한 생활을 한 덕분이었다.

그런데 왜 이승만은 이 헌신적인 과학자의 바람을 굳이 외면했던 것일까? 국보급 인재인 우장춘이 정말 돌아오지 않을 것이라 생각해 그런 것일까? 필자는 아니었다고 생각한다.

하필 그때 한일 양국은 심한 갈등을 겪고 있었다. 미국은 한국전쟁 중 중국 인민군이 참여하자 일본군의 참전 또한 검토한 바 있었다. 이는 이승만의 반대로 이루어지지 않았지만, 미국은 한일 양국이 연합해 공산주의 세력과 맞서 싸워주길 원했다. 때문에 1951년부터 한일 간에는 국교 정상화를 위한 회담이 진행됐다. 제1차 한일회담은 1951년 10월 예비회담을 거쳐 1952년 2월 이루어졌다. 그러나 쌍방의 주장 차이가 너무 컸던 터라 이 회담은 4월 중단되고 말았다. 그리고 제2차 회담이 1953년 4월부터 시작됐는데 7월 23일 다시 결렬되고 말았다.

바로 이때 우장춘의 어머니 나카의 위급 소식이 도착한 것이었다. 이 시기 우장춘에게 출국 허가를 내주는 것은 결코 쉬운 결정이 아니었다. 당시 한일 간의 갈등은 폭발 일보 직전이었다.

일본은 회담에서 평화선 문제를 집중적으로 거론했다. 평화선이란 1952년 1월 18일 이승만 대통령이 한반도 주변 수역에 한국의 주권을 선언한 해양선을 말한다. '이승만 라인' 혹은 '리 라인Lee Line'이라고도 하는데 이승만은 우리나라 해안에서부터 평균 60마일(약 53해리)에 달하는 바다를 우리의 영토로 규정했다. 이 평화선은 맥아더가 설정한 맥아더 라인을 계승한 데다, 당시 국제법상 아무 문제가 없는 것이었다. 그런데 일본은 이 평화선이 불법적이라며 반발했다.

이른바 독도 문제가 이미 그때 시작된 것이었다. 당연히 우리 정부는 일본 측의 주장을 '터무니없다'며 묵살했다. 그러자 일본은 재일교포 강제퇴거라는 카드를 꺼내들었다. 즉, 독도를 포기하지 않으면 일본 내 재일교포들을 강제로 추방하겠다는 식이었다.

재일교포는 특수한 역사의 산물이었다. 자유의사로 일본에 갔던 게 아니고 일본의 필요에 의해 끌려간 사람들이 대부분이었다. 오랜 기간, 삶의 기반을 일본에 두고 온 사람들을 한창 전쟁 중인 한국으로 강제퇴거를 한다는 것은 반인륜적 행위에 다름 아니었다. 한국 측은 강제퇴거 처분은 한국 정부와의 사전협의에 의해서만 가능한 것이라고 맞섰다. 게다가 일본은 재일교포가 귀국할 때 가지고 갈 수 있는 돈을 미화 120달러로 한정짓고 있었다. 일본에서 모은 재산은 다 일본에 두고 가야 한다는 게 일본 정부의 입장이었다. 대한민국 정부는 역사적 배경을 생각할 때 이는 일본 측의 터무니없는 횡포라고 생각했다. 한국에 생활기반이 없는 재일교포들이 덜랑 120달러를 들고 귀국해 정착할 수는 없는 노릇이었다.

한일 간의 이런 갈등을 가장 잘 보여주는 사건이 오무라 수용소 재일한국인 폭동사건이었다. 오무라 수용소는 전후 외국에 있던 일본인의 귀환 창구이자 일본에 있던 외국인의 송출 창구이기도 했는데, 우장춘이 한국으로 올 때 자진 입소했던 곳이 바로 이 오무라 수용소의 전신인 하리오 입국자 수용소였다.

1952년 5월, 일본은 전쟁을 피해 일본으로 밀항한 한국인들을 한국으로 되돌려보냈다. 이때 일본의 교도소에서 만기 출소한 재일한국인 125명이 포함돼 있었다. 한국 정부는 밀항자들은 받았지만, 이 125명의 인수는 거부했다. 그들을 이런 식으로 받아들이게 되면 재일교포의 지위문제, 귀국 시 재산 반출 문제 등에 있어 대한민국 정부가 세운 원칙이 무너지기 때문이었다.

125명은 결국 일본으로 되돌려 보내졌다. 그러나 일본은 이 125명을 다시 오무라 수용소에 수감했다. 그들은 범법자였으나 형기를 이미 마쳤으므로 당연히 일본 땅에서 자유로운 몸이 돼야 했다. 그러나 일본 정부는 한국 정부가 이들을 받아줄 때까지 풀어줄 수 없다며 맞섰다. 이

125명뿐만이 아니었다. 이 이후, 재일동포 형법 위반자들의 한국 송환은 불가능해졌다. 송환 불가능하다는 것을 알면서도 일본은 형기를 마쳐 자유의 몸이 되어야 될 동포들을 다시 수용소에 수감하는, 세계적으로 그 예를 볼 수 없는 비인도적 처사를 계속했다. 즉, 재일교포들은 교도소에서 나오자마자 다시 오무라 수용소에서 형기 없는 징역형을 살아야만 했다.

수용소에 수감된 이들은 물론이고 수용소 바깥의 재일동포까지 나서 일본 정부에 항의했다. 폭동이 일어났고, 이 와중에 탈출자가 속출했다. 일본은 수용소의 경비 및 경찰, 지역 소방단원까지 동원해 겨우 이를 진압했다. 여기에 동원된 경비, 경찰만도 연인원 6000명이 넘었다.

대한민국 입장에서 이런 일본과 상종한다는 것 자체가 모욕적일 수밖에 없는 상황이었다. 출국 허가는 결국 나오지 않았고, 우장춘은 어머니 나카의 장례식에 가지 못했다. 한일사의 틈바구니에 끼여 살았던 우장춘과 어머니 사카이 나카의 삶은 이토록 끝까지 비극이었던 것이다.

우장춘은 어머니의 위령제를 농장의 강당에서 치렀다. 우장춘은 한복으로 된 상복에 망건을 쓴 한국 전통식 장례 복장을 하고 있었고, 상주로서 이복 누나 우희명도 함께 자리했다.

우장춘의 안타까운 사연은 곧 각지에 알려졌고, 전국에서 조의금이 전달되었다. 그 액수는 상당했다고 전하나 우장춘은 그 돈을 단 한 푼도 사적으로 쓰지 않았다. 당시 한국엔 가뭄이 심해 연구소에도 물을 대기가 힘들었다. 그러나 우물을 팔 예산조차 없어 가뭄에 시들어가는 시험작물을 지켜만 봐야 했던 상황이었다. 우장춘은 조의금으로 농장 내에 우물을 파고 자유천慈乳泉이라 명명했다.

연구소가 있던 자리는 이제 주택가가 됐다. 하지만 자유천 옆에는 우장춘 기념관이 세워져 그의 업적을 기리고 있고, 기념관 한켠에는 아직도 이 자유천이 이름 그대로 '자애로운 어머니의 젖' 같은 귀한 생명수를 뿜어내고 있다.

김치의
은인

 우장춘은 분노했지만 그 분노가 길지는 않았던 듯하다. 어쩌면 그는 다시 침묵으로 되돌아갔던 것일 수도 있다. 분명한 것은 그가 곧바로 다시 연구에 매진했다는 사실이다.

 연구소에서 얻은 고정품종은 진도로 보내졌다. 그리고 진도에서 이를 증식해 보급종자를 얻어냈다. 1954년에 진도에서 원종종자 38섬이 생산되었다. 이 원종을 종묘업자에게 분양하기 위해 1953년 한국농업과학협회가 창설되었는데, 우장춘은 이 업무까지도 스스로 떠맡았다. 협회 임직원들은 행정 능력은 뛰어났으나 육종 경험이 없어 농민이나 종묘업자와의 의사소통에 어려움을 겪었던 탓이다.

 우장춘은 김치의 재료로서 가장 적절한 배추와 무를 만들어내는 것을 그 목표로 했다. 우리나라 사람들이 예전부터 지금과 같은 배추를 먹었으리라 생각하기 쉽지만, 실상은 다르다. 재래종 배추는 배춧잎이 모아지지 않고 상추처럼 펄럭이는 배추가 대부분이었다. 당시 한국 농촌에선 이런 재래종 배추를 재배하거나 일본 종자를 사다 일본 배추를 재배해 먹었다. 그러나 일본 사람들은 배추를 주로 탕 종류에 넣어 먹는 식습관 때문에 배춧잎의 두께가 우리보다 좀 두꺼웠다. 오늘날 우리가 먹는 배추는 속이 꽉 차고, 오래 저장해도 무르지 않고, 배춧잎의 두께가 얇아 수분 함량이 적고, 씹었을 때 사각사각한 느낌과 함께 고소한 맛이 나는데, 이 배추가 바로 우장춘이 만들어낸 것이다.

무 또한 마찬가지였다. 무도 지금보다 훨씬 작고 아삭함이 떨어지며 무엇보다 수확량이 적었다. 우장춘은 크고 아삭하며 병충해에 강하고 수확량이 많은 신품종 무를 개발하려 했는데, 일본 무와 우리나라 무를 교배하여 이런 최상의 무를 만들어냈다.

일본의 사철무는 잎에 가시가 있어서 김치를 담그는 데는 적절치 않았으나, 이것에 서울 봄무를 교배해보니 잎에 가시도 없었고 뿌리도 보기 좋았다. 게다가 수확량은 기존 무의 두 배 정도 높았다. 또 일본의 무는 보기엔 좋았으나 속이 물러 저장성이 없었고 잎도 맛이 없었다. 여기에다 한국 무를 교배하자 새로운 맛을 내는 우량품종이 태어났다.

1955년, 1956년에는 우리나라 농가에 모두 보급할 수 있을 만큼 풍부한 종자를 만들어낼 수 있게 됐는데, 문제는 이 종자를 보급하는 일이었다. 농민들은 보수적이었다. 훨씬 좋은 신품종 종자를 만들었으니 이걸로 농사를 지으라고 추천해도 고개를 가로젓기 일쑤였다. 농민들은 "당신들은 뭔가 가르쳐준답시고 이렇게 폼 잡고 다니며 월급을 받지만, 우리는 한 해 농사를 망치면 굶어 죽는 거요" 하고 거부감을 표했다. 이는 어찌 보면 당연한 일이었다. 농가에선 스스로 검증하지 않은 종자를 선뜻 쓰려고 하지 않았다.

농민들을 계몽할 획기적인 홍보 방법이 필요했다. 우장춘에게는 비밀무기가 하나 있었다. 1952년, 흥농종묘회사는 일본의 기하라 박사가 개발한 씨 없는 수박 종자를 수입했다. 국교가 없었으니 당연히 밀수였을 터인데, '일본의 신특산품, 씨 없는 수박', '과학의 경이, 씨 없는 수박 출현' 등의 홍보에 힘입어 이 씨앗은 비싼 값임에도 불구하고 인기리에 팔려 나갔다.

그런데 막상 우리 땅에 재배해보니 문제가 나타났다. 종자의 껍질이 두꺼워 발아가 불량했고, 둥글고 커다란 과실이 열리지 않았다. 처음에 이것을 재배한 사람들은 대부분 실패를 맛봤는데, 이 탓에 우장춘의 연구소를 찾아 어떻게 하면 제대로 키울 수 있을지 묻는 사람들이 늘어났다.

당초 우장춘은 "수박은 씨앗을 뱉어내며 먹는 쪽이 훨씬 맛있다"며 '씨 없는 수박'에 큰 관심을 보이지 않았다고 한다. 하지만 질문이 쇄도하자 농원의 한구석에 직접 '씨 없는 수박'을 심어 키웠다. 1953년 여름, 우장춘이 키운 씨 없는 수박은 훌륭하게 잘 자랐고, 보기 좋게 자란 수박을 잘랐을 때 둘러싼 직원들 사이에서는 '와아' 하는 환호성이 울려 퍼졌다. 잘 익은 수박에는 한 개의 씨앗도 찾아볼 수 없었다.

동래의 연구소에는 항상 견학을 오는 내방객들이 많았는데, 학생과 농민들이 가장 관심을 보이는 것이 바로 이 씨 없는 수박이었다. 그들은 씨 없는 수박을 보고 감탄을 금치 못했고, 집에 돌아가 소문을 퍼트리기 시작했다.

우장춘은 씨 없는 수박이 육종학 홍보에 좋은 무기가 될 수 있음을 이미 알고 있었다. 1955년, 배추와 무의 종자가 대량생산되기 시작하자 우장춘은 씨 없는 수박을 활용해 대대적인 홍보전을 펼쳤다. 전국 곳곳을 누비며 강연회 등을 열었는데, '씨 없는 수박' 시식회는 청중들을 끌어 모으는 중요한 무기가 됐다.

이 때문에 세간에서는 우장춘 하면 '씨 없는 수박'이라는 인식이 고착된 것이다. 그리고 교과서에까지 실리고 말았다. 물론 우장춘은 "씨 없는 수박은 기하라가 만든 것"이라고 분명히 밝혔으며, 제자들도 그렇게 알고 있었다. 당시 연구소 문헌 등에는 씨 없는 수박이 일본 기하라 박사의 연구 산물이라고 명확히 기록돼 있다. 교과서가 수정된 것은 1988년부터인데, 1986년 제자 진정기가 '교과서가 잘못 기록했다'고 진정서를 낸 덕분이었다.

아무튼 씨 없는 수박 덕에 우장춘 박사가 개발한 배추와 무 씨앗은 농가에 성공적으로 보급되었다. 이로 인해 우장춘에게는 '김치의 은인'이란 찬사가 붙게 됐다. 이 씨앗이 얼마나 대단했냐고? 우장춘 사후 30여 년 후인 1992년 3월 23일 『조선향신문』에는 「매운맛 인기, 토종 무 일 시장 점령」이란 기사가 실린 적이 있는데, 1990년대 초 일본에 무려 400백만 달러어치나 수출된 이 씨앗이 바로 우장춘 박사의 작품이다. 묘하게도 이 씨앗을 수입해 간 회사 중 대표적인 곳으로 다키이가 거론된 것이 눈에 띈다. 다키이는 우장춘이 초대 농장장으로 근무했던 곳이다.

통통하고 단단한 한국산 토종무가 일본 야채시장을 점령하고 있다.

그동안 길쭉하고 연한 왜무 맛에 길들어져왔던 일본 사람들이 각종 야채요리에 뛰어난 맛을 내는 한국산 토종무 맛을 본 후 선호하게 되자 일본 야채 생산업자들이 한국산 토종무 씨앗을 대량으로 수입해 가고 있다. 흥농종묘, 중앙종묘사 등 국내 10여 개 씨앗 생산업체들은 일본의 다키이 등 30여 개 회사로부터 토종무 씨앗 수입 요청을 받고 지난 한 해 동안 400만 달러어치를 수출했다. 씨앗 물량으로는 무려 1000여 가마분이나 된다.

일본 농민들은 한겨울철(12월~2월)을 제외하고 연중 무를 파종하는데 가을무의 경우 한국산 토종무가 전체 생산량의 30%, 봄무는 15%를 차지하고 있다. 한국의 씨앗 생산업체들이 지난 1985년 토종무 씨앗을 일본에 수출하기 시작한 이후 6년 만에 일본 무시장을 최고 30%까지 점령한 것이다. 씨앗 생산업체들은 2~3년 안에 한국 토종무가 일본 무 생산량의 50%까지 점령할 수 있을 것으로 예상하고 있다. 지난해 일본에서 열린 품평회에서는 한국산 무가 1위부터 10위까지를 휩쓸었다.

(……) 한국산 토종무는 단단한 데다 매운 듯한 독특한 향기를 갖고 있어 요리 맛을 더해준다. 일본인들이 한국산 토종무를 즐겨 사용하는 요리는 생선조림과 어묵요리. 특히 최근에는 육류조림 등 모든 조림요리에 한국산 토종무를 사용하며 생선회 밑깔이용으로도 인기가 높다. 일본의 씨앗 수입업자들은 생선회 밑깔이용 수요가 크

게 늘고 있다고 전한다. 왜무를 생선 밑깔이용으로 잘게 썰 경우 수분이 쉽게 증발해 생선의 신선도를 떨어뜨리는 반면 한국산 토종무는 1시간 이상 수분 증발이 없어 생선의 맛을 더해준다는 설명이다.

(······) 씨앗 수출은 무 이외에도 배추, 양배추, 고추, 수박, 토마토, 오이 등 70여 개 품종에 달하고 있다. 지난해 씨앗 총수출물량 610만 달러 중 무가 400만 달러로 전체의 65%를 차지하고 있지만 오이, 배추 씨앗이 각각 80만 달러와 90만 달러어치를 수출했고 파, 고추, 호박 씨앗도 10만 달러 이상을 외국에 팔았다.

(······) 재래종 가운데에는 배추를 최고로 꼽고 있다. 고랭지 여름배추는 고소한 맛과 섬유질이 풍부해 전 세계 사람들로부터 최고의 맛을 갖고 있다는 평가를 받고 있다. 국내 종묘회사들은 1950년부터 독자적으로 무와 배추 품종개량에 심혈을 기울여 이 품종만은 세계 최고 수준을 갖고 있다고 장담하고 있다.

(······) 종묘회사들은 "우리의 육종기술은 세계적이며 우장춘 박사의 공헌이 크다"고 입을 모은다.

청정재배의
원조

우장춘은 우리나라 수경재배의 효시로도 잘 알려져 있다. 하지만 사실 우장춘은 수경재배에 반대하는 입장이었다. 1954년 4월 초, 이승만 대통령은 자신의 생일 파티에 우장춘을 초대했다. 이승만은 이 자리에서 주일 극동사령관이 보내온 딸기에 대해 이야기했다.

"이 딸기는 수경재배를 해서 극히 위생적이라고 하는데, 한국에서도 이렇게 재배할 수 있느냐?"

우장춘은 가능하다고 대답했다. 사실 수경재배는 그다지 어려운 것이 아니었다. 하지만 우장춘은 현 상황에선 별 필요 없다고 명확히 반대의 뜻을 표했다.

"청정 야채재배를 보급하는 쪽이 훨씬 유익하지, 시설도 막대하고 관리에도 상당한 비용이 드는 수경재배는 별 실익이 없습니다."

우장춘은 거름을 사용하지 않고 토마토와 샐러드용 야채 등을 재배하는 청정농법에 대해 설명하고 부산 동래로 돌아왔다.

그러나 그해 6월, 주일 극동사령부 농업담당 기술자 이스트우드가 한국에 와 이승만 대통령과 만났다. 이때 이스트우드는 수경재배를 도입해야 한다고 이승만에게 권했다. 이는 사실 주한 미군의 먹을거리 문제 때문이었다. 미군 입장에서는 한국의 먹을거리를 믿을 수 없어 대부분 일본으로부터 공수해 먹고 있었는데, 이 비용이 만만치 않았다. 특히 신선한 채소류의 공급은 여러모로 어려움이 많았던 것이다.

그런데 정말 한국의 먹을거리는 불결했을까? 이는 사실이다. 당시 한 연구 결과를 보면 한국 인구의 90% 이상은 기생충을 가지고 있고, 배추의 75%, 그리고 무의 50%가 회충 알에 오염돼 있었다고 한다. 이는 비료와 농약 등이 귀했던 한국 농가가 인분을 비료로 사용했기 때문인데, 대변으로 배설된 회충 알은 배추나 무 같은 채소에 부착돼 있다가 이를 먹은 사람의 몸으로 들어가 전염됐다. 특히 십이지장충의 폐해는 커서 많은 경계의 대상이 됐으나 토양 자체가 오염돼 있던 터라 이를 막을 마땅한 방법이 없었다. 1960년대 우리나라 최초의 해외 파견이었던 파독 광부 때도 이 기생충 문제는 다시 도마 위에 오르는데, 한국 광부들에 의해 독일 광부들에게 십이지장충이 전염됐기 때문이다.

이스트우드는 주한 미군을 위해 어떻게든 신선하고 오염되지 않은 채소를 얻어야 했다. 그가 수경재배를 할 것을 강하게 권하자, 이승만은 그에게 우장춘과 대화해볼 것을 권했다.

"한국에 우장춘이라는 뛰어난 농학자가 있다. 그와 이야기해봤는데 그는 수경재배에 찬성하지 않았다. 당신이 직접 만나 이야기해보겠는가?"

이스트우드는 곧 우장춘을 방문했다. 하지만 우장춘은 단호했다.

"현재 미국인이 먹고 있는 야채의 몇 퍼센트가 수경재배에 의한 것입니까? 미국과 같은 선진부국에서도 채 1%가 되지 않습니다. 그런데 이 가난한 한국에서 수경재배를 해야겠습니까?"

우장춘은 국민 대부분이 혜택을 받을 수 있는 연구라면 모를까, 특수계층을 위한 농법 연구, 전파에는 나설 생각이 없었다. 이스트우드는 이에 승복할 수밖에 없었다. 하지만 대통령 이승만은 다시 한 번 우장춘에게 부탁했다. 1954년 11월, 한미 상호방위조약이 발효됐고, 미군의 한국 주둔이 법적 근거를 얻었다. 이승만은 어떻게든 미군을 한국에 붙잡아두려 했고, 때문에 주한미군 병사들의 먹을거리 민원도 반드시 풀어줄 필요가 있었다.

결국 우장춘은 수원에 수경시설을 만들고 야채를 재배하기 시작했다. 이렇게 재배된 야채는 전량 미군들에게 비싼 값에 팔 수 있었다. 미군은 신선한 채소 공급 문제를 해결했고, 한국은 이를 통해 귀한 외화를 벌 수 있었던 터라 이승만은 크게 만족했다. 이승만은 일요일 같은 때 아무 예고도 없이 수원에 가서 수경시설을 둘러보기도 했다.

아무튼 당시 우장춘 본인은 아직 시기상조라고 생각했지만, 그는 한국 농업계에 청정재배를 도입한 최초의 인물이다. 훗날 이 청정재배는 그의 제자들을 통해 보편화되었다.

강원도
무병 감자의 개발

배추와 무의 종자가 자급자족 상태에 이르게 된 1957년 말부터 우장춘은 식량문제에 대한 연구에 들어갔다. 그가 식량문제의 한 해법으로 생각한 것은 감자였다. 어린 시절 절의 고아원에서 매일 감자만 먹어 평생 감자를 싫어했다던 그이지만 감자가 귀한 식량자원이라는 것까지 부정하진 않았다. 한국에서 주로 쌀과 보리를 그루갈이 했는데, 그는 보리 대신 감자를 심는 쪽이 낫다고 생각했다. 감자 쪽이 수익도 많고 토양도 개량될 수 있으며, 벼농사에도 좋은 효과를 준다는 것이었다.

그러나 한국 농가에서 재배하는 씨감자는 바이러스병이 심해 막상 수확해보면 30~50%만 온전했다. 당시 한국은 일본 홋카이도에서 엄청난 양의 씨감자를 수입해 먹고 있었다. 이에 따른 외화 지출 또한 만만치 않았던 터여서 그에게 다시 새로운 과제가 주어졌다. 우장춘은 한국 땅에 알맞은 감자 품종을 만들어내기로 결심했다.

그런데 여기엔 큰 문제가 하나 있었다. 무병 건전한 씨감자를 생산하려면 여름에도 선선하고 진드기가 없는 곳, 즉 북위 50도에 가까운 한랭지가 필요했다. 하지만 한국은 38도선 아래에 위치해 있어 그런 장소를 찾을 수 없었다. 그때 강원도 대관령의 고원지대라면 비교적 비슷한 기후조건을 갖고 있을 것이란 의견이 나왔다. 우장춘은 직접 대관령을 둘러본 후 만족을 표했다. 우장춘은 종자 생산지로 강원도 평창군의 횡계리를 선정했다.

문제는 예산의 확보였다. 우장춘은 이승만을 찾아가 연구의 타당성을 설명하는 등 노력을 기울였으나 예산 확보는 쉽지 않았다. 1956년 우리나라 정부 예산은 미국 GE사의 알바니 시험실 예산에도 미치지 못할 정도였다. 한 나라의 예산이 일개 기업의 연구실 예산보다 작던 시절이니 돈 드는 일은 하려고 해도 할 수가 없었다. 결국 우장춘은 다시 한번 서울로 향해야 했다. 이 때문에 당시 농림부 장관인 정운갑鄭雲甲은 이승만으로부터 호된 질책을 받았다.

"감자 개발을 위한 연구비를 우 박사에게 주라고 지시한 지가 한참인데, 아직 돈이 지급되지 않았더군. 자네 돌았나?"

정운갑은 왜 연구비가 지급되지 않았는지 경위를 알아봤다. 예산이 삭감된 탓에 주려고 해도 줄 수가 없었다는 것이 담당 국장의 변이었다. 그는 예비비를 이용해 연구비를 바로 지급하라고 명령했다. 대통령이 특별지시를 해도 연구예산을 따내기 어려울 정도로 나라 살림이 가난하던 시절이었다.

연구비를 따낸 우장춘은 1958년 무병 씨감자의 생산에 착수했다. 먼저 당시 재배되던 씨감자를 수집해 감염된 바이러스를 분석하고, 무병 감자를 선발해 증식하는 과정을 거쳤다. 바이러스를 검정하는 작업은 상당히 손이 많이 가는 일이라 우장춘을 비롯한 연구소 직원들은 분주한 나날을 보냈다. 그런데 이때 한 국회의원이 예산이 잘 쓰이고 있는지 감사한다며 동래의 시험장을 찾았다. 전날 과음으로 술 냄새를 풀풀 풍기던 국회의원은 우장춘의 설명을 듣다 말고 별안간 "감자 한 개를 만들기 위해서 얼마만큼의 국비를 낭비할 셈이야? 다 필요 없으니까 그만둬!" 하고 폭언을 퍼부었다. 그러나 우장춘은 아무 말을 하지 않고 그 욕을 그냥 듣고만 있었다고 전한다.

국회의원이 돌아간 후, 분기를 못 이긴 직원 한 명이 우장춘에게 "선생님은 분하지도 않으십니까?" 하고 물었다. 그때 우장춘이 부드러운 미소를 머금고 말했다.

"자네들도 머리를 쓰는 방법이 부족하군. 바보와 싸울 때는 같이 바보가 되지 않으면 안 되는 거야."

당시 강원도로 가는 길은 험해 서울에서 대관령까지 가려면 자동차로 8시간이나 자갈길을 달려야 했다. 그 오지에 시험장이 마련되고 1959년 홋카이도의 중앙원종농장, 미국의 농무성중앙시험장, 서독의 시험장 등 각지에서 보내온 감자의 신품종과 동래에서 만들어낸 씨감자가 대관령에 심어졌다. 그러나 우장춘은 애석하게도 무병 감자의 완성을 보지 못하고 1959년 눈을 감았다.

그러나 그의 제자였던 최정일이 이 연구를 이어받아 결국 무병 씨감자의 생산에 성공했다. 1953년 2월 13일자 『동아일보』는 대관령의 변신을 다음과 같이 소개하고 있다.

대관령은 감자, 엇가리무, 노랑태(황태), 당귀 등의 특산지로 그 수입도 막대하여 화전은 옥토로 변하고 상투도 거의 하이칼라로 변해버렸다. 자연이 주는 혜택, 물 맑고 공기 맑고 공중 질소가 눈에 묻혀 내려 땅은 기름지고, 무려 870단보의 이곳 원종포에서 생산된 감자 종자는 1961년에 23만 1000관, 작년에는 30만 관, 130여 명의 감자협동조합원 중 김시진(40) 씨 같은 이는 자그마치 작년에 1920가마(시가 약 38만 원)나 캐어 일약 부호의 말을 듣게 되었다. 넓은 벌판 군데군데 수없는 무덤, 그것은 무덤이 아니라 감자를 저장한 움이다.

우장춘이 만든 감자 시험지는 고령지 농업을 중점적으로 연구하는 고령지시험장(현재의 고령지농업연구센터)에 편입되었고, 최정일은 이 센터 소장으로 취임했다. 최정일은 1969년 「무병종서 생산을 위한 감자 X바이러스 및 엽권 바이러스에 관한 연구」란 논문으로 충남대학교에서 박사학위를 받았다.

한편 스노다 후사코의 『나의 조국』에는 최정일 박사가 뉴질랜드에서 겪은 일화가 하나 소개되어 있는데, 이 일화는 우장춘이란 인물이 해외에서 어떤 평가를 받고 있었는지를 잘 보여준다.

    최정일은 대관령의 고령지시험장의 소장이었던 1968년 4월, 목축업 선진국인 뉴질랜드로 시찰을 나섰다. (······) 그는 뉴질랜드에 가서 크라이스트 처지어 있는 링컨대학의 육종학연구실에 있는 T. P. 팔머 교수를 방문했다.

"제 연구실에 찾아오신 한국인은 당신이 처음입니다"라고 하며 상냥하게 최정일을 맞이해준 팔머 교수는 "한국에는 '닥터 우'라는 학자가 있다는데 그분을 아십니까?" 하고 물었다. 고개를 끄덕이자 팔머는 옆의 화이트 육종학부장의 방에 가서 책장에서 두꺼운 책을 꺼내들고 "영국 옥스퍼드대학의 육종학 교실에서는 매년 졸업생에게 세계 각국의 학자가 발표한 논문 중에서 가장 우수한 10편을 선정해서 졸업 기념 논문집으로 배부하고 있습니다. 이 책이 그것이죠. 이 가운데 제가 가장 관심 있게 읽은 것은 바로 이 논문입니다"라고 말하며 그중의 한 편을 가리켜 보였다. 몇 번이나 반복해서 읽었는지는 몰라도 그 부분만이 손때가 묻어서 더럽혀져 있었다. 논문 제목을 잠깐 보는 순간, 최정일은 감동되어 가슴이 막혔다. 우장춘의 「종의 합성」이었다.

"종간교잡 육성에 관한 세계적으로 유명한 논문입니다."

팔머의 말은 계속된다.

"이 분야에서 저는 이 논문을 능가하는 논문을 일찍이 본 적이 없습니다."

"저는 우장춘 박사의 제자입니다."

기다리고 있다가 겨우 최정일은 한마디 말했다.

"우 박사의 농장에서 선생님이 돌아가실 때까지 함께 지냈죠."

팔머는 양손을 크게 벌리고 놀라움을 표하면서, 그가 오랜 기간 동안 존경하고 있었던 닥터 우의 직속제자를 다시금 찬찬히 바라보았다. 그리고 최정일을 실험농장으로 데리고 가서 그가 우장춘의 논문을 기초로 해서 브라시카속 사료작물의 종간교잡 육성시험을 진행하고 있는 상황을 상세히 설명했다.

(……) 같은 해 9월 대관령에 있던 최정일은 팔머 교수로부터 뜻밖의 연락을 받게 된다.

'동경의 국제유전학회에 참석 중인데, 사흘 정도 한국에 가서 닥터 우의 묘에 참배하고 나서 그의 연고지를 방문하고 싶다'는 내용이었다.

최정일은 한국에 온 팔머를 수원으로 데리고 가서 우장춘의 묘에 참배케 하고 부산의 동래로 안내했다. 시험장의 본부는 이미 수원으로 옮겼고 동래는 지소로 축소되었지만, 팔머는 우장춘의 간소한 연구실을 엄숙하게 둘러보았다. 우장춘이 옛날에 기거한, 가구도 없는 방에 신발을 벗고 올라가 낡고 퇴색된 벽을 감동하면서 쓰다듬었다고 한다.

─『나의 조국』중에서

고무신 할아버지
우장춘

우장춘의 업적은 헤아릴 수 없이 많다. 그는 말 그대로 '한국 농업의 아버지'였다. 그는 직접 국내 종묘산업을 만들어냈을 뿐만 아니라 수많은 제자를 배출, 한국 농학의 기둥을 세웠다. 그러나 우장춘이 전 국민적인 사랑과 존경을 받았던 것은 단지 그의 업적 때문만은 아니었다.

우장춘은 귀국하기 이전부터 이미 한국인에겐 영웅과 같은 존재였다. 우장춘에 대해 훗날 전해지는 일화 중 가장 흔하게 접하는 것이 어느 농학 교수가 서구의 모 대학을 방문했는데, 그쪽 교수가 "한국엔 닥터 우가 있지 않느냐?" 하고 물었다는 이야기 등이다. 세계 최빈국의 하나였던 대한민국에 세계적인 학자가 있다는 것은 분명 우리 민족에게 큰 자부심이 되기에 충분했다.

그리고 이는 해방 전에도 마찬가지였다. 한국 최초의 나비 학자로 유명한 석주명은 열아홉 살 때인 1926년 개성 송도고등보통학교를 졸업한 뒤 일본 가고시마 고등능림학교로 진학했다. 그때 생물학 교사였던 도이 타케오의 지도로 곤충에 관심을 가지기 시작했는데, 도이 타케오는 석주명을 만날 때마다 "농림성 농사시험장에서 근무하는 우장춘도 너와 같은 한국인이다. 한국인임에도 일본에서 없어선 안 될 장래가 촉망되는 육종 연구가이니 곧 박사학위를 받고도 남을 것이다. 너도 열심히 하면 우장춘처럼 될 수 있을 것"이라며 격려해주었다고 한다. 석주명은 같은 조선인이면서도 일본에서 인정받는 우장춘이란 인물을 당시부터 동경했었다고 한다.

물론 당시에는 우장춘을 만나지 못했으나, 우장춘이 한국농업과학연구소 소장으로 취임하자 그는 바로 우장춘에게 달려갔다. 우장춘은 석주명과 만나자 "석주명 씨가 1937년 일본『곤충계』라는 학회지 5호에 발표한 바 있는「다물리의 접류蝶類·완도의 접류」논문을 관심 있게 읽었다"라고 말해 석주명을 감동시켰다.

우장춘은 해방 이전부터 많은 사람의 영웅이었다. 차별을 딛고 세계적 과학자로 우뚝 선 대과학자, 그것이 바로 같은 조선인들에게 각인된 우장춘의 이미지였다. 우장춘이 한국에 오자 많은 사람이 그를 만나보고 싶어 한 것은 당연한 일이었다. 우장춘은 볼일을 보러 서울로 올라갈 때 꼭 야간열차를 탔는데, 낮에 타면 이 사람, 저 사람 인사를 하러 몰려드는 터라 쉴 수가 없었기 때문이라고 하니 그 유명세는 익히 짐작할 수 있다.

그런데 우장춘의 이미지에는 단지 저명한 학자 이상의 것이 있다. 우장춘이 국민적 사랑을 받은 것은 그의 업적 때문만은 분명 아니었다. 그는 우직했고 성실했으며, 누가 타박을 해도 굳이 대적을 하지 않았다.

구멍 난 러닝셔츠를 입고 농장에서 직접 일할 정도로 검소했으며, 누구를 만나도 모나게 대하지 않았다. 권위주의 시절, 그의 소탈한 태도는 많은 사람에게 감명을 주기에 충분했다. 특히 우장춘에게 돋보이는 것은 그가 책상 앞의 학자가 아니었다는 점이다.

이는 일본 농사시험장에서 그와 같이 근무했던 귀족 출신의 농학자 데라오 히로시와 극렬히 대별되는 부분이다. 데라오 히로시는 일본 농학계, 유전학계 등에 막대한 영향력을 행사했고 농업 행정을 선두에서 이끌기도 했지만 실제 학자로서의 연구 성과는 미미했다. 1921년 일본에선 최초로 인공교배 벼 품종인 '리쿠우 132호'를 만들어낸 것으로 유명하지만 그는 총책임자였을 뿐, 실제적인 교배작업은 결국 다른 사람들의 손에 맡겼다. 하지만 우장춘은 자신이 직접 땅에 발을 딛고 서서 작물을 기르며 모든 것을 스스로 일궈냈다.

우장춘은 변함없이 '고무신 할아버지'의 복장으로 매일 농장 순찰을 하고 있었다. 어느 날 보기 좋게 잎이 무성한 수박밭에서 제자가 "금년에는 수박이 많이 열리겠죠?" 하고 우장춘에게 물었다.

"글쎄, 내일 아침 해가 뜨기 직전에 한번 관찰해보게나."

스승에게 이렇게 지시를 받은 제자는 다음 날 아침 일찍 일어나서 관찰했는데, 역시 관찰 보고의 내용은 "어느 것이나 튼튼히 자라고 있다고 생각합니다"라는 판단이었다.

"그럴까?" 우장춘은 미소를 띠면서 말했다. "이쪽은 괜찮은데

저쪽은 열매가 열려도 떨어질 걸세. 다시 한 번 관찰해보게."

제자는 두 곳을 비교해보았으나 아무런 차이도 발견하지 못했다. 제자로 하여금 이러한 정도까지 관찰시키고 난 후 우장춘은 다음과 같이 가르쳤다.

"줄기 뻗은 모양을 자세히 보게나. 하늘을 향하여 15도 정도의 각도로 뻗어 있는 것은 좋지만, 45도 이상으로 위를 향하고 있는 것은 질소 과다라서 모처럼 열매가 맺어도 떨어져버리지."

우장춘은 관찰이 얼마나 중요한지를 기회 있을 때마다 제자에게 강조했다. "관찰은 철저해야 하네. 그 기본은 인간의 진심이지"라고 그는 설명했다. 또 "책을 잘 읽고 그 내용에 있는 행간의 의미까지 깊이 이해하는 것으로 '안광眼光이 지배紙背를 뚫는다'는 말이 있지. 식물을 관찰할 때도 '안광이 엽배葉背를 뚫을 수 있도록' 관찰해야 하네"라고 가르쳤다.

우장춘은 시험농장의 식물 앞에 앉아서 오랫동안 물끄러미 움직이지 않고 바라보고 있을 때가 많았다고 한다. 어떠한 비료가 필요할까, 또 조금 더 물을 줘야 할까, 햇볕을 너무 쬐어서 괴로워하고 있지나 않을까…… 등 얼핏 보기에는 건강한 식물에도 여러 가지 욕구가 있으며, 그것을 들어주지 않으면 능력 있는 연구자가 아니라고 그는 말했다. 이것은 인간의 언어가 통하지 않는 '식물 언어'의 세계이다.

김태욱은 다음과 같은 추억담을 밝히고 있다.

우장춘과 함께 A가 관리하고 있던 감자밭을 돌아보고 있을 때 "이것은 썩었다"고 우장춘이 튼튼하게 자라고 있는 감자 잎을 가리키며 말했다.

"그러면 A에게 곧장 그렇게 말하겠습니다"라고 말하자 "아냐, 시간이 걸리겠지만 A군 자신이 그것을 알아차리고 왜 그렇게 되었는가 그 이유를 생각하고 자발적인 연구를 할 수 있도록 맡기는 편이 좋겠네"라고 우장춘은 말했다.

감자는 정말로 썩었다. A는 자신이 직접 연구하고 그 결과를 보고하고 "실험에 실패해서 면목 없다"고 사죄했다. 그러자 우장춘은 A의 연구를 칭찬하고 몇 가지의 조언을 덧붙였다. A는 우장춘이 '썩는다'고 예언한 것을 끝까지 몰랐다고 한다.

우장춘은 "교과서에서 배운 것만으로는 자신의 지식이 되지 않는다네. 자기가 직접 실험을 반복하고 실패도 경험해야 비로소 자신의 지식이 되는 거라네"라고 말했다.

— 『나의 조국』 중에서

당연히 우장춘은 직접 농장에 나가 있는 시간이 많았다. 작업복과 고무신을 신고 직접 일할 때가 대부분이었다. 더운 여름에는 러닝셔츠만 입고 고무신을 신은 채 농장에서 일했는데, 그의 얼굴을 모르는 방문객들은 설마 그가 우장춘이라고는 상상도 하지 못했다. 한번은 한 방문객이 우장춘이 작업장에 있다는 말을 듣고 찾아왔다. 방문자는 일하는 사람들 중 한 초로의 사내에게 물었다.

"우장춘 박사님은 어디 계십니까?"

땀에 흠뻑 젖은 사내가 "제가 우장춘인데요" 하고 답하자 방문객은 한동안 말을 잇지 못했다고 한다.

동래의 시험농장은 매일 견학자가 쇄도했다. 사실 동래의 연구소는 전쟁 중에는 관광 명소로 유명했다고 전하는데, 이는 우장춘이 작은 온실에서 꽃을 키웠기 때문이었다. 혹자는 이 상황에 무슨 원예냐고 비판하기도 했으나 이는 좋은 구경거리가 되어 부산 사람들은 종종 이 온실 구경을 위해 이 연구소를 찾았다. 전쟁으로 황폐해진 사람들 마음에 꽃은 좋은 치유제가 되었던 듯하다.

그런데 나중엔 수학여행 필수 코스로 꼽히기까지 했던 터라 업무에 지장을 줄 정도가 되고 말았다. 직원들은 불평을 터뜨리며 견학을 제한해야 한다고 주장했다. 하지만 우장춘은 고개를 저었다.

"우리의 연구를 많은 사람이 와서 보고 농업 발전에 대한 이해를 촉진시켜야 한다. 농민뿐 아니라 국민들에게 널리 알리지 않는다면 한국의 농업을 향상시킬 기초는 다져지지 않는다. 더 널리 홍보해서 더 많이 오게 해야 할 일이다"라고 단언했다.

당시의 서무과장이었던 진정기가 "그 무렵의 저에게는 잊을 수 없는 추억이 있다"고 말했다. 어느 날 200명 정도의 여고생 일행이 견학을 왔다. 그날의 안내를 맡았던 진정기는 온실을 보여주면서 설명했는데, 인원이 워낙 많아 뒷사람들은 아예 설명을 잘 듣지 않는 듯했으며, 오로지 "우 선생님은 어디에 계십니까?"라는 질문만 던졌다.

견학은 끝났으나 온실 옆의 광장에서 진정기는 여고생들의 총공격을 받았다.

"얼른 우 선생님의 얼굴을 보고 싶어요."

"글쎄 선생님은 매우 바쁘시기 때문에 곤란합니다."

"잠깐이라도 우 박사님을 뵙지 않으면 저희들은 돌아가지 않겠습니다."

소란은 점점 더 커졌으며 인솔교사도 학생들을 타이르기는커녕 "제발 부탁합니다"라고 말하며 진정기에게 시종일관 부탁했다.

이윽고 우장춘이 연구실에 있는 것을 알아차린 여고생들은 그 건물 앞에 서서 입을 모아 "우 선생님, 우 선생님" 하고 외치기 시작했다. 아무도 입을 코아 외칠 것을 약속하지 않았는데도 그 목소리는 한결같았으며 합창 소리처럼 낭랑했다. 진정기는 결국 항복하고 연구실에 들어갔다.

"선생님, 이대로는 절대로 돌아가지 않겠답니다. 잠깐이라도 얼굴을 보여주시죠."

우장춘은 웃으면서 일어나 학생들 앞에 모습을 드러냈다.

"내가 우장춘이오."

일본어로 이야기하는 것을 진정기가 한 구절 한 구절 통역했다.

"내가 오늘 이렇게 연구할 수 있는 것은 두 명의 여성 덕분입니다. 그 한 사람은 어머님이죠. 내가 어렸을 때에 아버지가 돌아가셨기 때문에 어머님은 어려운 생활 속에서 온갖 고생을 무릅쓰고 나를 키워주셨습니다. 나는 몸이 허약해서 자주 아팠지만 진찰을 받을 돈마저도 없었기 때문에 어머님은 나를 업고 구레의 해군병원에 가서 치료를 받았습니다. 그곳이라면 무료로 치료를 받을 수 있었죠. 그리고 '아버지의 나라에 봉사할 수 있는 훌륭한 사람이 되라'고 나에게 말씀하시곤 했죠."

나는 그 얘기를 듣고 문득 뭔가 하고 싶은 말이 있었으나 꾹 참고 진정기의 추억담을 계속 노트에 옮겨 적었다.

"또 한 사람의 여성은 아내입니다"라며 우장춘의 말은 계속된다. "아내는 결혼해서 줄곧 '가정의 일은 저에게 맡겨주시고 당신은 연구에 전념해주세요'라고 말했지요. 인간의 능력에는 한계가 있다고 생각합니다. 나는 아내 덕분으로 가정 일에 대해서는 걱정한 적이 없으며 연구에만 몰두하고 살아왔습니다. 내가 연구의 성과를 올릴 수 있었던 것은 특별히 뛰어난 능력을 가지고 있었기 때문이 아닙니다. 나의 능력 모두를 연구에 쏟을 수 있도록 아내가 나를 도와주었기 때문입니다. 어머님과 아내, 이 두 명의 여성 덕분에 오늘의 내가 있는 것입니다. 여러분들도 언젠가는 아내가 되고 어머니가 될 것입니다. 부디 남편과 자식들로부터 사랑받고 존경받는 여성이 되어주세요."

진정기는 "얼굴을 보고 싶다고 소란을 피워댄 여고생들도 선생님의 말씀이 시작되자 조용해졌으며 마음속 깊은 곳까지 감동하는 듯한 모습이었다"라고 말했다.

―『나의 조국』 중에서

    우장춘이 귀국했을 때 우리나라의 1인당 소득은 미화 50달러에 불과했다. 연구소 재정은 물론이고 그의 처우, 직원들의 처우는 열악하기 그지없었다. 당시 연구소 자녀들의 사진을 보면 모두 옷을 기워 입은 것을 발견하게 된다. 당시 연구소 연구원이었던 홍영표의 초봉은 2400원이었다고 전한다. 당시 쌀 한가마니 값이 2000원이었고, 한국전쟁 직후에는 5000원까지 치솟았다는 기록이 전하니 급여 수준이 얼마나 낮았는지는 익히 알 만하다.

    연구원들은 이대로는 생활이 안 돼 못 견디겠다며 우장춘에게 호소했지만 우장춘 또한 달리 방도가 없었다. 그의 생활 또한 연구원들과 크게 다르지 않던 터였다. 우장춘은 "오는 자는 외면하지 않고 가는 자는 잡지 않네" 하고 그들의 요구를 외면해야만 했다. 말은 차갑기 그지없었지만, 당시의 제자였던 홍영표에 따르면 당시 우장춘은 당황스러움과 슬픔이 뒤섞인 표정으로 어쩔 줄 몰라 했다고 한다.

    결국 월급은 조금 올랐다. 생활의 궁핍은 여전했지만 그럼에도 누구 하나 우장춘의 곁을 떠난 사람은 없었다. 구멍 난 러닝셔츠를 입은 채 농장을 돌보고, 어머니 나카의 조의금으로 받은 돈을 전액 털어 우물을 파는 우장춘 앞에서 감히 불평을 늘어놓을 수는 없었던 것이다.

그의 이런 헌신적인 생활은 입에서 입으로 여러 사람에게 퍼져나갔고, '고무신 할아버지' 우장춘의 명성은 나날이 높아졌다. 하지만 모두가 우장춘을 기꺼워했던 것은 물론 아니었다.

우장춘은 죽을 때까지 한국어를 쓰지 않았다. 그가 9년 동안이나 한국에서 살면서 한국어를 배우지 않았다는 것은 쉽게 납득되지 않는다. 그가 한국말을 대부분 알아듣고 신문까지 읽었다는 증언이 전하는 것으로 봐선, 우장춘은 일부러 한국말을 쓰지 않았던 것이 아닌가 싶다. 이는 물론 '거리 두기'의 한 방편이었을 것이다.

그러나 한국에서의 삶이 길어지면 길어질수록 이에 대한 시시비비도 늘어났다. 이승만 대통령이 편잔을 준 것만도 여러 번이었다고 한다. 한번은 민주당 대통령 후보였던 신익희가 우장춘을 방문했다. 신익희는 우장춘에게 "한국어는 많이 익숙해졌냐"고 물었다. 신익희는 1919년부터 중국으로 망명, 해방 전까지 독립운동에 헌신했지만 일찍이 개화사상을 받아들여 1912년 와세다대학에 입학해 1917년에 졸업한 인물이었다. 우장춘은 "배우고는 있지만 전혀 늘지 않습니다" 하고 답했다. 하지만 사실 일본어와 한국어의 유사성에 대해 잘 알고 있는 신익희에게 이런 변명은 통하기 힘든 것이었다. 우장춘은 이를 의식한 듯 덧붙여 말했다.

"한국에는 말을 잘하는 사람들이 너무 많기 때문에 저까지 입을 연다면 시끄러워 견딜 수 없을 겁니다."

이 기발한 풍자에 모두가 박장대소를 토했다고 하는데, 우장춘은 누군가 "왜 한국어를 배우지 않느냐"고 물을 때마다 이런 식으로 넘어갔다고 한다. 사실 이 말에는 뼈가 들어 있다. 이 말을 듣고 나면 차마 더 이상 우장춘을 타박할 수 없게 되는 것이다. 이처럼 한국말을 못한다는 것이 때론 아주 좋은 변명거리가 되기도 하였다.

어느 날 갑자기 부통령 함태영이 부산 동래의 연구소에 나타났다. 우장춘은 외출 중이었기 때문에 김태욱이 대신 맞이했다. 함태영은 다른 사람을 멀리하고서 김태욱에게 "실은 대통령께서 우 선생에게 농림부 장관으로 취임해줄 것을 전하러 왔네. 자네가 우 선생의 의향을 물어보았으면 하네" 하고 말했다.

김태욱은 "우 선생은 한국어를 못하니까 무리일 것 같습니다"라고 대답했다.

"나도 그렇게 이야기했는데 대통령께서는 '한국어를 해독하지 못하는 점은 차관에게 보좌하게 하면 되지 않겠는가. 말은 문제가 안 되네'라고 말씀하고 계시네"라고 부통령은 거듭 권유했다.

우장춘은 이미 대통령의 의향을 알고 있었으며, 설혹 그러한 말씀이 있어도 절대로 장관 취임을 수락하지 않겠노라고 하는 말을 들은 적이 있는 김태욱은 다음과 같이 말했다.

"우 선생님은 종자의 개량과 후배의 양성 이외에 아무것도 생각하고 있지 않기 때문에 승낙을 하시지 않을 것입니다."

"그렇다면 그대로 대통령께 보고를 드려도 좋을까"라고 함태영이 재차 다짐을 받으려 하자 김태욱은 "좋습니다"라고 단호하게 대답했다.

    동래에 돌아온 우장춘에게 김태욱은 그 내막을 보고했다. 우장춘은 "만일 내가 농림부 장관이 된다면 일주일도 못 되어 무언가 커다란 잘못이 일어나서 사표를 내고 다시 이곳으로 되돌아올 것"이라고 말하며 파안대소했다고 한다.

—『나의 조국』 중에서

출세도 부귀영화도 싫었는데, 그는 도대체 무엇을 위해 한국에 왔던 것일까? 조국을 조국이라 부르지도 못하고, 한국말을 쓰지도 않으면서 그는 도대체 왜 그렇게 이 나라, 대한민국을 위해 헌신했으며, 가족을 다 일본에 둔 채 '이 땅에 뼈를 묻겠다'는 약속을 끝내 지키고 만 것일까?

誠誠으로
일생을 살아가고 싶다

일본 『마이니치신문』은 2010년 2월 '한일병합 100년'을 맞아 한일사에 얽힌 인물들에 대한 기획기사 연재를 시작했는데, 그 첫 회에 우장춘을 소개했다. '농업의 위인, 아버지는 나라의 적忘れ得ぬ人々: 日韓併合 100年 農業の偉人、父は国賊'이란 제하의 기사에서 우장춘에 대해 다음과 같이 기술하고 있다.

일본이 조선을 식민지화한 한일병합(1910)으로부터 올해로 100년이 된다. 그동안 한일 양국의 역사인식 차이에 주목해왔으나, 한국에서는 최근 식민통치 시대의 한국인과 일본인의 교류 실태에 대하여 관심을 가지는 작업이 조금씩 이루어지고 있다.

이러한 가운데 한국에서 역적 취급을 받아온 부친과 일본인 어머니 사이에 도쿄에서 태어났지만 전후 한국에서 '농업의 아버지'로 불리게 된 한 농업과학자의 이름이 다시 클로즈업되고 있다. 격동의 역사를 살아온 사람들의 모습을 통하여 과거 100년을 되돌아본다.

우장춘. 아버지는 19세기 말 이씨 조선의 왕비 '민비' 암살에 관여했다 일본으로 망명한 조선왕조의 전직 군인이었다. 한일병합으로 이어지게 되는 부친의 사건 영향으로 일본에서 태어나 도쿄제국대학 농과대학 실과에서 공부를 한 뒤 농상무성(농림성 전신)에 들어가 육종학의 세계적인 권위가 된 인물이다.

(······)

일본에서 태어나 자란 우장춘은 한국어를 할 줄 몰랐으나 농업진흥을 필요로 하고 있었던 조국의 부름에 응해 1950년 일본에 처자를 남겨두고 한국으로 건너갔다. 부산의 연구소에 도착한 우장춘은 젊은 부하들과 함께 합숙과 같은 연구생활을 보낸다. 이러한 가운데 가슴속 깊이 묻어두었던 부친과 일본에 대한 생각을 드러낸 적이 있다.

"피로 피를 씻어내는 역사, 나는 평화로운 일을 할 수 있어서 다행이다."

밤에 자택에서 우장춘 박사와 같이 이야기를 나누기도 했던 전직 부하였던 현영주(82세) 씨는 우장춘 박사가 진심을 이야기하였던 것을 들은 적이 있다. "복수로 인하여 아버지가 살해당한 사람, 마음 깊은 곳의 이야기로 생각하였다"고 현영주 씨는 말한다. 그는 "칭따오의 이야기가 있었지만 실현되지 않았다"라고 안타까운 표정을 한 것 또한 기억하고 있다.

(······)

홍영표 씨는 우장춘 박사에게 원고 정리를 부탁받은 적이 있다고 한다. 그때 보았던 것은 원고 사이에 끼워져 있던 민비 암살에 대한 한국 신문 기사를 오려둔 것이다.

"우리는 서로 아무것도 이야기하지 않았지만 역시 생각하는 것이 있었을 것이다."

(……)

1950년 3월 8일, 우장춘 박사를 태운 배가 부산항에 도착했다. 10일 후 시민환영대회. 한복으로 차려입은 우장춘 박사는 이승만 대통령의 축전 소개에 이어 일본어로 인사를 했다.

"지금까지 어머니의 국가를 위해 일본인에 뒤지지 않도록 일을 해왔다. 여생은 아버지의 나라를 위해 일하여 조국에 뼈를 묻을 생각이다."

취임한 우장춘은 종자 만들기와 후진 양성에 노력하여 5년 뒤에 종자의 자급자족 체제를 거의 구축하였다. 우장춘이 한국에서 '김치의 은인', '농업의 아버지'로 추모되는 것은 이 때문이다. 지금은 한국에서 품종개량 된 종자가 일본으로 수출될 정도가 되었다.

한국 농업과학의 거점, 농촌진흥청(경기도 수원시)의 여기산에 잠들어 있는 우장춘 박사. 시인 이은상의 묘비문의 일절은 다음과 같다.

'흙에서 살던 인생, 흙으로 돌아가매. 그 정신 뿌리 되어 싹트고, 가지 뻗어 이 나라 과학의 동산에 백화만개 하리라.'

3회에 걸쳐 연재된 이 기사가 나가고 난 뒤 많은 독자가 '우장춘이 도대체 왜 한국으로 돌아갔는지 모르겠다'는 반응을 보였다. 아버지가 국모 시해의 역적인데, 굳이 조선에 돌아온 것은 무엇 때문이었을까? 물론 기자는 나름대로 명확하게 이에 답하고 있다. 『마이니치신문』 기사에는 각 회마다 부제가 달려 있는데 그의 귀국을 담은 2회의 부제는 '속죄와 사명감罪滅ぼしと使命感'이다.

속죄와 사명감. 과연 그것이었을까? 스노다 후사코도 처음엔 그렇게 생각했다. 하지만 그녀는 의외의 증언과 마주쳐야 했다.

우장춘은 한국에 있는 동안 아버지에 대한 기록 등을 찾아 읽었던 것 같다. 또 한일사에 대해서도 각별한 관심을 가지고 있었다고 전한다. 하지만 제자들이나 주변 사람들에게 아버지에 대한 이야기를 대놓고 한 적은 없었다. 오직 한 명, 김중화라는 의사에게만 그의 속내를 털어놓았다.

김중화는 한국전쟁 중 부산으로 피난 가 우장춘과 처음 만났다고 한다. 가족과 함께 부산으로 피난을 간 김중화는 우장춘의 시험농장 소문을 듣고 동래 온천에 머무른 김에 부인과 함께 농장을 방문했다. 첫 대면부터 우장춘과는 대화가 잘 통했고, 그 때문에 형제처럼 지냈다. 우장춘은 김중화에게도 을미사변에 대해서는 단 한 번도 이야기하지 않았다. 다만 "아버지는 훌륭한 사람이었다. 아버지 나라에 도움이 될 수 있는 인간이 되라고 가르치셨지. 나는 아버지를 존경하네"라는 말을 했다고 한다. 그리고 어린 시절부터 멸시를 받아왔다는 이야기 또한 김중화에게 털어놨다. 우장춘은 친한 제자들에게도 '일본에서 멸시를 받았다' 거나 일본의 나쁜 면에 대해서 이야기한 적이 없었다. 그런데 왜 김중화에게는 그런 이야기들을 털어놓은 것일까?

김중화는 1904년생으로 우장춘보다 여섯 살 아래, 즉 동생 홍춘과 동년배였다. 두 사람은 공통점이 많았는데, 김중화는 1933년 경성제국대학에서 의학 박사학위를 받은 같은 이공계 출신이었다. 하지만 같은 농학계 인물이 아니었기 때문에 오히려 편하게 이야기할 수 있는 부분이 있었을 것이다. 게다가 김중화는 1930년대부터 난 기르기 취미를 키워온 난 애호가였다. 서로가 나눌 공통점이 있었기 때문에 두 사람은 쉽게 친해질 수 있었던 게 아닌가 싶다. 우장춘은 일본에 다녀올 때마다 한국에는 없는 난을 가져다 지인에게 선물한 난 애호가였다.

우장춘의 옆집에는 동래원예고등학교의 교감이었던 이택우가 살았는데, 우장춘은 "인간은 먹을 것이 있다고 해서 그것으로 만족하다고 말할 수는 없네. 꽃은 인간의 마음을 부드럽게 해주지. 꽃을 사랑하고 가꾸는 마음을 잊어서는 안 되네' 하며 난 기르기를 권했고, 이 덕에 훗날 이택우는 3000여 종의 난을 소장한 난 애호가로 유명해졌다는 일화가 전해지고 있다.

스노다 후사코가 부딪혔던 벽, 그것은 바로 이 김중화의 증언이었다. 아버지 우범선을 존경한다건 우장춘의 한국 귀환은 결코 속죄가 될 수 없다. 그렇다면 그는 왜 돌아왔는가? 거기에는 여러 가지 다양한 동기가 있었을 것이다. 그는 우범선의 아들로 살 수밖에 없었다. 우범선의 아들이었기에 학업을 이어갈 수 있었고, 조선인이었기에 국립 농사시험장에 취직했고, 또 양부 스나가 하지메, 또 은사 안도 코타로의 따뜻한 애정을 받을 수도 있었다. 조선인이라는 것은 그에게 양날의 칼이었다. 조선인이라서 차별을 받았지만 조선인이었기 때문에 많은 것을 얻었고, 이룰 수 있었다. 그리고 이것은 자연스레 그에게 소명감을 갖게 만들었으리라 생각된다.

하지만 가장 중요한 동기가 있었다. 앞의 『마이니치신문』 기사에는 아주 재미난 대목이 있다.

한국으로 건너가기 전에 우장춘은 모교에서 강연을 했다. 그때 모습을 전하는 기사가 현립고교의 창립 100주년 기념지에 실려 있다. "독립은 하였지만 한국과 일본은 반드시 제휴해야 한다는 부친에게서 배운 신념은 변함이 없다." 그리고 처세상의 신념을 묻자 "성誠으로 일생을 살아가고 싶다"고 말했다.

우장춘의 아버지 우범선에 대해 이 책의 1부에서 상세하게 다뤘다. 필자는 우범선이 누명을 쓴 부분이 있다고 판단했으나, 사실 우장춘은 이런 사실을 알지 못했을 것이다. 하지만 우장춘은 아버지 우범선의 선의善意를 단 한 번도 의심하지 않았다. 아버지 우범선이 죽었을 때 그의 나이는 이미 여섯 살, 아버지에 대한 기억이 없을 리 없다. 하지만 그 기억이 완전하지도 않을 것이다. '조국을 위해 일해야 한다', '한일은 같이 가야 한다'는 등의 가르침은 아버지 우범선에 의해 직접 어린 아들에게 전해졌을 수도 있으나, 또 많은 기억은 훗날 그의 양부였던 스나가 하지메에 의해 심어진 것이 아닐까 싶다.

스나가 하지메는 진심으로 조선의 망명객들과 교류했던 인물이었다. 그에게 사심 따위는 없었다. 그런 스나가의 마음속에 깃든 우범선은 조국을 위해 헌신한 혁명지사였고, 역사에 지은 죄 뜨한 선각이 감내할 수밖에 없는 불가피한 것의 하나였을 게다. 그리고 그런 인식은 우장춘에게 계승됐을 것이 분명하다.

그렇다면 우장춘은 성으로 무엇을 증명하려고 한 것일까? 일본어의 성, 마코토誠는 우리의 성誠과는 조금 다른 의미를 담고 있다.

'성誠은 일본어로 마크토まこと라고 읽는데, 이는 원래 유교적 개념입니다. 가령 『중용』에서는 "성은 하늘의 도이며 이를 행하는 것은 사람의 도"라고 적고 있습니다. 에도시대의 유학자 야마가 소코山鹿素行는 특히 이 마코토를 축으로 자신의 사상을 전개했는데, 이때 그는 주자학과는 상이한 해석을 취했습니다. 즉, 주자는 『중용』의 성을 '리理'와 하나가 된 상태라고 해석했는데, 소코는 '리'의 개념을 배제한 채 천지와 인간의 내적 필연에 따라 순수하게 사는 것 자체가 마코토라고 주장했습니다.

이토 진사이伊藤仁齋라는 유학자 또한 마코트를 인간관계에서 타자와 자신을 속이지 않는 주관적 심정의 순수함으로 이해했습니다. 이는 그때그때의 인간관계에 순수하게 전력을 다하여 관여하는 것을 주된 내용으로 삼고 있습니다. 다시 말해 마코토란 자신을 관계에 몰입시키는 무사무심無私無心의 표현이라는 겁니다. 마코토 하나만 있으면 그것으로 충분하다는 거지요. 우리에게도 '지성이면 감천'이라는 말이 있듯이, 일본인들 또한 마코토에 높은 가치를 부여해왔습니다.

그러나 일본에서의 마코토 이해는 실은 '리'의 부정으로 이해된 것이라는 점에서 우리의 성誠 이해와는 근본적인 차이를 드러냅니다. 되풀이 말하거니와 일본의 마코토는 원리적인 규범성이나 객관적인 당위성을 내포하고 있지 않는 개념입니다. 다만 마코토이기만 하면 됩니다. 대상과의 정서적 교감 또는 공감을 통해 전체성에 자기를 버리고 순수하게 귀일하는 마코토의 정신이야말로 현세에서의 구원을 보장해준다고 여기는 것입니다. 그것은 선악이나 정직 여부 혹은 옳고 그름과는 무관한 순수성을 가리키는 일본적 관념입니다.

— 박규태, 『애니메이션으로 보는 일본: 소녀와 마녀 사이』 중에서

'선악이나 정직 여부 혹은 옳고 그름과는 무관한 순수성'이 바로 일본의 성誠의 개념인 것. 우장춘은 이 마코토를 통해 증명하려고 했던 것이 있었다. '한국과 일본은 반드시 제휴해야 한다는 부친의 신념'이 개인의 영달을 위한 매국행위가 아니었다는 것. 결과적으로 매국이 되고 말았지만, 아버지는 조국을 위해 자신의 목숨을 걸고 조국의 근대화를

위해 싸웠을 뿐이라고 그는 자신의 묵묵한 헌신을 통해 증명하려고 했던 것이다.

물론 그의 애국은 어떤 면에선 흔히 우리가 말하는 애국과는 다르다. 하지만 일본을 적대하는 것만이 애국은 아니다. 그의 필생의 업적이라 할 수 있는 '종의 합성' 이론 자체가 하나가 다른 하나를 극克하는 것이 아니라 서로가 서로를 보補한다는 가르침이다. 그가 한국에 와서 만든 배추와 무 자체가 한일의 합작품이었다. 생태계 종의 다양성을 유지하는 것이 중요하다는 것은 오늘날에는 마치 상식과 같다. 우장춘은 서로가 있어야만 더 나은 미래를 향해 나아갈 수 있는 상생相生의 세계관을 자신의 학문을 통해, 생애를 통해 온몸으로 피력했으며, 피를 피로 씻어내는 역사를 넘어설 수 있는 힘이 무엇인지를 웅변한 것과 다름없었다.

더 나아가 이 마코토야말로 한일사의 해법이라고 필자는 믿어 의심치 않는다. 사실 '마코토' 철학은 우리나라 퇴계 이황의 이기이원론理氣二元論을 그 원류로 하고 있다. 임진왜란 때 포로로 끌려간 강항이 일본에 퇴계의 성경誠敬사상을 전했고, 이를 도쿠가와 막부가 통치사상으로 받아들여 발전시킨, 이른바 한일 합작의 철학인 셈이다. 퇴계의 성리학은 일본에서 마코토 철학을 낳았으며, 이는 다시 일본의 무사도, 장인정신 등에 큰 영향을 끼쳤다.

일찍이 퇴계는 그 유명한 '물속의 달'의 비유를 통해 이理와 기氣는 별개라는 것을 설파한 바 있다. 하늘에 달이 있고, 물속에도 달이 있다. 하늘의 달은 그대로라도, 물속의 달은 바람이 불 때마다, 청개구리가 뛰어 놀 때마다 일그러지고 뭉개진다. 이것은 '세상의 이치와는 상관없이 혼탁하기만 한 현실세상을 어떻게 볼 것인가' 하는 철학적 질문에 대한 퇴계의 답이었다.

퇴계는 말했다. "물속에도 분명 달이 있다. 다만 물이 달을 온전히 품기 위해선 바람, 돌멩이, 청개구리 등의 불순한 것, 작위, 인공적인 것들을 걷어내고 순수한 물 그대로 돌아가야 한다"라고. 즉, 퇴계의 성誠, 마코토는 달을 품은 순수한 물이며, 이를 우리말로 풀자면 '정직'이라 불러야 할 듯싶다.

무엇이 옳고 그른지, 세상의 이치가 진정 무엇인지 헤아리는 것은 결코 쉬운 일이 아니다. 하지만 한 일을 했다고 이야기하고 하지 않은 것을 하지 않았다고 이야기하는 것, 아는 것을 안다고 말하고 모르는 것은 모른다고 이야기하는 것, 지난 역사를 지난 역사 그대로 직시하는 것은 가능하다. 진정한 화해란 바로 이 정직함에서 시작될 수밖에 없다. 한일 양국은 퇴계 사상이란 위대한 철학은 물론이고 우장춘이란 역사적 인물 또한 함께 공유하고 있다. 과거사의 앙금을 넘어서는 해법은 한일사 속에 이미 이렇게 명확하게 드러나 있는 것이다.

옳고 그름을 떠나, 당위를 떠나 우리는 과거를 직시하고 서로에게 정직함으로써 서로에 대한 신뢰를 되찾고 앞으로 나아갈 수 있다. 우리에게 지금 필요한 것은 정직, 순수, 즉 마코토인 것이다.

고맙다,
조국은 나를 인정했다

　　1958년 4월 8일 우장춘은 환갑을 맞았고, 서울 국제호텔에서 환갑잔치가 성대하게 열렸다. 어느덧 한국으로 온 지도 8년이 지났다. 그 무렵 우장춘은 벼에 대한 연구에 집중하고 있었다. 쌀의 증산은 한국 농업의 중요한 과제였다. 우장춘은 한 그루터기에서 다시 줄기와 잎이 나 일 년에 두 번 수확할 수 있는 '일식이수一植二收' 벼를 만들어낼 계획이었다. 1년에 이모작도 힘든 우리나라에서 일식이수라니, 생각해 보면 참 엉뚱한 발상이었는데 만일 이에 성공했다면 이는 세계 과학계에서 또 한 번 경이로운 것이 되기에 충분한 일이었다. 물론 이는 성공하지 못했다. 하지만 우장춘은 어느 때보다 열정에 차 연구에 전념했다.

　　그리고 가족의 일에도 관심을 기울였다. 우장춘은 홀로 한국에 와 생활했지만 가족에게 일이 있을 때마다 일본을 오갔다. 환갑잔치를 끝낸 우장춘은 곧바로 일본으로 날아가 셋째 딸 요오코葉子의 맞선에 참석했다. 요오코의 남편감은 역시 농학자로 니가타 현 다카다의 농림성 시험장에 근무하던 가네다 타다요시金田忠吉였다. 이 두 사람은 1959년 4월에 결혼했다.

넷째 딸, 아사코朝子는 1958년 12월에 이나모리 가즈오稻盛和夫와 결혼했다. 이나모리를 본 우장춘은 집안 식구들에게 "그는 나름대로의 철학을 지녔어. 장래 뭔가를 해낼 사내야"라고 기분 좋게 말했다. 그의 예언은 맞았다. 이나모리 가즈오는 전자기기, 정보기기, 태양전지, 세라믹 관련 기기 제조회사인 교세라京セラ와 일본 3대 통신회사인 KDDI를 설립했으며, 최근에는 법정관리에 들어간 일본 항공JAL의 관제경영자로 나서 불과 1년 만에 흑자 전환에 성공, 일본에서 '경영의 신'이라 불리고 있다. 일본에서는 마쓰시타 전기그룹 창업자인 마쓰시타 고노스케, 혼다자동차 창업자 혼다 소이치로와 함께 이나모리 가즈오를 '일본의 3대 기업가'로 꼽는다.

그러나 결혼 당시 이나모리 가즈오는 재벌은커녕 부자도 아니었다. 이나모리 가즈오는 학창 시절 공부에 큰 재능을 보이지 못한 탓에 규수지방의 이류대학인 가고시마대학을 나와 쇼후공업이라는 부도 직전의 중소기업에 근무하던 젊은이였다. 그의 아버지는 작은 인쇄소를 경영했으나 전쟁 중 폭격으로 모든 것을 잃어 가정환경 또한 그다지 유복하지 않았다고 전한다. 그러나 이나모리 가즈오에겐 우장춘이 말했듯 '나름대로의 철학'이 있었다. 이나모리 또한 "나에겐 독특한 철학이 있어 성공했다"는 말을 자주 했는데 그 핵심은 묘하게도 경敬이다. 이나모리 가즈오는 윤리경영의 선구자로도 불리는데 "기업가는 종업원들의 행복 추구와 인류 사회의 발전에 기여해야 한다"는 이념을 제시하고, 자신의 좌우명과 교세라의 사시를 경천애인敬天愛人으로 정했다. 또한 그는 삶을 대하는 태도만큼 결정적인 성공 변수가 없다며 태도, 노력, 그다음에 능력이 온다는 인재관을 보였다. 이나모리 가즈오의 경敬과 우장춘의 성誠은 모두 퇴계 이황 사상의 핵심이다.

이나모리 가즈오는 결혼 이듬해인 1959년 자본금 300만 엔으로 소규모 벤처회사 교세라를 설립해 전 세계 221개 계열사를 거느린 직원 6만 명 규모의 글로벌 전자기업으로 키우면서 경영혁신의 귀재로 떠올랐다. 그는 2005년 교세라의 경영을 전문경영인에게 맡기고 은퇴하면서 46년간 쌓은 퇴직금을 모교인 가고시마대학 등에 모두 기부하고 탁발승의 길로 들어섰다. 그는 1997년부터 다이와大和라는 법명으로 출가, 승적을 보유해왔다.

2010년 JAL은 2조 3000억 엔(약 34조 원)의 빚을 안고 침몰해 일본의 장기 불황을 상징하는 기업으로 기록됐다. 부실 규모가 너무 크고 조직도 방만하게 운영됐기 때문에 회생은 불가능해 보였다. 일본 정부는 이나모리 가즈오를 구원투수로 지목했으나 이나모리 가즈오는 고사했다. 당시 하토야마 유키오鳩山由紀夫 총리와 마에하라 세이지前原誠司 국토교통상 등 집권당 실세들이 직접 이나모리를 찾아 삼고초려를 한 끝에 이나모리는 JAL의 경영을 맡으며 경영일선에 복귀했다. 회장직을 수락할 때의 그의 말은 상당히 인상적이다.

"일본 항공이 그대로 도산한다면 일본 경제도 큰 영향을 받을 것이다. 일본 산업의 상징이기도 하고, 직원 수만 명의 일자리와 관련된 일이기도 하니까. 나도 늙었고 일주일에 3일만 시간을 낼 수 있으니 월급은 필요 없다."

그리고 그는 실제 월급을 받지 않았다. 어딘지 모르게 우장춘의 삶과 사위 이나모리 가즈오의 삶은 닮은 데가 있다.

또한 그의 부인 아사코 또한 원리원칙과 공사 구분에 충실한 현모양처로 알려져 있다. 어느 날 운전기사가 이나모리 가즈오 회장을 모시러 왔을 때, 마침 아사코가 외출 준비를 하고 있었다. 이나모리 회장이 "가는 데까지 같이 타고 가자"고 말하자 아사코는 "당신 개인 차라면 타겠지만 회사 차라면 안 돼요" 하고 단호히 거절했다. 아사코는 덧붙여 원리원칙에는 예외가 없다고 말했다고 한다.

딸 넷의 결혼은 이렇게 다 마무리가 됐다. 공교로운 우연이었는지, 아니면 우장춘 스스로 자신의 죽음을 예견하고 있었는지 이 모든 일은 급속히 이루어졌다. 두 아들이 아직 혼전이었지만 걱정할 것은 없었다.

1959년 우장춘은 서울의 을지로 6가에 있는 메디컬 센터에 입원했다. 이 센터는 한국전쟁이 끝날 무렵 스웨덴, 노르웨이, 덴마크 등이 기부금을 내서 건립한 곳으로, 당시 한국 최고의 의료기관이었다. 이승만 대통령의 배려로 우장춘은 무료로 입원했다. 우장춘은 위와 십이지장궤양으로 무려 세 차례에 걸쳐 수술을 받았다. 3차 수술 후 잠시 차도가 있던가 싶었지만 우장춘의 병세는 급속도로 악화됐다. 제자들은 부인 고하루에게 '우장춘 위독'이라고 알리고 일본 국적인 그녀를 위해서 한국 정부의 출입국 허가도 얻어냈다. 그러나 고하루의 입국은 생각처럼 쉽게 이루어지지 못했다. 그때까지도 한일은 국교 정상화가 돼 있지 않았다.

사실 우장춘에게는 현지처가 있었다. 처음 몇 년간 그의 시중을 들어왔던 젊은 여직원이 결혼을 위해 퇴직하자 우장춘의 친우 한 명이 S라는 여자를 알선해주었다고 한다. S는 일본에서 비교적 높은 수준의 교육을 받은 이혼녀였는데, 우장춘보다 열 살 정도 젊었고 완벽하게 일본어를 구사했다. 그녀는 말이 적었고 남과 잘 사귀지도 않았으며, 우장춘의 부인 행세는 전혀 하지 않았다. 헌신적으로 우장춘을 위해 봉사했고, 생활비를 줄여 우장춘이 일본의 가족에게 보내는 송금액을 조금이라도 늘리려 노력했다. 고하루가 올 때까지 우장춘의 병 수발은 S가 들었다.

병상에서 죽어가면서도 우장춘은 제자 양춘배가 문병을 오자 "벼는 어떻게 되어가나. 가져왔나?' 하고 물었다. 양춘배는 얼른 부산에 가서 벼를 가져올까 고민했으나 우장춘의 병세가 너무 긴박해 보였다. 결국 부산으로 전화해 다른 제자가 서울로 올라왔다. 우장춘은 잘 자란 벼를 보며 흡족한 미소를 짓고는 잘 보이는 곳에 놔달라고 부탁했다. 우장춘이 누운 상태에서도 잘 볼 수 있도록 투명한 비닐봉투에 넣어진 벼를 링거 병을 거는 파이프에 묶어놓았다.

그리고 7월 26일 고하루가 서울에 도착했다. 고하루는 신중한 여자였다. 갑자기 들어가면 우장춘이 놀랄 거라 생각해 간호사 옷을 빌려 입고 병실에 들어갔다. 그러자 우장춘은 "당신은 무엇이라도 할 수 있는 여자야" 하며 웃었다고 한다.

"한국의 생활도 내가 왔을 무렵에 비하면 아주 좋아졌지. 애들도 많이 컸겠지? 당신을 이곳에 오게 해서 함께 살기로 하지. 조금만 기다려주게."

"예, 기다릴게요. 그날이 빨리 올 수 있도록 건강해지셔야죠."

물론 우장춘은 회복하지 못했다. 우장춘의 병세는 점점 악화되었고 곧 하루 앞을 못 내다보는 상황이 됐다. 정부 각료들 사이에선 설왕설래가 오갔다. 이대로 우장춘을 보내서는 도무지 면목이 서지 않았으나, 그에게 훈장을 주는 것 또한 많은 고민이 필요했다. 결국 그가 위독한 지경에 들어섰다는 이야기가 나왔을 때야 정부 각료들은 결론을 내렸다.

8월 7일, 농림부 장관 이근식이 병원을 찾았다. 우장춘에게 대한민국 문화포장이 수여됐다. 문화포장은 비록 훈장은 아니었으나 건국 11년 동안 오직 〈애국가〉 작곡자였던 안익태 한 명만이 받은 영예로운 포장이었다.

우장춘은 이미 상반신을 일으킬 기력조차 남아 있지 않았으나 고하루와 간호사들의 도움을 받아 환자복을 갈아입었다. 농림부 장관 이근식은 우장춘의 가슴에 포장을 걸쳐주고 짤막하게 축사를 했다. 우장춘은 눈을 감고 떨리는 손으로 살며시 포장을 쥐고서 "고맙다. 조국은 나를 인정했다"고 말하며 눈물을 흘렸다. 한국에 돌아온 지 9년 만에 그는 처음으로 대한민국을 '조국'이라 불렀다. 3일 후인 8월 10일 오전 3시 10분, 우장춘은 향년 61세를 일기로 영면했다.

우장춘의 장례는 사회장으로 치러졌으며, 그의 장지는 농촌진흥청과 서울대학교 농과대학이 자리한 한국 농업과학의 총본산인 수원에 마련되었다. 장례위원장은 서울대학교 윤일선 총장이 맡고, 농대 초대학장이었던 조백현 박사가 추도문을 썼다.

불교식으로 치러진 성대한 장례식이 끝난 뒤 제자들은 고하루를 동래로 모셨다. 부산 동래, 우장춘의 집에 도착한 고하루는 S와 마주했다. S는 고하루를 배려해서였는지 장례식에는 참석하지 않았던 터였다. 고하루는 "오랫동안 남편의 뒷바라지를 해주셨다고 말씀 들었습니다. 감사합니다"고 머리를 숙였고, S 또한 공손한 태도로 그녀를 맞았다.

우장춘의 유품을 정리해야 했던 터라 두 사람은 10일여를 함께 그 집에서 같이 지냈다. 고하루는 이후 일본으로 돌아갔는데, 귀국할 때 한복을 입고 비행기에 올랐다. 고하루가 동래의 집을 떠나자마자 S 또한 동래를 떠났다. 그녀는 우장춘의 묘지가 마련된 수원으로 이주해 살다 1968년 죽었다고 한다.

지은이의 말

아버지를 넘어 민들레처럼

　　　　　　우장춘에 대해 관심을 가지게 된 것은 필자가 석탄공사 홍보실에 근무하고 있을 무렵이었다. 흔히 우리나라의 탄광 하면 강원도를 떠올리지만 현재 가행 중인 탄광 중에 가장 오래된 것은 전라남도 화순에 있는 화순탄광이다. 석탄공사 연보는 화순탄광이 1905년 박현경에 의해 개광됐다고 기술하고 있다. 일본을 비롯한 서구 열강이 우리나라에 와 가장 먼저 눈독을 들인 것이 금, 석탄 등의 지하자원이었다. 그런데 박현경은 어떻게 조선인이면서 개광의 주인공이 될 수 있었을까? 단순한 호기심에서 조사를 시작한 필자는 박현경의 뒤에 개화파의 거두 박영효가 있었음을 알게 됐다. 박현경의 누나 박경희는 원래 궁녀였으나 박영효의 첩이 됐고, 박영효가 일본으로 기약없는 망명을 떠나자 아마도 기생이 됐던 게 아닌가 필자는 추정했다.

　　그 기구한 한말의 역사를 헤집다 당시 일본 망명객 중 황철 등이 일본의 탄광업자들과 교류했다는 사실을 알게 됐는데, 바로 그 대목에서 필자는 처음 우남선을 만났다. 일본의 탄광을 둘러보던 황철이 일본의

지은이의 말　　305

탄광왕 카이지마 타스케貝島太助에게 우범선이라는 인물을 소개하려고 했으나 우범선이 나타나지 않았다는 일본 경찰의 망명객 정탐 보고를 우연찮게 읽은 것이다. 우범선이라는 이름은 필자에게 낯설기 그지 없었으나 곧 그의 아들이 우장춘이라는 사실을 알게 됐고, 또 우범선이 명성황후 시해사건의 주동자라는 문헌 또한 접했다.

우범선·우장춘 부자에 대한 필자의 관심은 이렇게 전혀 엉뚱한 데서 시작되었고, 그 탓에 이 책 또한 이제까지와는 전혀 다른 우장춘 평전이 되고 말았다. 사실 책으로 쓰겠다는 생각은 전혀 없었다. 이미 오래전에 절판된 스노다 후사코의 책 『나의 조국』(번역본 제목은 '조국은 나를 인정했다')을 구해 읽은 후, '정말 철저한 취재를 했구나' 하고 감탄했을 뿐이다. 다만 필자는 그때 묘한 반감을 느꼈는데, 시대상에 대한 인식이 필자의 역사관과 많은 부분에서 충돌했던 탓이다. 이 책은 그러니까 스노다 후사코의 책 『나의 조국』에 대한 주석 달기에서 시작됐음을 고백하지 않을 수 없다.

필자가 의문을 품었던 부분을 명확히 하기 위해 한일 양국의 수많은 문헌을 읽었고, 당시의 신문 기사와 외교 문서 등 필자가 수집할 수 있는 한 최대한의 자료를 모았다. 건방지게도 스노다 후사코라는 명철한 저널리스트의 '우장춘 읽기' 기본틀을 벗어나는 결과에 도달하고 말았는데, 이는 필자가 한국의 문헌을 폭넓게 읽을 수 있었고 후대에 작업을 한 터라 보다 다양한 자료를 취할 수 있었기 때문이라고 생각한다. 그때 이 내용을 책으로 써봐야겠다는 생각을 품었다.

자료를 수집하고 원고를 쓰는 동안 많은 분의 도움을 받았다. 지난해 여름부터 올해까지 지난한 작업을 하는 동안 도움을 준 모든 분들, 특히 농업, 농학에 관해 무지했던 필자에게 많은 정보를 제공하고 조언을 아끼지 않았던 농업계 인사들과 일본사 관계자들께 감사의 뜻을 전하고 싶다.

　이 책을 쓰는 동안 '왜 지금 다시 우장춘이냐'는 질문을 많이 받았다. 우장춘의 삶은 그 어떤 드라마나 소설보다 더 흥미진진한 요소를 많이 담고 있다. 그리고 그의 삶에서 우리가 얻을 교훈은 수없이 많다. 하지만 이 책에서 필자가 주목한 것은 그가 '적자생존'을 외치던 시대에 '상생'의 가치를 발견한 인물이었다는 점이다. 또한 그의 삶 속에는 지금 우리가 반드시 취해야 할 역사적 교훈이 있다고 믿는다. 한중일은 역사상 그 어느 때보다 긴밀한 관계가 필요한 때이고, 또 동시에 예민하고 심각한 갈등을 빚고 있다. 100여 년 전, 마치 그때처럼. 그것이 바로 지금, 우리가 우장춘을 다시 꺼내들며 지혜를 빌리는 이유라고 나는 믿는다.

2013년 2월
이영래

우범선 · 우장춘 연보

연도	연보	시대 상황
1857년	우범선 출생	제2차 아편전쟁 발발, 3년 후 영·프 연합군 베이징 점령
1876년	우범선 무과 급제	일본과 강화도조약을 맺고 조선 개항
1881년	별기군 참령 발탁	조선 최초의 근대 군인 별기군 창설
1882년	일본 밀항	구식 군대 차별에 항의해 임오군란 발발, 명성황후 습격
1883년	청별기군 초관	조선과 청, 조청상민수륙무역장정 체결, 경제주권 박탈
1884년	황해도 청단 찰방으로 좌천	베트남 종주권 두고 청·불 전쟁 발발
1885년		갑신정변 3일 천하로 끝나고 김옥균, 박영효 등 급진개화파 일본 망명
1894년	청일전쟁 중 일본의 선발대로 나섬	동학농민운동을 계기로 청일전쟁 발발, 일본 압승
1895년	을미사변 가담	삼국 간섭으로 일본 랴오둥 반도 반납
1896년	일본 망명	고종, 아관파천
1898년	우장춘 출생, 우범선 조선으로 잠입해 입헌군주제 추진	고종, 개화파 탄압 나섬, 중국, 서태후 등 수구파의 반발로 변법자강 운동 실패
1902~1903년	우범선 구레 시로 이주, 암살당함	영일동맹 체결, 일본의 중국 조선 내 이익, 영국의 중국 내 이익을 상호 인정
1904년	동생 홍춘 출생, 우장춘 고아원으로 보내짐	러일전쟁 발발, 일본 승리
1907년	우장춘 구레로 돌아옴	청일전쟁 중 일본의 선발대로 나섬
1910년	일제, 우범선의 유족에게 5000원의 공채증서 수여	한일병합

연도	연보	시대 상황
1916년	일본 히로시마 현립 구레중학교 졸업, 일본 도쿄제국대학 농학실과 입학	제1차 세계대전으로 일본 전대미문의 수출 붐, 조선인 대거 일본 유입
1919년	농학실과 졸업, 일본 농림성 농사시험장 고원雇員	3·1운동으로 일본 문화통치로 통치전략 수정—조선인 관료 발탁, 선별적 우대정책 실시
1920년	일본 농림성 농사시험장 기수技手	
1923년	우장춘, 고하루와 결혼	간토 대지진, 조선인 학살
1930년	의문의 화재로 우장춘 박사 논문 소실	4년 후 사카타 종묘, 8중 천엽 피튜니아 종자 수출로 돈방석
1936년	일본 도쿄제국대학에서 농학 박사학위 취득함	
1937년	우장춘 고노스 농사시험장 사직, 일본 교토 다키이瀧井 연구농장장	중일전쟁 발발
1945년	다키이 연구농장 사임	제2차 세계대전 종전, 조선 해방
1950년	환국, 한국 농업과학연구소 소장 취임	6·25전쟁 발발
1953년	중앙원예기술원 원장 취임, 어머니 사카이 나카 사망	휴전 협정 조인, 평화선과 재일한국인 문제로 한일협상 결렬
1958년	원예시험장장 취임	4차 한일회담, 재일한국인 북송문제로 난항
1959년	대한민국 문화포장을 받음, 서거	재일교포 북송 시각, 한일관계 급랭

우범선·우장춘 연보 311

참고문헌

『풍운한말비사』, 윤효정, 수문사, 1984.

『東亞先覺志士記傳』, 葛生能久, 黑龍會出版部, 1936.

『명성황후: 최후의 새벽』, 스노다 후사코, 조선일보사, 1999.

『조국은 나를 인정했다』, 스노다 후사코, 오상현 옮김, 교문사, 1992.

『명성황후 시해와 일본인』, 김문자, 태학사, 2011.

『매천야록』, 황현, 허경진 옮김, 한양출판, 1995.

『開化派와 開化思想 硏究』, 李光麟, 一潮閣, 1989.

『金玉均と日本 (その滯日の軌跡)』, 琴秉洞, 綠蔭書房, 2001.

『새 나라를 꿈꾼 개화파와 김옥균』, 이정범, 서강BOOKS, 2005.

『개화파열전: 김옥균에서 김가진까지』, 신동준, 푸른역사, 2009.

『須永元-金玉均を支援した日本人』, 朝井佐智子, 愛知淑德大學紀要, 2008.

『자객 고영근의 명성황후 복수기』, 이종각, 동아일보사, 2009.

『마음속에 살아 있는 인간 우장춘』, 김태욱, 신원문화사, 1984.

「우장춘의 한국 귀환과 과학 연구」, 김근배, 한국과학사학회지, 2004.

「우장춘 박사의 씨 없는 수박에 대한 분석적 논평」, 이병욱, 『정신분석』 제19권 제1호, 2008.

『내 일생 조국의 산 들 바다를 위하여』, 이상무, HNCOM, 2011.

『송암 표현구 교수 회갑기념-한국 원예 발달사』, 한국원예발달사 편찬위원회, 서울대학교출판부, 1980.

『원예연구소 오십 년』, 농촌진흥청 원예연구소, 2003.

「우장춘 박사의 주요 연구 업적과 오늘의 유전학 및 육종기술」, 한창열, 1992년도 4월의 문화인물, 우장춘 기념논문집, 1992.

『채소화훼 연구 삼십 년』, 최정일 박사 회갑기념논문집 발간위원회, 상록사, 1985.

『(韓末~日帝下) 사회진화론과 식민지사회사상』, 박성진, 선인, 2003.

『사회진화론과 국가사상: 구한말을 중심으로』, 전복희, 한울, 2007.

『동아시아의 사회진화론 재고: 중국과 한국의 '진화' 개념의 형성』, 양일모, 인하대학교 한국학연구소, 2007.

『雑誌 <優生運動>にみる優生学と社会事業家―田林儀の論文を中心に』, 新井利佳, 浅野仁教授退職記念』, 2008.

『日本の優生』その思想と運動の軌跡』, 鈴木善次, 三共出版, 1983.

「大日本優生会の研究」, 平田勝政, 長崎大学教育学部紀要, 『教育科学』vol. 63, 2002.

「近代日本の優生学の受容と科学主義」, 柿本佳美, 『医療・生命と倫理・社会』, 2009.

『해방공간의 문학사론』, 김윤식, 서울대학교출판부, 1989.

『일본 정치사상사 연구』, 마루야마 마사오, 김석근 옮김, 통나무, 1995.

「民間育種から官営育種へ:<亀の尾>と<陸羽132号>にみる近代日本の品種改良」, 藤原辰史, 9회 동아시아 농업사 국제학술대회 발표논문, 2009.

『稲の大東亜共栄圏: 帝国日本の '緑の革命'』, 藤原辰史, 吉川弘文館, 2012.

『朝鮮総督府の米穀検査制度』, 飯沼二郎, 未来社, 1993.

『1910~1945年間의 韓國農學』, 李春寧, 學術院論文集 42輯, 2003.

「太田川水系発電所工事と朝鮮人労働者」, 広瀬貞三、新潟国際情報大学情報文化学部 紀要, 2006.

「日本帝国における移住朝鮮人労働者問題—論議と政策」, 外村大, 日本労働研究雑誌, 2007.

「한국 농사 시험연구의 역사적 고찰—권업모범장을 중심으로」, 김영진·김상겸, 『농업사연구』 제9권 제1호, 2010년 6월.

『한·중·일 3국의 근대사 인식과 역사교육』, 김한종 외, 고구려연구재단, 2005.

「동래 기영회의 활동과 변화를 통해 본 지역성」, 변광석, 『역사와 경계』 84권, 2012.

『조선유기략』, 권덕규, 정재승 옮김, 우리역사연구재단, 2009.

『애니메이션으로 보는 일본—소녀와 마녀 사이』, 박규태, 살림, 2005.

「역사에세이: 100년의 뒤안길에서」, 이규태, 『조선일보』 1999년 3월 26일자.

「갑신정변」, 박영효, 『신민』 14호, 1926년 6월 1일.

「갑신정변 회고담—박영효 씨를 만난 이야기」, 이광수, 『동광』 19호, 1931년 3월 1일.

「한말 정객의 회고담」, 권동진, 『동아일보』 1930년 1월 9일자, 1월 30일자.

「위국항일의사열전」, 황의돈, 『동아일보』 1956년 6월 19일자

「史料と分析「韓国併合」直後の在日朝鮮人・中国人: 東アジアの近代化と人の移

動」, 木村健二, 小松裕, 明石書店, 1998.

「진화론의 신개척」, 김자일, 『동아일보』, 1937년 12월 28일자.

「유전과학 응용하는 육종개량의 중요성」, 우장춘, 『동아일보』, 1938년 1월 13일, 14일자.

「묵묵히 일하겠다-조국 인상은 변함없는 듯」, 『동아일보』, 1950년 3월 22일자.

「내가 겪은 二十世紀 題字-일우 구용서 씨」, 『경향신문』 1975년 5월 12일자.

「나의 편력」 김준연, 『매일경제』, 1969년 4월 30일자.

「매운맛 인기, 토종무 일 시장 점령」, 『경향신문』, 1992년 3월 23일자.

「忘れ得ぬ人々:日韓併合100年 農業の偉人, 父は国賊」, 『毎日新聞』, 2010년 2월 12일자.

「세계적 우생운동」, 이갑수, 『우생』 제1호, 1934년 9월.

「한국 개항기의 화폐제도 및 유통에 관한 연구」, 오두환, 서울대 박사학위 논문, 1984.

**연구논문
목록**

- 종자로서 감별할 수 있는 나팔꽃 품종의 특성에 대하여
  禹長春, 1928, 日本遺傳學誌

- 피튜니아에 있어서의 백연녹심형반엽(白橡綠心型班葉)의
  아조변이(芽條變異) 및 모친유전(母親遺傳)
  禹長春·寺尾博, 1929, 日本遺傳學誌 4-2

- 피튜니아에 있어서의 자가불임성(自家不稔性)의 유전현상(遺傳現像)
  禹長春·寺尾博, 1929, 日本遺傳學誌 4-3

- 나팔꽃에 송엽형(松葉型)의 상변성돌연변이(常變性突然變異)에 대하여
  禹長春, 1930, 日本遺傳學誌 6-3

- 나팔꽃에 있어서의 Haploid 식물의 발생
  禹長春, 1930, 日本遺傳學誌 6-4

- 피튜니아에 있어서의 중변화(重變花)의 유전
  禹長春, 1930, 日本遺傳學誌 6-4

- 유채품종(油菜品種)의 특성조사(特性調査)
  禹長春, 1931, 日本農事試驗場彙報 1-4

- 유채(油菜)의 캄페스트리 품종과 나프스 품종과의 결실성(結實性) 및 자연교잡(自然交雜)에 곤한 차이에 대하여
  禹長春, 永松土己, 1932, 日本農事試驗場彙報 2-1

- On the reappearance haploid in the Japanese Morning Glory
  禹長春, 1932, 日本植物學誌 6-2

- Brassica campestris L과 B. oleracea L.과의 잡종(雜種)에 있어서의 세포유전학적(細胞遺傳學的) 연구
  禹長春, 1934, 日本遺傳學誌 9-3

- Genome-analysis in Brassica with special reference to the experimental formation of B. napus and pecullar mode of fertilization
  禹長春, 1935, 日本植物學誌 7-3

- 유채묘(油菜苗)의 절간신장(節間伸長)과 그 해부적 특징
  禹長春, 赤藤京己, 1935, 日本農業及園藝 10-12

- A Repart on Meiosis in the two Hybrids, Bassica alba Rabh, 우 × B.oleracea L.and Eruca sativa Lam. 우 × B.oleracea L.
  禹長春, 永松土己, 水島字三郎, 1937 日本國際細胞學誌藤井博士記念號

- On Dlpiold and Tripioid Brassica-Raphanus Hybrids
  禹長春, 水島宇三郞, 齊藤淸, 1937, 日本國際細胞學誌 8-2

- 피튜니아의 총중변화종자(總重變化種字)에 관하여
  禹長春, 1943, 日本『園藝와 育種』1

- 피튜니아 소수화(小穗化)의 유전
  禹長春, 1943, 日本『園藝와 育種』2

- 소채(蔬菜)의 육종기술(育種技術)
  禹長春, 1945, 日本 農業及園藝 20-7

- Primura malacoidis Franch의 2倍體×4倍體 F1에 있어서의 핵학적(核學的) 관찰
  禹長春, 1950, 日本遺傳學誌 25-3, 4

한·일 사에 숨겨진 금단의 미스터리
우장춘의 마코토

초판 1쇄 인쇄 2013년 3월 25일
초판 1쇄 발행 2013년 4월 5일

지은이	이영래
펴낸이	전정희

책임편집	임동준
책임교정	한승희
디자인	스튜디오 기글스
판매공급처	한결미디어(전화 02-704-3331 팩스 02-704-3360)
인쇄	한영문화사

펴낸곳	HNCOM
출판등록	2009년 6월 25일(제321-2009-000118호)
주소	137-710 서울시 서초구 방배2동 446-2
전화	02-585-0091 02-3487-7901
팩스	02-3487-7903
홈페이지	www.withbuyer.com

ISBN 978-89-963719-3-9 (03900)

잘못된 책은 교환해드립니다.
이 책의 저작권은 저자에게 있으며 무단 복제는 법으로 금지되어 있습니다.